교회 밖 인문학 수업

교회 밖 인문학 수업

1판 1쇄 발행 2012년 4월 6일
개정판 1쇄 인쇄 2019년 11월 15일
개정판 1쇄 발행 2019년 11월 22일

지은이 구미정
발행처 ㈜옥당북스
발행인 신은영

등록번호 제2018-000080호
등록일자 2018년 5월 4일
주소 경기도 고양시 일산동구 무궁화로 11 한라밀라트 B동 215호
전화 070)8224-5900 **팩스** 031)8010-1066

블로그 blog.naver.com/coolsey2
포스트 post.naver.com/coolsey2
이메일 coolsey@okdangbooks.com

값은 표지에 있습니다.

ISBN 979-11-89936-21-1 03900

이 도서의 국립중앙도서관 출판예정도서목록(CIP)은 서지정보유통지원시스템 홈페이지
(http://seoji.nl.go.kr)와 국가자료종합목록 구축시스템(http://kolis-net.nl.go.kr)에서
이용하실 수 있습니다. (CIP제어번호 : CIP2019044895)

새로운 해석으로 다시 읽는 성경 속 허스토리

교회 밖
인문학 수업

구미정 지음

HERSTORY

옥당

신화에서 역사로
걸어 나온 여인들

모든 생각에는 계보가 있다. 이 책에 담긴 생각의 뿌리는 '리더십leadership'이었다. 우리 사회에 언제부턴가 리더십 열풍이 불면서 교회 안에도 다양한 리더십 프로그램이 생겨났다. 하지만 굴곡 많은 이 땅의 근현대사를 지나며 우리가 겪어본 리더란 대개가 보스였기에, 사회에서 유통되는 리더십 담론도 알고 보면 '보스십bossship'인 경우가 많았다. 교회라고 해서 예외가 아니었다. 예수가 가르치고, 또 스스로 살아낸 삶의 알짬은 '섬김'일진대, 교회에서 유통되는 리더십 담론 역시 보스십의 한계를 벗어나지 못한다는 인상이 강했다.

수직적으로 명령하고 다그치며 저돌적으로 밀어붙이는 독재자형 보스가 퇴출 위기에 놓여 있는 것은 새삼스러운 현상이 아니다. 민주주의가 성숙할수록 수평적으로 경청하고 공감하며 지지해주는 섬김형 리더가 더 많이 요청될 테다. 전자가 남성적인 뉘앙스를 풍긴다면, 후자는 다분히 여성적이다.

세상의 관습과 인간의 통념은 섬김보다 지배를 선호하기 마련이지만, 예수는 달랐다. "인자는 섬김을 받으러 온 것이 아니라 섬기러 왔다"(마태복음 20:28; 마가복음 10:45)고 선언함으로써, 그가 몸담고 살던 로마제국의 '리더' 담론을 가볍게 뒤집어엎었다. 그런 예수의 리더십에 색깔을 입힌다면 어떤 색이 어울릴까. 논리상 서로 충돌할 수밖에 없는 두 단어, 곧 '이끔'과 '섬김'을 하나로 화해시키는 마법의 색은 무엇일까. '핑크 리더십'은 그 고민의 흔적이었다.

미술 시간에 배운 것처럼, 핑크는 빨강에 하양을 섞어야 나온다. 빨강은 음양陰陽의 양에 해당하며 오행五行 가운데 불을 상징하기 때문에 성질이 급하고 난폭한 사람에게는 금기시되는 색이다. 반면에 하양은 '빛'의 색이다. 빛의 3원색인 빨강과 파랑과 초록을 섞으면 하양이 된다. 그렇다면, 양의 색인 빨강에 빛의 색인 하양이 더해질 때 핑크, 곧 여성의 색이자 사랑의 색이 나온다는 건 어떤 뜻일까.

이런 생각의 실타래를 풀기 위해 성경을 뒤졌다. 이른바 성경적 리더십이란 기존질서에서 '꼬리가 되지 않고 머리가 되는' 일과는 아무런 상관이 없다고 여겼다. 알량한 지위나 권력에 기대지 않고 오로지 하나님의 뜻에 따라 자기에게 주어진 실존적·역사적 책무에 충실한 것이 성경적 리더십의 바른 이해일 테다. 생각이 여기에 미치니 성경의 세계 안에서 변방에 밀려나 있었으되 하나님이 이루어 가시는 구원 역사로부터 결코 배제된 적이 없는 여성들이 새삼 눈에 들어왔다. '핑크 리더십'은 이렇게 (재)발견한 아홉 명의 이야기로 시작되었다. 이브, 미리암, 라합, 드보라, 룻, 미갈, 훌다, 에스더, 그리고 마리아가 그들이다. 그런 다음에 사라와 유딧을 새로 첨가하니, 모두 열한 명이 되었다. 그렇게 《성경 속 세상을 바꾼 여인들》이 탄생했다.

잘 알려져 있다시피, 성경의 세계관에서는 '열둘'이 완전수다. 이스라엘을 구성하는 지파도 열둘이고, 예수의 제자들도 열둘이다. 고대 서남아시아에서 이스라엘과 비교할 수 없는 강대국이었던 바빌로니아 제국은 열둘을 불운의 상징으로 간주했지만, 성경 저자들은 이런 고정관념에 도전했다. 일 년이 열두 달로 이루어져 있듯이, 열둘이라는 숫자야말로 모자라지 않은 완전한 전체를 나타낸다고 새롭게 풀이했다. 발랄한 상상력의 혁명이다.

《성경 속 세상을 바꾼 여인들》이 나온 뒤, 계속 손가락이 근질거렸다. 열둘에서 하나 모자란 열한 명으로 끝낸 게 못내 아쉬웠다. 아무리 구약성서와 비교해 '허스토리herstory'(여성사)가 한없이 빈곤해도 그렇지, 신약성서에서 딱 한 명만 다룬 게 영 찜찜했다.

그러던 차에 《성경 속 세상을 바꾼 여인들》의 초판본이 다 팔렸다는 반가운 소식이 들려왔다. 이 땅의 좁다란 기독교 출판시장에서 대형교회 목사의 설교집도 아니고 간증 서적이나 자기계발 서적은 더더욱 아닌 책이, 게다가 남성도 아니고 여성 신학자가 쓴 책이 '완판'되었다는 건 그야말로 기적이다.

그래서 개정판을 내자는 신은영 대표의 제안이 고맙기도 하고, 부담스럽기도 하다. 괜스레 종이만 버리는 게 아닐까, 두려움이 앞선다. 그래도 한 번 더 이 책의 운명을 믿어보기로 한다. 야생초처럼 끈질기게 살아남는 생명력으로 '니'들과 접속했으면 좋겠다. 이 책이 어느 너그러운 '니'의 곁에서 핑크빛 사랑으로 피어날지 두근두근 지켜볼 일이다.

나로선 이참에 한 명을 더 추가해 기어코 '열둘'을 맞춘 것이 여간 기쁘지 않다. 오래 묵은 숙제를 다한 것 같아 홀가분하다. 부디 열두 번째 여인이 길 잃은 우리 시대와 한국교회에 희망의 불꽃이 되기를.

이 순간, 떠오르는 이름이 하나 있다. 기억하는 것만으로도 칼에 베인 듯 아픈 이름, 그립다는 표현에 다 담을 수 없는 이름. 작년 여름, 하나님의 품으로 돌아간 남편 박정신에게 이 책을 바친다. 내 글의 첫 번째 독자였던 그이가 엄지손가락을 치켜들며 '좋다'고 말해주던 모습이 눈에 선하다.

2019년 10월

구미정 모심

일러두기

1   이 책에 사용된 성경은 《성경전서 표준새번역 개정판》을 참고하였습니다.

2   이 책에 나오는 히브리어와 헬라어의 병기는 *이탈릭체*로 표기하였습니다.

3   이 책 본문에 언급하거나 인용한 도서명은 《 》, 신문과 잡지는 〈 〉, 논문은 「 」,
    시와 그림은 ' ', 연극과 영화와 TV 프로그램과 노래는 *이탈릭체*로 표기하였습니다

센 언니들이 몰려온다

내가 이끌어줄게

　센 언니들의 전성시대. '걸크러시' 열풍을 몰고 온 소녀는 어느덧 세상을 뒤집어엎는 혁명의 상징이 되었다. 일제강점기, "홍도야 우지 마라, 오빠가 있다"[1]고 위로하던 듬직한 사내들은 어디로 갔나. 비슷한 시기에 "말 타고 서울 가시며 비단구두 사 가지고 오신다"[2]던 오라버니들은 또 어찌 되었나. 어느덧 결혼적령기에 이른 아이돌그룹 '소녀시대'는 등장할 때부터 요란하게 남성들을 호령했다. "겁이 나서 시작조차 안 해봤다면 그댄 투덜대지 마라 좀! 주저하면 기회는 모두 너를 비켜가 가슴 펴고 나와봐라 좀! …… 내가 이끌어줄게 세상 남자들이여. 난, No.1 지혜를 주는 아테나."[3]

　아테나Athena는 그리스 도시국가의 하나인 아테네의 수호신으로, 지혜와 전쟁의 여신이다. 그러고 보면 이 시대의 소녀들은 얼마나 똑똑하고 얼마나 전투적인가. 2008년 광우병 파동 때도 가장 먼저 촛불을 들고 거리로 뛰쳐나온 주체가 여중생들이 아니던가.

억울해도, 부당해도, 문제를 해결해줄 남자가 나타날 때까지 무조건 참고 인내하면서 애꿎은 저고리만 적시던 조선시대 여인의 유전자에 변이가 생긴 게 분명하다.

금녀禁女 구역이 점점 사라지고 있다. 경찰서장, 공군비행사, 기관사, 항해사 등 전통적으로 남성의 전유물이던 직업에 여성들이 대거 진출했다. 근엄한 법조계에서 여성의 선전은 특히 두드러진 현상인데, 최근 몇 년간 사법고시 수석은 거의 언제나 여성이 도맡고 있다. 무서운 여풍女風이 아닐 수 없다.

과거 여성들의 발목을 부여잡는 데 유용했던 '여자라서 안 된다'는 논리는 더 이상 효력 있는 족쇄가 아니다. 그들은 가부장제의 세례를 받아야 한다는, (남성이 보기에) '착한 여자로 거듭나지 않는 한 너와 네 집이 구원 받을 수 없다'는 사이비 교리를 가볍게 묵살하며 읊조린다. "착한 여자는 천국에 가지만, 나쁜 여자는 어디든지 간다!"[4]

이 생기발랄한 유전자집단을 향해 미국 하버드대 아동심리학 교수인 댄 킨들런이 "알파걸Alpha Girl"이라는 이름을 붙여준 것도 충분히 일리 있어 보인다.[5] 그는 미국과 캐나다의 15개 학교를 방문하여 재능 있고 성적이 우수하며 리더이거나 앞으로 리더가 될 가능성이 있는 10대 소녀 113명을 인터뷰하고, 900여 명의 소녀들을 대상으로 설문 조사를 벌였다.

그 결과 미국 여학생들의 20퍼센트 가량이 공부, 운동, 친구 관계, 미래에 대한 비전, 리더십 등 모든 면에서 남학생들을 능가하는 엘리트 소녀로 성장하고 있음을 확인할 수 있었다. 이 현상에 대해 그는 이전 세대와 근본적으로 다른 완전히 새로운 사회계

층의 출현으로 보고, '알파걸'이라는 신개념을 부여했다. 그리스어 알파벳의 첫 글자인 '알파$_a$'에서 유래한 이 신조어는 성실하고 낙천적이고 실용적이며 이상주의적인 소녀, 또한 동시에 개인주의자이고 평등주의자이며 관심 영역이 광범위해 인생의 모든 가능성에 대해 열려 있는 저돌적인 도전 정신을 가진 유능한 소녀 집단을 가리킨다.

그의 알파걸 개념은 우리나라처럼 지독한 학벌 위주의 경쟁 사회에서 오용될 가능성도 없지 않지만, 세계적으로 여성 파워가 두드러지고 있다는 그의 관찰만큼은 새겨들을 가치가 충분하다. 부문별로 체감 강도가 약간씩 다를 수는 있겠지만, 전반적으로 볼 때 시대가 바뀐 것은 부인할 수 없는 사실이기 때문이다. 요컨대 '핑크 컬러Pink color'의 시대가 온 것이다. 흰 와이셔츠를 입은 사무직 남성 노동자(화이트 컬러)와 푸른색 작업복을 입은 생산직 남성 노동자(블루 컬러) 일색이던 노동 시장에 이른바 핑크 파워 돌풍이 불고 있다.

그 까닭을 인류학자 헬렌 피셔는 여성 고유의 특성에서 찾았다. 그녀는 여성에게는 아득히 먼 옛날부터 익혀온 특별한 재능이 있다고 주장한다. "언어와 관련된 재능, 타인의 몸짓과 자세, 표정, 그리고 다른 비언어적 단서를 읽을 줄 아는 능력, 섬세한 감수성, 감응력, 우수한 촉각·후각·미각·청각, 인내력, 여러 가지 일을 동시에 처리하거나 생각하는 능력, 어떤 이슈든 넓게 전후 맥락으로 보는 폭넓은 시각, 장기적인 기획을 선호하는 경향, 네트워킹과 협상에 뛰어난 재능, 보살핌을 베풀려는 충동, 협력과 의견 일치를 옹호하고 다른 사람을 이끌 때 평등주의 원칙을 택하는 성향 등이 그런 것이다."[6]

　일을 할 때 육체적인 힘과 기계적인 단순함 또는 이성과 논리가 필요했던 시절에는 단연코 남성이 유리했으나, 지금은 유연한 사고능력과 복잡한 정보처리기술, 그리고 감성과 직관이 더 필요한 시대가 되었다.[7] 말 그대로 여성 시대가 도래했다. 그런데도 이러한 문명사적 흐름에 종교가 민감하게 반응하고 있는가 되새기면 고개를 갸웃거리게 된다. 기독교만 하더라도 숫자 면에서나 조직 면에서 여성의 헌신에 크게 빚지고 있지만, 강대상에서 흘러나오는 메시지는 결코 여성친화적이지 않다. 오히려 전근대적으로 여성의 무조건적 순종과 희생을 강요하는 경향이 짙으니, 교회의 시간은 느리거나 아예 거꾸로 흐르는 것 같다.

섬김의 리더십

　두말할 필요 없이 교회는 예수의 삶과 가르침을 본받는 사람들의 모임이다. 예수의 삶과 가르침은 '섬김'으로 요약된다. 섬김은 지극히 여성적인 용어다. 사회적이고 윤리적인 의미를 지닌 '나눔'과는 질적으로 다른 차원의 종교적 의미를 지닌다. 저마다 무슨 수를 쓰든지 남을 짓밟고 높이 올라가 으스대고 뻐기는 우두머리가 되려고 혈안이 된 세상에서 섬김을 최고의 덕목으로 내세운다는 것은 자살 행위나 다름없다. 그런데도 예수는 자기를 가리켜 "빵"(요한복음 6:51)이라고 말했다. 빵이 간식이고 밥이 주식인 우리 문화에서는 "밥"으로 이해해도 상관없다. 핵심은 자기를 먹으라는 것이다. 나를 먹고서 당신이 살라!

서로를 잡아먹지 못해 안달하는, 누구도 자신의 안전을 책임지지 않으니 각자 알아서 살 길을 도모하라는 뜻의 '각자도생'을 진리로 떠받드는 식인사회에서 이 얼마나 바보스러운 선언인가. 그뿐이 아니다. 자기는 "물"(요한복음 4:14, 7:38)이란다. 세상 사람 모두 "나를 물로 보지 마"라며 목에 핏대를 세우는데, 나를 마시고서 그대의 목마름을 해갈하란다. 노자는 섬김의 원리를 가장 잘 보여주는 보기로 '물'을 꼽았다. "가장 선한 삶은 물처럼 사는 것上善若水"이라고 말하면서,[8] 낮은 데로 흘러 만물을 살리는 물의 고유한 특징을 드높였다. 그러니까 예수가 강조한 섬김이란 자기에 대해서는 낮춤과 비움을, 타자에 대해서는 모심과 살림을 실천하라는 강력한 도덕적 요구인 셈이다.

이런 맥락에서 그야말로 섬김의 리더십을 보여주었으나 남성 리더의 이름값에 가려져 눈에 잘 띄지 않던 성경 속 여성들을 찾아내는 일은 예수를 제대로 아는 길이기도 하거니와, 올제의 세상에서 여성들이 펼쳐나갈 리더십의 무늬를 바로 새기기 위한 중요한 작업이라 하겠다. 성경에 등장하는 수많은 여성인물들은 오랜 세월 남성들이 펼쳐 나가는 역사 드라마의 보조 연기자 정도로만 인식되어왔다. 어린 시절 교회학교에서도 모세, 삼손, 다윗 같은 남성 영웅들의 이야기는 귀에 못이 박히도록 들었는데, 어째서 여성 영웅들에 관해서는 전혀 듣지 못했는지 모르겠다. 영웅이란 모름지기 전쟁에서 싸워 승리한 사람이라는 남성적 이미지가 강해서 그럴 것이다.

이렇게 영웅을 일차적으로 전쟁 혹은 승리와 연관 지으면, 적어도 두 가지 오류가 발생한다. 하나는 전쟁에서 공을 세운 군인이 아니고서는 영웅이 되기 어렵다는 것이고(이 경우 여성과 노약자, 장애인은 절대로 영웅이 될 수 없다), 또 하나는 로마 제국에 의해 십자가형을 선고받고 사형에 처해진 예수 같은 이는 영웅 대접을 받기 곤란하다는 사실이다(이 경우 기독교인의 정체성에 심각한 위기가 발생한다).

그래서 논리적으로 예수를 그리스도라 고백하는 사람이라면 영웅에 대한 상을 달리 그리지 않으면 안 된다. 세상의 눈으로는 영락없이 유대의 교권주의와 로마의 패권주의에 의해 참패한 예언자이지만, 이른바 영의 눈으로 보면 예수는 그 무엇으로도 죽일 수 없는 충만한 생명 그 자체이기 때문이다. 세상 권력은 예수를 '골고다'(히브리어로 '해골'이라는 뜻) 언덕 위에 못 박았지만, 정작 못이 박힌 건 골고다, 곧 죽음 자체였다. 죽음은 예수라는 충만한 생명에 의해 완전히 힘을 잃고 말았다. 예수는 자기 몸을 하나의 못으로 내놓아 죽음의 문화를 해체하는 도구로 삼았다. 예수의 십자가가 내리꽂힌 순간, 골고다는 더 이상 죽음의 온상이 아니라 부활의 산실이 되었다.

만일 그대가 남성이라면

그러니까 '영'이라는 말은 '깨달음'과 동의어인 셈이다. 예수가 '영의 사람'이라는 표현도 '깨달은 자'로 바꾸어 이해할 수 있다. 깨달은 사람은 안다. 앞에 나서고 위에 올라선 사람만이 리더가 아니라는 것을. 김수영의 시 '풀'이 노래하는 것처럼,[9] 발밑까지 누워도 발밑에서 다시 일어서는 사람, 바람보다 늦게 누워도 바람보다 먼저 일어나는 사람, 바닥까지 내려가보았기에 벼랑을 모르는 사람, 이름조차 기억되지 않고 조용히 잊힐지라도 자기에게 주어진 역사적 소임을 성실히 감당하는 사람, 영웅은 누가 뭐래도 그런 사람이다.

그래서 깨달은 자의 눈에는 십자가가 더 이상 추문이 아니라, 오히려 자랑거리로 보인다. 바울은 고린도 교회에 보내는 편지에서 이렇게 적었다. "유대 사람은 기적을 요구하고, 그리스 사람은 지혜를 찾으나, 우리는 십자가에 달리신 그리스도를 전합니다. 그리스도가 십자가에 달리셨다는 것은 유대 사람에게는 거리낌이고, 이방 사람에게는 어리석은 일입니다."(고린도전서 1:22-24)

십자가에 달리신 그리스도만큼 성경 속 세상을 바꾼 여인들의 삶을 극적으로 형상화한 이미지도 없다. 적어도 내가 보기에 성경 속 여인들은 하나님이 이루어 가시는 구원의 역사에서 대단히 중요한 역할을 감당하고도 그 공로를 제대로 치하받지 못했다. 성경을 기록하고 편집하고 해석하고 전달한 사람들이 모두 남성이었으니, 어쩔 수 없는 한계였을 것이다. 그러나 우리는 이름 없이 빛도 없이 묵묵히 자기 몫의 십자가를 진 여성들의 모습에서 오히려 달을 가리키는 손가락의 겸손함을 배운다. 자기가 이룬 공을 자랑하지 않고, 세상이 알아주든 말든 조용히 신의 뜻을 이루어 나가는 여인들의 발걸음은 골고다 언덕을 오르는 예수를 닮았다.

하여 나는 오고 오는 세대의 여성 리더들이 섬김을 체화했으면 싶다. 여성이 희망인 것은 적어도 여성의 리더십이 남성과는 다르다는 확신에 기인할 테다. 권력을 잡으면 독재자로 돌변하는 남성을 무섭게 많이 보았다. 돈에 눈이 어두워 무수한 노동자들을 죽임으로 내모는 남성도 질리게 많이 보았다. 명예욕에 사로잡혀 '장長'이라는 '장'자리는 다 차지하고도 성에 안 차 하는 남성도 징그럽게 많이 보았다. 권력과 재물, 명예의 속성이 본래 사람을 사로잡기 때문에 그렇다. 하지만 여성만큼은 거기서 자유롭기를 소망해보는 것이다. 자신의 모든 역량을 세상을 두루 이롭게 하고 사람을 살리는 데 쏟아붓는 진짜 살림꾼이기를 바란다. 온갖 고난을 이겨내고 마침내 생명수를 얻어온 바리데기처럼 말이다.

그런 의미에서 성경 속 세상을 바꾼 여성들의 이야기 속으로 들어가 보자. 그들이 바꾼, 아니 바꾸고자 애쓴 세상 풍경은 어떤 것인지 우리도 함께 상상해보자. 남성 기록자에 의해 봉인당한 그들의 말이 마침내 터져 나오려고 한다. 그런데 잠깐, 그들의 목소리를 듣기 전에 미리 준비운동을 해둘 필요가 있다. 세계적인 명상가로 널리 알려진 스와미 웨다 바라티[10]의 어록 한 토막을 외워보자.

그대가 남성이라면, 여성이 되기를 배우라

그대가 여성이라면, 그냥 여성으로 머물라

이미 여성인 자는 아무것도 더 이상 배울 필요가 없다.[11]

이 주문을 외우다 보면, 나는 진정 여성인가 자문하게 된다. 괴테 역시 《파우스트》에서 "영원히 여성적인 것이 우리를 이끌어 올리도다"[12]라고 예찬하지 않았던가. 이때의 여성은 생물학적 여성을 가리키는 게 아니라, 차라리 지고한 인간성 혹은 인간 안에서 태어나는 신성神性 비슷한 무엇일 것이다. 포기하지 않는 생명에의 열정과 의지, 약하고 무력한 생명에 대한 무한한 연민과 긍휼, 조건 없이 수용하고 베푸는 영원한 자비, 그런 걸 "여성"이라고 표현한다면, 나는 여성-되기가 한참 멀었다.[13]

1장

인류사를 시작한 생명의 어머니
이브

흙으로 만든 릴리스

독일의 정신과 의사인 한스 요아힘 마츠는 《릴리스 콤플렉스》라는 책에서 여성에게 가해지는 억압은 가부장적인 서구 문명과 기독교 문화의 전형적인 이브형 여성상에서 비롯된다고 지적했다. 그에 따르면 서구 기독교 전통 안에는 두 종류의 여성상, 곧 이브Eve와 릴리스Lilith가 있다. 이브는 "어머니 같고, 겸손하고, 수줍어하고, 진실하며, 남자에게 복종하는 여자"를 의미하는 반면에, 릴리스는 "감각적이고, 유혹적이고, 쾌락을 즐기고, 열정적이며, 독자적인 삶을 사는 여성"이라고 한다.[14] 그런데 도대체 릴리스가 누구인가?

사실 고대세계에서 릴리스는 제법 유명한 이름이었다. 통상 바빌로니아-앗시리아 제국에서 '바람의 영wind-spirit' 혹은 '여자 악마female demon'를 가리키는 '릴리투Lilitu'에서 유래한 것으로 알려져 있는데, 원래는 그보다 앞서 우르Ur 지역에서 나온 기원전 2천년 무렵의 수메르 서판에 이미 '릴라케Lilake'라는 이름이 등장한다.[15] 릴라케는 유프라테스 강둑에서 여신 인안나Inanna[16]가 보살피는 버드나무 가지에 거주하는 여자 악마다.

창세기 1장과 2장이 적절히 혼합된 유대교 전설에 의하면[17], 하나님은 태초에 아담과 릴리스를 똑같이 흙으로 지으셨다고 한다. 그런데 둘은 한시도 평화롭게 살지 못했다. 릴리스가 아담에게 복종하기를 거부했기 때문이다. 이를테면 아담이 릴리스와 자고 싶어서 릴리스에게 누우라고 하면 "내가 왜 당신 아래 드러누워야 하죠?"라고 대들기 일쑤였다. "나도 역시 흙으로 지어졌기 때문에, 당신과 동등해요!"라면서 말이다. 마침내 아담이 힘을 써서 릴리스를 복종시키려고 하자, 이에 화가 난 릴리스는 아담을 버리고 에덴동산 밖으로 뛰쳐나간다.

아담이 릴리스에게 버림받았노라고 하나님께 하소연하자, 하나님은 즉시 세 명의 천사를 보내어 릴리스를 데려오라고 명하신다. 천사들이 릴리스를 발견한 곳은 홍해 근처, 음란한 악마들이 득실대는 곳. 지체 없이 아담에게 돌아가지 않으면 홍해에 빠뜨려 죽이겠다는 천사의 위협에도 릴리스는 굴하지 않는다. 릴리스는 "아담에게로 돌아가 순종적인 아내로 사는 일만큼은 죽어도 할 수 없어요."라며 도리어 천사들을 회유한다. 새로 태어나는 아기에게 부착된 부적에서 세 천사의 이름이나 형상을 발견하면 그 아기들의 목숨을 살려주겠다고 말이다. 이에 넘어간 천사들은 릴리스를 그대로 남겨두고 하나님께로 돌아간다.

이렇게 아담에게 복종하지 않고 에덴에서 도망친 릴리스는 벌을 받게 되는데, 그 벌이란 다름 아니라 "죽을 운명을 타고난 아기를 낳고, 살아 있는 동안에 남자를 유혹하는 음탕한 여자이자 끔찍한 유아 살해범이라 불리며, 사람들이 살지 않는 외딴 곳에서 살아야 한다"[18]는 것이다. 결국 릴리스는 서구의 수많은 전설과 동화에서 임신부와 산모에게 해를 입히고, 아이를 훔쳐가거나 죽이는 마녀의 화신으로 기억되게 되었다.[19]

하나님은 외로워하는 아담에게 적합한 짝을 만들어주기로 작정하시고, 이번에는 아담의 갈비뼈로 이브를 지으신다. 그래서인지 이브는 릴리스와 달리 순종적이고 고분고분해서 아담의 마음에 쏙 들었다 한다. 자기주장이 강하고 독립적인 릴리스에 질린 아담은 이브를 보는 순간, 탄성을 질렀다. "이제야 나타났구나, 이 사람! 뼈도 나의 뼈, 살도 나의 살, 남자에게서 나왔으니 여자라고 부를 것이다."(창세기 2:23)

갈비뼈의 신화

릴리스가 아담과 같은 재료로 지어진 데 반해, 이브는 아담의 갈비뼈로 지어졌다. 물론 릴리스가 나올 때도 그랬지만, 이브의 등장에서도 아담의 역할은 전혀 없었다. 그가 한 일이라고는 잠을 잔 것뿐이었다. 그 잠도 하나님이 재우셨을 만큼, 아담은 철저히 수동적이었다.

그래서 주 하나님이 그 남자를 깊이 잠들게 하셨다. 그가 잠든 사이에, 주 하나님이 그 남자의 갈빗대 하나를 뽑고, 그 자리는 살로 메우셨다. **창세기 2:21**

존 콜리어의 '릴리스'

적어도 창세기 2장의 저자는 오늘날 우리가 남성의 특징으로 알고 있는 단어들, 이를테면 힘, 적극성, 공격성, 지배력, 능력 따위의 단어들을 아담에게 허용하고 있지 않음이 분명하다. 그와는 반대로 본문에서 아담은 철저히 나약하고 수동적인 존재로 등장한다. 본문은 하나님이 흙이나 뼈같이 덧없는 물질들을 취하여 사람이 되게 하셨다고 말할 뿐이다. 강조하면 남자와 마찬가지로 여자 역시 그 생명의 기원은 오직 하나님의 신비에 속한다는 선언이다. 이것은 곧 남자는 여자가 생겨나는 일에 어떤 역할도 담당하지 않았다는 것, 즉 그는 "여자의 탄생에 참여한 자도, 목격한 자도, 의논 상대자도 아니었으므로",[20] 결코 여자에 대해 주인 행세를 할 게재가 못 된다는 해석의 여지가 내재돼 있다.

사실 갈비뼈는 연대성과 동등성을 의미한다.[21] 그럼에도 기독교인의 심상 속에서 갈비뼈는 별다른 해석의 여지없이 곧장 종속성 내지 열등성의 의미로 각인되어 있다. 그동안 대다수 신학자들과 목사들이, 아담의 갈비뼈에서 '파생된' 이브는 아담에 비해 열등하며, 원자재 공급자인 아담에게 종속되어 있으므로, 여자는 남자에게 복종하는 것이 하나님의 뜻이라고 귀에 딱지가 앉을 정도로 누차 설교해왔기 때문이다.[22]

대표적으로 가톨릭과 개신교에서 공히 위대한 교부로 추앙받는 어거스틴에 따르면, 이브는 아담의 옆구리side에서 그 형태를 부여받았기 때문에 아담에게 봉사하도록 지어진 부수적인 존재라고 말한다. 이브가 아담의 배우자인 것은 단지 출산을 위해서이며 그 일을 위해서는 필수 불가결하지만, 그 밖의 정신적인 일을 위해서는 다른 남성이 훨씬 적합하다는 것이다.[23] 전형적으로 플라톤 철학에 깔려 있는 여성 혐오주의와 남성 간의 동성애 예찬을 그대로 이어받고 있는 어거스틴은 남성을 정신에, 여성을 육체에 한정시키는 이분법을 취함으로써 여성을 열등한 존재로 깎아내리는 데 성공했다. 그리하여 남성은 혼자서도 하나님의 완전한 형상을 지니지만, 여성은 혼자서는 결코 그 형상을 지니지 못하며 오직 여성의 '머리'인 남성과 함께할 때에만 그 형상을 가진다고 결론을 내렸다.[24]

여성의 육체성을 열등성으로, 혹은 남성을 유혹하여 타락으로 이끄는 '악마의 문the Devil's gateway'[25]으로 이해하는 정서는 특히 어거스틴이 '부활체'를 언급하는 부분에서 극에 달한다. 그에 의하면, 죽음에서 부활할 때 인간의 몸은 '남성과 남성으로 변형된 여성'만이 있게 될 것이라고 했다. 왜냐하면 부활한 육체란 정신적 육체로서 성적 본능을 전혀 갖지 않아야 하기에, 부활한 여성의 몸은

특히 성행위와 출산에 관계되는 기관들이 박탈되어야만 수치보다는 영광에 적합한 몸이 된다는 것이다.[26]

이처럼 구원을 여성성의 극복으로 보는 담론은 여성으로 하여금 금욕주의를 내면화하게 하여, 남성의 시각적 지각 앞에서 매력적으로 보이지 말아야 한다는 강박관념을 낳았다. 신앙이 있는 여성은 무엇보다도 자신의 여성다움을 드러내거나 과장하는 옷차림을 하여 남성을 유혹하고 죄에 빠뜨리는 일이 없어야 한다는 것이다. 여성은 베일로 얼굴을 가려야 한다는 가톨릭의 복장의례는 이렇게 해서 탄생했다.

종교개혁은 가부장적 인간학의 고전적 원형을 이룬 어거스틴식 이해에 약간의 수정을 가하기는 했지만, 본질적인 변화를 꾀하지는 않았다. 마르틴 루터는 본래의 창조에서는 이브가 아담과 동등했을 것으로 추론한다. 그러나 타락과 그에 따른 형벌로 인해 여성은 본래의 평등성을 잃고 정신적으로나 육체적으로 자기보다 '우월한' 남성에게 예속되게 되었다고 한다. 또한 이러한 예속은 '신성한 심판'의 표현으로, 여기에 반항하거나 불평하면 신의 심판을 트집 잡고 받아들이지 않으려는 거역일 뿐이라고 못을 박았다.

이러한 처벌 역시 원죄로부터 기인하는 것이다. …… 규칙은 남편 수중에 있으며, 아내는 하나님의 명령에 의해 남편에게 복종해야만 한다. 그는 가정과 국가를 통치하고 전쟁을 수행하며 그의 소유물을 방어하고 땅을 일구고 집을 짓고 식량을 재배하는 등등의 일을 한다. 반면에 여자는 벽에 박혀 있는 하나의 못과 같다. 그녀는 집에서 앉아 지낸다. …… 아내는 바깥

일이나 혹은 국사國事에 관련된 일들을 처리할 수 있는 능력을 박탈당한 사람으로 집에서 가정일을 돌본다. …… 이런 식으로 이브는 벌을 받고 있는 것이다.[27]

이처럼 루터가 여성의 예속을 하나님의 심판이라는 관점에서 이해한다면, 칼뱅주의 전통은 다른 접근을 취한다. 칼뱅은 여자 역시 하나님의 형상으로 지음 받았다는 점에서 남성과 동등했을 뿐 아니라 지금도 동등하다고 천명한다. 그런데도 군주와 신하 사이, 주인과 종 사이, 남편과 아내 사이, 부모와 자식 사이처럼 한 쪽이 지배하고 다른 쪽이 예속되는 것은 하나님의 명령으로, 신성하게 창조된 사회질서라고 말한다. 요컨대 인간 사회의 위계질서는 인간 본성의 차이 때문이 아니라 신에 의해 예정된 것으로, 사회적 지위의 차이를 반영한다는 것이다.[28] 달리 말하면 남성이 여성을 지배하는 것은 그가 우월해서가 아니라 하나님이 그렇게 명하셨기 때문이라는 해석이다.

신 정통주의 신학을 대표하는 칼 바르트는 이러한 사고를 더욱 정교하게 다듬어 내놓았다. 바르트가 보기에 여성에 대한 남성의 우위는 창조 때문에 확립된 질서로, 창조의 성약聖約을 반영한다. 이 거룩한 언약 안에서는 창조주가 피조물 위에 군림하는 것이 자연스럽듯이, 남성과 여성도 각각 이끄는 자와 따르는 자의 관계로 규정되는 것이 자연스럽다. 이러한 질서를 남자는 겸허하게, 여자는 기꺼이 받아들여야 하는데, 그런다고 해서 남자의 지위가 격상된다거나 여자의 지위가 격하되지는 않는다. 오히려 남자와 여자가 자기에게 주어진 올바른 질서를 수용함으로써 비로소 신성하게 선포된 각 사물의 위계질서의 도표 속에서 자신의 제자리를 찾게 된다는 것이 바르트의 논지다.[29]

가톨릭의 입장이 여성의 예속을 존재론적 결함으로 풀이하려고 했던 것에 비해, 개신교는 합법적인 창조질서로 이해한다는 것이 이 둘의 차이점이다. 그러나 이러한 해석의 차이가 현실적으로는 아무런 차별화를 끌어내지 못하고 있다는 게 문제의 핵심이다. 여성의 부차적인 지위가 창조의 본성 때문이면 어떻고, 신이 정한 질서면 또 어떤가. 어차피 남성의 지배와 여성의 예속이라는 큰 구도에는 변함이 없다. 때문에 이 질서를 바꾸려는 욕망, 혹은 여성에게 남성과 동등한 지위와 권리를 보장해주려는 노력은 하나님의 뜻을 거스르는 반역 행위로 해석돼왔다.

그래서 일찍이 미국의 종교철학자 메리 데일리는 이런 독설을 퍼부었다. "교회에서 동등한 권리를 요구하는 여성은 이를테면 KKK단에서 동등한 권리를 요구하는 흑인에 비길 만하다."[30]

선악과 스캔들

오늘날 한국 교회에서 20~30대 젊은 여성층이 우르르 빠져나가는 공동화 현상의 배후에는 이 갈비뼈의 신화가 놓여 있지 않은가 싶다. 지금의 한국 교회는 청년 세대와 특히 고등교육을 받고 자란 젊은 여성들에게 별 매력이 없다. 이들은 교회에만 가면 답답

해서 숨이 막힐 지경이라고 입을 모은다. 교회가 생명력 있는 복음이 전해지고 나누어지는 축제의 장이기는커녕, 구시대의 낡은 규범을 옹호하고 강제하는 억압의 장이 되어 있기 때문이다.

릴리스 콤플렉스가 뿌리 깊게 배어 있는 사회에서는 여성이 자기주장을 내세우고 자신의 뜻을 관철하려는 욕망을 품는 것 자체를 죄악이라고 몰아붙인다. 여자는 단지 남편 말에 순종하고 자녀를 위해 희생하도록 지어졌다는 것이다. 현모양처賢母良妻 이데올로기를 축성祝聖하는 이런 식의 논리가 공고한 곳에서 여성은 점점 분열 상태에 놓이게 된다. 내면에서는 남자와 동등한 권리를 요구하는 '나쁜 여자-릴리스'를 소망하는데, 남자들이 죄다 노예처럼 말 잘 듣는 '착한 여자-이브'를 원하니 미칠 노릇이 아니겠는가.

이때의 이브는 물론 선악과를 따먹기 이전, 아담으로 하여금 "뼈도 나의 뼈, 살도 나의 살"을 노래하게 만들었던 장본인이다. 그 여인이 뱀의 유혹에 넘어가 하나님이 먹지 말라고 명하신 금단의 열매를 따 먹었다. 혼자 먹는 것으로 끝나지 않고, 심지어 아담에게까지 주어 타락으로 끌어들였다. 그 순간 그녀는 이미 '착한 이브'의 선을 넘어버린 것이다. 이브는 관능적인 매력으로 남자를 타락으로 유도하는 팜므파탈의 대명사가 되고 말았다.

사실 고대 세계에서 뱀은 악마의 상징이라기보다는 오히려 지혜의 상징이다. 예수도 "뱀처럼 지혜롭고 비둘기처럼 순결하라"(마태복음서 10:16)고 말한 적이 있다. 자주 허물을 벗는 생태 때문에 재생과 성장을 나타내기도 한다. 그리스 신화에 나오는 의술의 신 아스클레피오스가 뱀이 휘감긴 지팡이를 들고 있는 것도 그런 이유다. 오늘날에는 세계보건기구나 대한의사협회 로고에서도 뱀을 찾아볼 수 있다. 그러니 선악과 이야기에서 애꿎게 뱀을 악마시할 일은 아닐 것이다.

클라우스 베스터만은 뱀을 사탄으로 해석할 때 이야기가 더 미궁에 빠진다고 지적한다. 왜냐하면 꾀를 지닌 뱀 또한 하나님의 피조물이기에, 하나님 자신이 직접 인간을 불순종으로 이끌어가는 생물을 창조하신 셈이 되기 때문이다.[31] 그래서 그는 뱀이 던진 유혹, 곧 하나님이 먹지 말라고 금하신 생명나무와 선악과나무의 열매를 따먹도록 이끈 유혹의 의미를 인간은 생명과 지식에 대한 강한 충동을 띤 존재로 창조되었다는 뜻으로 풀이한다.[32] 다시 말해 뱀은 인간의 내적 욕망 내지 충동을 가리킨다.

한 걸음 더 나아가 필리스 트리블은 선과 악을 알게 하는 금단의 열매를 따먹은 주체가 왜 남성이 아니고 여성인가에 대해 흥미로운 설명을 내놓는다. 여자가 남자보다 더 지적인 존재, 더 적극적인 존재, 더 민감한 감수성을 가진 존재여서 그렇다는 것이다.[33] 여자는 뱀과 '신학적인' 대화를 나눈다. 눈이 밝아진다는 것, 하나님처럼 된다는 것, 선과 악을 알게 된다는 것의 의미를 나름대로 성찰하고 있다.(창세기 3:5 참고) 사건의 주도권은 철저히 여자에게 있고, 결정도 모두 여자가 한다. 남자의 허락은커녕, 남자와 상의조차 하지 않는다. 그녀는 완전히 독립적으로 행동한다.[34]

그렇다면 이 여자는 이브라기보다는 릴리스에 가깝지 않은가. 실제로 금지명령의 직접적인 수탁자인 남자는(창세기 2:15-17 참고) 철저히 수동적인 반면에, 여자는 호기심과 지적 욕망으로 똘똘 뭉쳐 적극적으로 사유하고 능동적으로 행동한다. 이 차이는 선악과를 따 먹은 이후, 하나님의 추궁에 응답하는 방식에서도 분명하게 드러난다.

아담은 이렇게 핑계를 대었다. "하나님께서 저와 함께 살라고 짝지어주신 여자, 그 여자가 그 나무의 열매를 저에게 주기에 제가 그것을 먹었습니다."(창세기 3:12) 새겨들으면 단순히 여자를 탓하는 게 아니라 하나님을 탓하는 말이다. 아담은 하나님과 여자에게 똑같이 '주다'는 동사를 사용하여, 하나님이 여자를 '주지' 않았더라면, 여자가 자기에게 선악과를 '주는' 일도 없었을 거라는 식으로 에둘러 하나님을 비난한다. 반면에 이브의 대답은 간결하다. "뱀이 저를 꾀어서 먹었습니다."(창세기 3:13) 뱀을 내적 욕망 혹은 충동으로 파악하는 이상,[35] 그녀의 대답은 깔끔하게 자기 잘못을 인정하고 책임을 지려 하는 것으로 해석할 수 있다.

새삼 강조하건대 이브가 창조된 목적 내지 존재 이유는 아담을 "돕는 사람"(창세기 2:20)이었다. 여기서 '돕다'라는 뜻의 히브리어 *에쩨르ezer*는 우리가 흔히 알고 있듯이 여성의 종속성이나 열등성을 의미하는 것과는 거리가 멀다. 이 단어는 가령 "하나님은 이스라엘을 도우시는 분"(시편 121:1 ; 124:8 ; 146:5 ; 출애굽기 18:4 ; 신명기 33:7, 26, 29)이라는 표현에서도 동일하게 사용되는데, 이때의 도움은 구원의 의미를 내포한다. 하나님이 없으면 이스라엘의 존립 자체가 위기에 처한다는 절박한 암시가 담겨 있다. 요컨대 에쩨르는 '궁지에서 구하는 자, 죽음에서 구원하는 자, 위험에서 도움이나 구원을 주는 자, 구원을 가능하게 하는 자'라는 의미를 갖는다.[36]

이러한 신학적 전이해가 없더라도 돕는 사람과 도움을 받는 사람 중에서 어느 편이 더 유능한가를 곰곰 따져보면 답은 분명하

귀도 레니의 '아탈란타와 히포메네스'

다. 도움을 베푸는 쪽이 당연히 능력자일 것이다.

그럼에도 '도우미'보다는 '나섬이'나 '이끔이'를 높이 평가하는 우리네 고정관념 때문에 본문에 대한 오해가 생기는 것 같다. 여자의 창조 목적은 기껏해야 남자를 돕는 사람일 뿐이므로, 여자더러 앞에 나서지 말고 뒤에서 묵묵히 남자가 하는 일을 거들라고 한다. 주장은 남자가 할 테니, 여자는 그저 듣기만 하란다. 여자가 무슨 주장이라도 할라치면, 수다 떨지 말라는 핀잔을 듣기 일쑤다. 부창부수夫唱婦隨, 여필종부女必從夫의 유교 규범이 교회 바깥에서는 시대착오적인 것으로 각인되어 혁파의 대상이지만, 교회 안에서는 여전히 신적 권위를 덧입고 있는 실정이다. 이런 식으로 그 본문은 남녀차별의 관행을 뒷받침하는 증거본문인 양 이용돼왔다. 합리적인 사고를 억누른 채 '무조건 믿으라'는 맹신주의에 희생당한 대표적인 보기가 아닐 수 없다.

여기서 이브의 이름풀이를 한번 짚고 넘어갈 필요가 있다. 이브라는 이름이 처음 등장하는 대목은 창세기 3장 20절이다. 그전까지 줄곧 '여자'로 불리던 그녀는 선악과를 따먹은 벌로 출산의 고통을 떠안게 되고, 아담에 의해 비로소 새 이름을 얻는다. 이브Eve는 히브리어 *하와*Hawwah를 헬라어로 옮긴 것인데, 하와는 생명을 뜻하는 히브리어 *하야*hajja에서 파생된 말로 "생명이 있는 모든 것의 어머니"(창세기 3:20)라는 뜻이다.

당시 근동의 다른 어느 사회보다 더 철저한 부계사회요, 남성 중심 사회였던 이스라엘에서 여성에게 붙여지는 '어머니' 칭호는 대단히 명예로운 것이었다. 사사기 5장 7절에서 유일한 여성사사이자 예언자인 드보라가 '이스라엘의 어머니'로 불리는 것이 그 좋은 보기다. 그러니까 단순히 *아다마*adamah(히브리어로 아다마는 '흙'이라는 뜻)에서 왔기 때문에 *아담*Adam(히브리어로 아담은 '사람'이라는 뜻)이라는 이름을 갖게 된 남자보다는 여자의 이름이 훨씬 더 의미심장하다는 것을 확인할 수 있다.

그런데 *하와*라는 이름은 고대 힛타이트족의 천둥신의 아내 *헤바*Heba 여신의 히브리적 형태라는 설이 있다.[37] 그리스식 이름으로는 *헤베*Hebe인데, 이는 헤라클레스의 아내인 청춘과 봄의 여신을 가리킨다. 그렇다면 창세기의 저자는 고대 근동사회에 널리 알려져 있던 여신의 이름을 의도적으로 빌려와, 여성으로 하여금 남성을 구원하는 여신의 이미지를 구현하도록 기대했다고 볼 수도 있지 않을까.

'포커스 온 더 패밀리'라는 의료 선교진의 부회장인 월트 래리모어는 정말로 그렇게 믿는 것 같다. 그는 아내 바브 래리모어와 함께 쓴 《그 남자의 테스토스테론 VS. 그 여자의 에스트로겐》에서 이렇게 적었다. "여자는 남자가 창조될 때 그 설계에서 부족했던 것들을 공급할 것이다. …… 여자는 우리 아버지가 완벽하게 설계하고 창조하신 피조물로, 남자에게는 선물이며 완벽한 상대다. …… 그의 맹점을 보완하며, 그의 연약한 부분에 강함이라는 '구원'을 주도록 설계되고 창조된 이가 바로 여자다."

이런 그의 여자 예찬이 일견 민망스럽기는 한데, 그러나 실은 성경 저자가 정말로 그런 걸 염두에 두고 기록했을 가능성은 희박하다. 성경 본문은 어디까지나 "네가 남편을 지배하려고 해도, 남편이 너를 다스릴 것"(창세기 3:16)이라고 못 박고 있어서, 우리의 상상력에 제동을 건다. 말하자면 가부장적 지배가 당연시되던 당시 한계가 곧 본문의 한계라는 말이다.

그럼에도 창세기 저자가 그러한 시대적 한계를 넘어서기 위해 고심한 흔적은 분명 보인다. 하나님이 여자를 지으실 때 "(남자를) 돕는 사람"이나 "(남자에게) 알맞은 짝"(창세기 2:18)으로 만드셨다는 진술은 여자와 남자가 철저히 동등한 관계임을 천명한다.[38] 여기서의 '도움'은 단순한 조력이나 성욕 또는 출산을 위한 도움이 아니고 "모든 삶의 영역에서의 상호 협력적인 도움"[39]으로 그것이 없이는 인간 공동체가 와해되고 마는 하나의 구성 원리를 설명하는 것이다. 아울러 '짝'이라는 말 역시 그야말로 '신발 한 짝'에서 보듯이 서로가 서로에게 동등한 상대가 된다는 뜻이지, 여자가 "단순히 남자를 돕거나 남자의 말을 듣거나 그를 위하기만 해야 하는 종속적인 피조물"이라는 뜻이 아니다.[40]

누구나 똑같은 하나님의 형상

역사 비판적인 성경학의 발전으로 오늘날 기독교인들은 창세기에 나오는 창조 이야기가 두 개의 서로 다른 원천 자료에 근거하고 있음을 알게 되었다. 이를테면 창세기 1장 1절에서 2장 4절의 상반부까지는 소위 P문서(기원전 6~5세기 무렵 바빌로니아 제국에 포로로 잡혀간 제사장Priest 그룹이 작성한 문서라고 하여 "P문서"라고 불린다)에 속하고, 2장 4절의 하반부에서 24절까지와 3장 전체는 그보다 훨씬 더 오래된 자료인 J문서(기원전 10~9세기에 형성된 것으로 하나님의 부름말이 일관되게 '야훼Jahweh'로 나오는 데서 "야휘스트 자료"라고 불린다)에 속한다는 사실을 발견한 것이다.

그러니까 논란의 여지가 많은 '갈비뼈'니 '뱀'이니 하는 상징들은 모두 오래된 J문서에 근거하는 반면에, 그로부터 거의 400~500년이 지나서 기록된 P문서에서는 그런 상징어가 모두 배제되고, 대신에 남자와 여자가 똑같이 "하나님의 형상"으로 지어졌다는(창세기 1:26-27) 평등 선언만이 남아 있다.

P저자는 바빌로니아 제국의 마르둑 신전 앞에서 해마다 신년 축제 때 낭송되는 '에누마 엘리쉬'[41]를 익히 들어 알고 있었다. 수메르와 바빌로니아 문화의 근간을 이루는 이 창조 설화는 인간의 창조 목적은 신들의 멍에를 대신 끌게 하기 위한 것, 즉 신들을 일상의 따분한 노동에서 자유롭게 해방시키기 위한 것으로 설명한다. 이처럼 인간을 신의 노예로, 더 나아가 '신의 형상'인 지체 높은 왕이나 귀족의 노예로 창조했다는 '에누마 엘리쉬'의 논조에 반하여, 모든 인간이 "하나님의 형상"이라고 선언한 P저자의 시도는 얼마

나 혁명적인가.

창세기 1장은 인간이 하나님의 노예로 창조되지 않았다고 강조한다. 오히려 인간 창조의 목적은 세상을 향해 있다. 인간은 땅을 다스리기 위해 창조되었다는 것이다. "하나님이 그들에게 복을 베푸셨다. 하나님이 그들에게 말씀하시기를 '생육하고 번성하여 땅에 충만하여라. 땅을 정복하여라. 바다의 고기와 공중의 새와 땅위에서 살아 움직이는 모든 생물을 다스려라' 하셨다."(창세기 1:28)

여기 나오는 '정복'과 '다스림'이라는 용어는 왕에게 어울리는 단어들이다. 말하자면 P저자는 하나님의 형상인 인간, 곧 모든 남자와 여자에게 왕의 신분을 덧입히는데, 이때의 왕은 바빌로니아나 이집트 제국의 왕과는 차원이 다르다. 그들의 정복과 다스림은 무력에 의한 약탈과 착취를 기반으로 하지만, P저자가 보는 정복과 다스림은 오히려 그 반대다. "상한 갈대를 꺾지 않으며, 꺼져 가는 등불을 끄지 않"고, "끝내 세상에 공의를" 세우는(이사야서 43:3-4) 그런 메시아적 다스림을 가리킨다.

그러므로 하나님의 형상은 "세상에 복을 가져다주는 자, 세상을 위해 복을 중재하는 자"[42]의 책무를 다해야 한다. 그러지 않고 "만일 인간이 땅의 자원들을 착취하여 대지와 초목, 동물들, 강과 바다들을 손상시킬 경우, 그는 땅에 대한 지배라고 하는 자신의 왕다운 직무에서 실패하고 말 것이다."[43]

바빌로니아의 무력 침공으로 혹독한 식민지 경험을 겪은 P저자로서는, 어느 한 집단은 애당초 지배하도록 태어났고 다른 집단은 복종하도록 태어났다는 주장에 동의하기가 어려웠을 것이다. 같은 논리로 하나의 성性이 다른 성보다 우위에 있다는 주장 역시 폐기되어야 마땅하다. 만인이 하나님의 형상이라는 P저자의 선언은 인간들 간의 일체의 차별을 종식시킨다. 신 앞에서는 인종, 피부색, 계급, 계층에 따른 차별이 있을 수 없다는 것이다. 마하트마 간디가 인도의 카스트 제도에서 가장 밑바닥에 있는 불가촉천민不可觸賤民을 가리켜 '신의 자녀'라는 뜻의 *하리잔Harijan*이라고 부른 것도 이 깨달음에 기인한다. 남존여비男尊女卑, 반상차별反常差別이 엄혹했던 유교 문화 아래의 조선사회에 기독교가 '소리 없는 혁명'을 일으킨 원동력이 바로 거기에 있었다.[44]

그런 점에서 오늘날 한국 교회가 젊은 여성들의 마음을 사로잡는 길은 의외로 간단할지 모른다. 교회 여성들에게 봉사와 희생을 강요할 요량으로 갈비뼈 신화를 이용했던 지난날의 과오를 청산하는 것이다. 성경으로 하여금 자기모순에 빠지지 않게 하려면, 창세기 1장의 '하나님의 형상'에 비추어 그 연장선상에서 2장의 '갈비뼈'를 재해석하는 길밖에 없다.

남자와 여자는 모두 거룩한 하나님의 닮음꼴로 창조되어, 서로 돕고 연대하여 더 좋은 세상을 만들어나갈 책임을 부여받았다. 그러니 피차 주도권 전쟁이나 힘겨루기에 진을 빼는 것은 지극히 세상적인 관계 양상일 뿐이다. 오직 서로 사랑하며 상호 호혜적인 파트너가 되어 세상을 두루 이롭게 하는 일에 헌신하는 것만이 하나님이 바라시는 아름다운 모습이다. 전도서를 쓴 현자賢者의 조언을 들어보자.

혼자보다는 둘이 더 낫다.

두 사람이 함께 일할 때에,

더 좋은 결과를

얻을 수 있기 때문이다.

그 가운데 하나가 넘어지면,

다른 한 사람이

자기의 동무를 일으켜 줄 수 있다.

그러나 혼자 가다가 넘어지면,

딱하게도 일으켜 줄 사람이 없다.

또 둘이 누우면 따뜻하지만,

혼자라면 어찌 따뜻하겠는가.

혼자 싸우면 지지만,

둘이 힘을 합하면

적에게 맞설 수 있다.

세 겹 줄은 쉽게 끊어지지 않는다.　　　　　전도서 4:9-11

미국의 작가이자 노예제도 폐지론자로 널리 알려진 마틸다 조슬린 게이지는 이런 어록을 남겼다. "가장 크고 유명하고 조직적인 도둑질은 교회가 여성을 상대로 저지르는 도둑질이다. 교회는 여성에게서 자신감과 인간으로서 누려야 할 모든 권리, 즉 노동과 교육 가능성, 판단력, 양심과 의지의 산물을 전부 다 앗아가버렸다."[45] 또 실존주의 철학자이자 작가이며 사르트르와의 계약결혼으로 유명한 시몬느 드 보부아르는 이렇게 말했다. "교회는 신이 여자에게 남자의 특권을 빼앗을 만한 힘을 주지 않도록 감시한다."[46]

교회가 그처럼 독실의 대상으로 진력한 데는 교회 역시 릴리스 콤플렉스를 내면화한 까닭이다. 릴리스 콤플렉스는 여성에게 권력과 쾌락과 자유를 허용하지 않고, 대신에 복종과 정절과 희생만 기대한다. 한스 요하임 마츠는, 릴리스 콤플렉스에 젖은 남녀가 부모가 되면 자신의 아이가 쾌락이나 감정을 표출하지 못하도록 감시하고 질서와 규율을 강요하며 권위에 복종하도록 엄격히 훈육하는 특징이 있다고 했다.[47]

이 같은 교육을 받고 자란 아이들은 훗날 아내가 되거나 남편이 되어서 같은 악순환을 반복한다. 아내는 가부장 구조에서 어쩔 수 없이 남편에게 복종하고 예속되는 지위를 받아들이기는 하지만, 충족되지 못한 자신의 꿈과 동경을 남편과 자식에게서 보상받기 위해 그들을 괴롭히다가 결국 관계를 망가뜨리기 쉽다. 또 남편은 여자를 동등한 파트너로 대하는 것이 아니라 성적 대상으로만 여기는 사람이 되어버리거나 아예 성불능이 되기도 한다.

그렇다면 어떻게 해야 할까. 답은 하나, 여자와 남자 모두 자기 안의 릴리스를 더 이상 억압하지 말고 통합하는 길뿐이다. 릴리스를 통합한 이브는 남자와의 관계에서 차이를 인정하되, 자기 역시 동등한 시민이라는 자의식으로 남자와 더불어 건강한 파트너십을 이룬다. 자녀와의 관계에서는 아이를 있는 그대로 받아들이는 동시에 아이를 돌보는 중에도 자신만의 작전타임을 가질 권리, 즉 오로지 어머니로만 존재하는 것이 아니라 때로는 여자로서, 아내로서, 인간으로서 살고 싶은 권리를 인정한다. 이런 식으로 모성애 중독에 걸리지 않도록 곁에서 도와주는 남편이야말로 릴리스를 통합한 아담이다.

당연한 말이지만, 이 시대의 여성들은 교회를 통해 흘러나오는 '복음good news'이 여성 자신들에게도 역시 기쁜 소식이기를 희망한다. 하나님의 권위를 빌어 성경 구절을 가져다가 여성의 입에 재갈을 물리고 여성의 손과 발에 족쇄를 채우는 데 앞장서온 교회는 여성에게 결코 복음의 통로가 될 수 없을 것이다. 만일 교회가 계속해서 여성에게 덧씌워진 이브의 원죄를 사면해주지 않는다면, 여성들의 교회 기피 현상은 날로 심화될 것이 분명하다.

그런 이유로 여성에게 친절한 성경 해석은 이브뿐 아니라 아담에게도 복음이 되는 것이다. 모든 새로움은 두려움을 야기하기 마련이지만, 그것은 동시에 성숙을 위한 초대이기도 하다. 눈 밝은 이는 찾을 것이다. 성경의 행간 속에 감추어진 새로운 보물을.

익숙한 지식에 안주하지 않고 새로운 배움을 향해 도약하는 여자들과 남자들 사이에 이브-릴리스가 있다. 끝없이 의심하고 회의하면서 참된 앎에 도달하고자 구도의 길을 더듬어가는 모든 사람에게 이브는 오늘도 금단의 열매를 나누어 준다. 먹지 않으면 안전하겠지만 고양高揚이 없고, 먹으면 고통스럽겠지만 아픈 만큼 성숙해지는 유혹의 열매를. 이렇게 우리는 이브-릴리스와 더불어 새로운 인간의 역사를 써나갈 것이다. 가끔은 짐승으로 퇴행할 때도 있지만, 또 가끔은 자기 안에서 신神이 태어나기도 하는 그런 인간의 역사를.

2장

이스라엘 민족의 조상이 된 불임 여인

사라

잉태할 수 없는 여인

아브라함과 사라는 이스라엘의 원조元祖로 꼽힌다. 본명이 아브람과 사래였던 이들 부부가 하나님의 명령에 순종하여 갈대아 우르를 떠난 때로부터 이들의 후손이 이집트에 내려가 살게 된 때까지를 일반적으로 족장 시대라 부른다. 또 이 시기에 일어났던 일들을 전해주는 이야기를 족장 설화라 하는데, 창세기 12장에서 50장까지가 이에 해당한다.[48] 이 족장 설화에는 반半유목민으로 농경지를 찾아 이곳저곳을 떠돌던 이스라엘 조상들의 이야기가 담겨 있다. 대략 기원전 2000년에서 기원전 1200년경까지를 그 배경으로 한다.[49]

그런데 아브람과 사래의 이름이 맨 처음 등장하는 곳은 창세기 11장 끝 무렵인 데라의 족보에서다(창세기 10장에서 11장까지는 노아의 후손들의 족보 기록이다). 데라는 노아의 맏아들인 셈의 가계에 속해 있으므로, 성경 편집자는 셈의 족보에 이어 곧장 데라의 족보

아드리안 판 더르 베르프의 '아브라함에게 하갈을 내어주는 사라'

를 붙여놓았다. 이 족보에 따르면, "바빌로니아의 우르에서"(창세기
11:28) 살고 있던 데라에게는 세 명의 아들이 있었다. 아브람과 나
홀과 하란이다. 이 가운데 하란이 아들 롯을 낳고 죽자, 아브람이
그 아이를 거둔다. 그리고 자신의 이복누이를 아내로 삼는데, 그녀
가 바로 사래다.(창세기 20:12 참고)

　흥미로운 것은 성경 저자가 사래를 소개하는 방식이다. 담담
히 족보를 나열하다가 사래의 이름이 나오자, 기록자는 문득 이런
구절을 덧붙인다. "사래는 임신을 하지 못하여서 자식이 없었다."
(창세기 11:30) 히브리어 원문으로는 '사래 아카라'다. 사래를 꾸미
는 유일한 수사修辭로 *아카라awkawra*를 썼다. 아카라는 '뿌리 뽑히
다', '잡아채다', '열매 맺지 못하다'라는 뜻의 동사 *아카르awkawr*에
서 유래한 형용사로, '불모의', '메마른', '열매 맺지 못하는'의 뜻을

지닌다.

그러니까 사래의 정체는 한마디로 '석녀石女'라는 말이다. 여성의 존재 가치가 오로지 아들을 낳아 남편의 대를 이어주는 것에 있었던 고대 중동지방의 관습에 비추어볼 때, 한 여인이, 그것도 여족장matriarch이 석녀라는 사실은 극도의 저주를 상징한다. '자식 못 낳을 여인'이라는 표현이야말로 여성에게 퍼부을 수 있는 가장 가혹한 저주요, 욕설이었다.[50]

아직 본격적인 족장 설화로 들어가기도 전이다. 그런데 성경 저자는 '사래 아카라'를 툭 던져놓는다. 이것이 앞으로 펼쳐질 아브라함과 이삭과 야곱 3대에 걸친 족장들의 이야기와 더 나아가 선민選民 이스라엘의 역사를 이해하는 데 주요 단서가 되기 때문이다. 요컨대 사래가 '아카라'라는 사실이 사건 전개의 핵심 모티브인 것이다.

사래 아카라 다음에 뜬금없이 이어지는 다음 구절은 또 무엇일까. "데라는, 아들 아브람과, 하란에게서 난 손자 롯과, 아들 아브람의 아내인 며느리 사래를 데리고, 가나안 땅으로 오려고 바빌로니아의 우르를 떠나서 하란에 이르렀다."(창세기 11:31) 최근에 나온 새번역 성경에는 "바빌로니아의 우르"로 표기된 지명이 옛날 개역한글판 성경에서는 "갈대아 우르"라고 나온다.

이 지역은 대단히 화려하고 부유한 고대 도시로 유명하다. 유프라테스 강과 티그리스 강 사이의 비옥한 초승달 지대, 곧 인류 문명의 발상지 중 하나인 메소포타미아(헬라어로 '두 강 사이에 있는 땅'이라는 뜻) 문명이 꽃을 피운 곳, 여기에 살았던 사람들을 갈대아인이라 부르는데, 우르는 두 강이 서로 만나는 지점에 위치해 있다.⁵¹ 따라서 이곳은 땅이 비옥함은 말할 것도 없어 농업이 발달하고, 구리와 돌을 실은 배가 페르시아만을 수시로 오가며, 대상들이 모였다 흩어지는 상업과 무역의 중심지였다. 이런 풍요의 땅에서 살다가 데라 일족이 갑자기 하란으로 이주하였다는 것이다.

사도행전 7장에는 스데반의 설교가 나온다. 돌에 맞아 죽기 직전에 행한 고별 설교에서 스데반은 이렇게 말한다. "우리 조상 아브라함이 하란에 거주하기 전에, 아직 메소포타미아에 있을 때에, 영광의 하나님께서 그에게 나타나셔서 말씀하시기를 '너는 네 고향과 친척을 떠나서, 어디든지 내가 지시하는 땅으로 가거라' 하셨습니다. 그래서 그는 갈대아 사람들의 땅을 떠나 하란으로 가서, 거기서 살았습니다."(사도행전 7:2-4) 스데반의 설명에 의하면, 데라 일족이 갈대아 우르를 떠난 것은 데라의 선택이라기보다는 아브람의 결단이라는 것이다. 하나님이 아브람에게 나타나셔서 출향出鄕을 명령하셨다.

사실 창세기 11장 31절만 갖고는 데라가 우르를 떠난 이유를 알 수가 없다. 다만 이어지는 12장 1절부터 3절에서 하나님이 데라가 아닌 아브람을 '복의 근원'으로 선택하신 사실이 자명하다고 할 때, 데라가 우르를 떠난 것은 아브람의 권유 때문이라고 풀이한 스데반의 이해가 과히 틀리지는 않을 것 같다. 장자 중심 문화에서, 게다가 아브람이 자기 아우의 소생을 거두고 있는 형편인데 데라가 아브람의 요구를 거절하기는 어려웠을 것이다.

하란은 유프라테스 강 상류 지역에 자리 잡은 성읍으로 메소포타미아 북서부 지역의 중심 도시다. 규모가 우르만은 못해도 꽤 번성한 도시였음에 틀림없다. 데라는 하란에서 숨을 거둔다. 이제 아브람이 족장이 되었다. 그리고 일흔다섯 살이 되던 해에 하나님의 약속을 받은 아브람은 또다시 유랑길에 오른다.

고전적인 처첩 갈등

풍요의 땅을 뒤로 한 채, 미지의 땅을 향해 가는 발걸음은 꽤나 불안했으리라. 일흔다섯 살이면 적지 않은 나이다. 대부분의 사람들은 '여기가 좋사오니' 하면서 안정적인 삶을 선호할 때다. 그런데 아브람은 훌훌 털고 길을 나선다. 하란에서 "모은 재산과 거기에서 얻은 사람들"(창세기 12:5)이 상당했던 것으로 보아, 유랑은 만만한 일이 아니었을 것이다. 눈에 보이는 부를 뒤로 한 채, 보이지 않는 약속을 믿고 나아가는 일은 어지간한 믿음으로는 불가능한 결단이었을 것이다. 하여 이 한 가지 사실만으로도 그는 충분히 믿음의 조상이라 불릴 만하다.

이런 떠남에 담긴 종교사적 의미는 무엇일까. 아브람을 시초로 이제 막 인류 문명사에 등장하려고 하는 이스라엘 종교문화는 수메르-바빌로니아 종교문화와 다르다는 것이다. 수메르-바빌로니아 종교문화는 풍요와 무력을 표방한다. 수메르의 신 두무지Dumuzi는 메소포타미아 지역에서 유명한 풍요의 신으로 농경문화를 관장한다고 알려져 있으며, 바빌로니아의 신 마르둑Marduk은 무력으로 세계를 제패하는 용맹한 군사의 신이다. 반면에 이스라엘을 선민으로 택한 야훼는 가난하고 힘없는 사람들의 신음소리를 외면하지 않으시는 정의로운 하나님이라는 것이다. 이 하나님과 새로운 사랑을 시작하기 위해 아브람은 당대 문명의 중심지를 버리고 변두리로 향한다. 오로지 하나님의 약속 하나에 운명을 걸었다. 그 약속의 내용은 이러하다.

> 너는, 네가 살고 있는 땅과 네가 난 곳과 너의 아버지의 집을 떠나서, 내가 보여주는 땅으로 가거라. 내가 너로 큰 민족이 되게 하고 너에게 복을 주어서, 네가 크게 이름을 떨치게 하겠다. 너는 복의 근원이 될 것이다.
>
> 창세기 12:1-2

황홀한 약속인데 좀 수상쩍다. 장차 큰 민족이 되려면 지금 자식이 하나쯤은 있어야 하는데, 사래는 '아카라'가 아닌가. 아브람의 실수는 여기서 비롯되었다. 아무리 믿음의 조상이라도 눈에 보이는 확실한 경험적 사실에는 어쩔 도리가 없었나 보다. 아브람에게 하나님을 불신하는 마음이 생긴 건 '사래 아카라' 때문이었다.

창세기 15장, 하나님이 다시 아브람에게 나타나 약속을 재확인시켜주시는 대목에서 아브람은 그만 화를 내고 만다. "저에게는 자식이 아직 없습니다. 저의 재산을 상속받을 자식이라고는 다마스쿠스 녀석 엘리에셀뿐입니다. 주님께서 저에게 자식을 주지 않으셨으니, 이제 저의 집에 있는 이 종이 저의 상속자가 될 것입니다." (창세기 15:2-3) 이에 하나님은 자상하게도 "그 아이는 너의 상속자가 아니다. 너의 몸에서 태어날 아들이 너의 상속자가 될 것이다."

(창세기 15:4)라고 말씀하시고는, 아브람을 친히 데리고 바깥으로 나가서 밤하늘의 별을 가리키며 말씀하신다. "너의 자손이 저 별처럼 많아질 것이다."(창세기 15:5)

만약에 아브람이 정말로 그 약속을 믿었다면 어땠을까. 불안하기로는 사래가 더했던지, 아브람에게 은근히 재촉한다. "주님께서 나에게 아이를 가지지 못하게 하시니, 당신은 나의 여종과 동침하십시오. 하갈의 몸을 빌려서, 집안의 대를 이어갈 수 있기를 바랍니다."(창세기 16:2) 하갈은 이집트 출신의 여종이다. 아마도 아브람과 사래가 하란을 떠나 이집트로 내려가 살던 무렵에 거기서 데려온 노예가 아닌가 싶다. 하갈이라는 이름은 히브리어로 '이주하다', '도망가다'의 뜻을 가지고 있다. 이름에서부터 그녀의 운명이 순탄치 않으리라는 예감이 든다. 사래는 하갈을 통해서라도 아들을 얻어 여족장의 체면을 유지하고 싶었을 것이다. 어찌 보면 하갈을 '씨받이' 정도로밖에 여기지 않았을지도 모른다. 그만큼 자신이 임신하리란 가능성은 체념했고, 또 그만큼 자기의 불안한 지위를 지키는 데 절박했다.

아브람이 하나님의 약속을 믿었다면, 사래의 요청을 거절했어야 했다. 사래의 불안을 잠재우고 오히려 더 위로해주면서 밤마다 사래를 극진히 사랑해주었어야 옳다. 그러나 정황상 아브람은 더 이상 사래를 찾지 않았던 것 같다. 이것이 사래의 불안감을 증폭시키는 계기가 되었을 것이다. 아브람은 기다렸다는 듯이 "사래의 말을 따랐다."(창세기 16:2) 그리고 곧이어 하갈이 임신함으로써, 사래와 하갈 사이의 복잡 미묘한 힘겨루기가 시작된다.

하갈로서는 자신의 지위가 더 이상 여주인의 노예가 아닌 첩으로 상향 조정되었으니, 한껏 의기양양할 만도 했을 것이다. 일부 다처제 사회에서 여자가 인정받는 길은 아들, 그것도 맏아들을 낳는 길이 아니던가. 게다가 사래는 석녀. 그러니 하갈이 자기의 여주인을 가벼이 여긴 것도 무리는 아니다.[52]

둘의 관계는 역전되었다. 이대로 가다가는 당연히 하갈의 소생이 상속자가 되지 않겠는가. 여주인 한마디에 목숨이 오락가락하던 일개 이방인 노예가 대족장의 상속자를 낳게 생겼다. 하갈이 굳이 위세를 부리지 않더라도, 사래의 기세가 한풀 꺾이는 건 당연지사. 드디어 사래가 폭발한다. "내가 받는 이 고통은 당신이 책임을 지셔야 합니다. 나의 종을 당신 품에 안겨 주었더니, 그 종이 자기가 임신한 것을 알고서 나를 멸시합니다. 주님께서 당신과 나 사이를 판단하여 주시면 좋겠습니다."(창세기 16:5)

페미니스트 성경 비평가들은 아브람이 수동적이라는 데 불만을 토로한다. 사래가 하갈과 동침하도록 권유할 때도 수동적이더니, 이 대목에서도 역시 수동적이다. 아브람은 하갈에 대한 처분을 자신이 직접 판단하지 않고 사래의 손에 맡긴다. "여보, 당신의 종이니, 당신 마음대로 할 수 있지 않소? 당신이 좋을 대로 그에게 하기 바라오."(창세기 16:6) 정작 원인 제공에는 능동적이었으면서, 결과를 책임져야 할 때는 빠져나간다. 이러한 우유부단함은 화자話者가 "그의 명예를 보호하는 하나의 방법"[53]으로, 그를 덜 잔인하게 보이도록 하려는 전술이라고 한다. 가부장제 사회에서 아브람은 사래보다 더 힘이 있었으므로 결정권도 당연히 아브람 쪽에 있었지만, 그는 아무런 대안도 제시하지 않는다. 그럼으로써 그는 사라가 "사납고 질투하고 잔인하다"[54]는 평가를 받도록 조장한 셈이다.

어쨌든 "사래가 하갈을 학대하니, 하갈이 사래 앞에서 도망"(창세기 16:6)쳤다고 성경은 보도한다. 놀라운 것은 그 다음이다. 하갈이 사막에 있는 한 샘물 곁에 있을 때, 하나님의 천사가 나타나 말을 걸었다는 것이다. "사래의 종 하갈아, 네가 어디서 와서 어디로 가는 길이냐?"(창세기 16:8). 질문 자체만 놓고 보면, 상당히 철학적이다. 이것은 모든 삶에게 주어진 궁극적인 화두가 아닌가. 하갈은 성경에서 최초로 하나님의 사자의 방문을 받고, 하나님을 가리켜 "보시는 하나님"(창세기 16:13)이라고 별명을 지어 부른 유일한 여성이 되었다. 신을 명명命名하는 것이 신학자의 고유한 업무이고 보면, 하갈을 최초의 신학자로 규정하는 것도 그리 틀린 판단은 아니지 않을까.

"나의 여주인 사래에게서 도망하여 나오는 길입니다."(창세기 16:8) 하갈이 대답하니, 천사는 "너의 여주인에게로 돌아가서 그에게 복종하면서 살아라"(창세기 16:9)라고 권유한다.[55] 하갈로서는 납득하기 어려운 명령이다. 오죽 견디기 어려웠으면 도망쳐 나왔겠는가. 그런데 다시 돌아가야 한다니. 천사가 살갑게 말을 잇는다. "내가 너에게 많은 자손을 주겠다. 자손이 셀 수도 없을 만큼 불어나게 하겠다. …… 너는 임신한 몸이다. 아들을 낳게 될 터이니, 그의 이름을 이스마엘이라고 하여라. 네가 고통 가운데서 부르짖는 소리를 주님께서 들으셨기 때문이다."(창세기 16:10-11)

하갈은 민족, 계급, 성적인 차별을 받고 쫓겨나는 희생자의 대표자다.[56] 그런 그에게 하나님의 천사가 현현하여 구원의 메시지를 전하는 대목은 지극히 감동적이지 않을 수 없다. 20세기 미국의 저명한 구약성서학자요 주석가인 월터 부르거만도 우리가 그 대목에서 등장인물들 간의 갈등에 초점을 맞추기보다는 외부인outsider 에게 관심을 갖는 자비하신 하나님을 바라보아야 한다고 강조한다.[57] 천사가 이스마엘을 축복하는 장면은 하나님이 아브람과 사래만을 위하는 분이 아님을 보여준다는 것이다. 하나님의 관심은 선택받은 내부인만이 아니라 배척당한 외부인에게도 향하고 있다.

하갈은 결국 사래에게로 돌아가 아들을 낳는다. 그 아들의 이름은 이스마엘. 하나님께서 들으셨다는 뜻이다. 하갈이 이스마엘을 낳았을 때, 아브람의 나이가 여든 여섯이었으니, 하란을 떠난 지 꼭 10년이 지나서야 겨우 첫아들을 얻은 셈이다.

사라, 드디어 웃음을 되찾다

얼마나 기다리고 또 기다리던 자식인가. 이스마엘이 아브람의 상속자가 되리라는 것을 의심할 사람은 아무도 없었다. 적어도 하나님이 다시 나타나 언약을 갱신하기 전까지는. 그러니까 아브람의 나이가 아흔아홉 살이 되었을 때다. 아브람에게 나타나신 하나님은 다짜고짜 그의 이름을 바꾸신다. "내가 너를 여러 민족의 아버지로 만들었으니, 이제부터 너의 이름이 아브람이 아니라 아브라함이다."(창세기 17:5) '아브람'이 히브리어로 '존귀한 아버지'라는 뜻이면, '아브라함'은 '많은 사람의 아버지'(개역성경에는 '열국의 아비'로 번역돼 있다)라는 뜻이다. 또 하나님은 사래의 이름도 '사라'로 개명하신다. '사래'가 '여주인'을 뜻한다면, '사라'는 '많은 사람의 어머니'

혹은 '열국의 어미'를 뜻한다.

눈여겨보아야 할 것은 이 부분이다. 하나님이 아브라함의 후손이 아니라 사라의 후손을 상속자로 삼겠다고 천명하신 것이다. "내가 너의 아내에게 복을 주어서, 여러 민족의 어머니가 되게 하고, 백성들을 다스리는 왕들이 그에게서 나오게 하겠다."(창세기 17:16) 평생 불임이라는 낙인을 달고 산 여자가 임신이라니, 이 무슨 얼토당토않은 말인가. 아브라함은 얼굴을 땅에 대고 엎드려, 웃으면서 속으로 말했다. "나이 백 살 된 남자가 아들을 낳는다고? 또 아흔 살이나 되는 사라가 아이를 낳을 수 있을까?"(창세기 17:17)

이것은 정확히 말하면 비웃음이다. 하나님의 약속이 도저히 믿기지 않아서 그만 헛웃음이 나오고 말았다. 그러자 하나님이 정색을 하신다. "아니다. 너의 아내 사라가 너에게 아들을 낳아 줄 것이다. 아이를 낳거든 이름을 이삭이라고 하여라."(창세기 17:19) '이삭'은 히브리어로 '그가 웃다'라는 뜻이다. 그러므로 아브라함은 이삭이라는 이름을 부를 때마다 하나님을 불신한 자신의 어리석음을 반성하지 않으면 안 된다.

그런 일이 있고 나서 하나님의 사자가 아브라함을 방문한다. 그들이 "다음 해 이맘때에 …… 사라에게 아들이 있을 것"(창세기 18:10)이라는 수태고지를 전하자, 장막 어귀에서 이 말을 들은 사라는 아브라함처럼 웃으며 중얼거렸다. "나의 기력이 다 쇠진하였고, 나의 남편도 늙었는데, 어찌 나에게 그런 즐거운 일이 있으랴!" (창세기 18:12) 이때의 웃음도 비웃음이다. 왜냐하면 사라는 이미 늙어서 월경마저 그쳤기 때문이다.(창세기 18:11) 여기 사용된 '월경'이라는 단어는 히브리어 오락흐*orakch*인데, 자음으로만 구성된 히브리어의 특성상 '방문객'을 뜻하는 *오렉하*_{orekcha}의 말장난일 수 있다고 한다.[58] 즉 사라에게는 방문객이 없었다는 말이다. "어찌 나에게 그런 즐거운 일이 있으랴"는 사라의 반응은 그런 맥락에서 이해해야 더 확연해진다.[59] '즐거운 일'이란 히브리어 '에덴'의 번역이다. 사라는 다른 여인네들이 누리는 '에덴의 기쁨'에서 배제되어 있었다. 어차피 석녀인 데다가 노쇠해진 그녀는 아브라함의 사랑과 관심을 잃은 지 오래되었다.

그런데 아브라함과 사라의 비웃음을 정말 비웃기라도 하듯, 사라의 몸에 태기가 생긴다. 성경은 이 기적 같은 사건을 무척이나 담담하게 묘사한다.

주님께서는 말씀하신 대로 사라를 돌보셨다. 사라에게 약속하신 것을 주님께서 그대로 이루시니, 사라가 임신하였고, 하나님이 아브라함에게 약속하신 바로 그 때가 되니, 사라와 늙은 아브라함 사이에서 아들이 태어났다.

창세기 21:1-2

이스마엘을 낳을 때만 해도, 그것은 명백히 아브라함(당시 아브람)이 한 일이었다. 젊은 하갈의 생산능력과 아브람의 생식능력 덕에 아들을 낳았다. 그러나 사라의 잉태는 질적으로 차원이 다르다. 성경은 이 일을 아브라함이나 사라가 아니라 하나님이 하신 일로 분명히 기술한다. 불임 여성의 말라버린 태가 하나님의 개입으로 열렸다. 불모지 같은 삶에 생기生氣가 넘치게 하는 것이야말로 하나

피터 조제프 베르하겐의 '쫓겨나는 하갈과 이스마엘'

님이 즐겨 하시는 창조 사업이 아니던가. 사라의 불가해한 임신은 항시 절망의 끝에서 새 역사를 시작하시는 하나님의 구원사의 원형일 것이다.

"하나님이 나에게 웃음을 주셨구나. 나와 같은 늙은이가 아들을 낳았다고 하면, 듣는 사람마다 나처럼 웃지 않을 수 없겠지."(창세기 21:6) 사라의 기쁨이 얼마나 큰지 엿볼 수 있는 대목이다. 이제 더 이상 아무도 그녀를 '아카라'라고 손가락질하지 못할 것이다. 그동안 가슴 속에 켜켜이 쌓였던 한이 눈 녹듯이 녹아내렸으리라.

그런데 이런 기쁨은 교만으로 돌변하기 쉽다는 데 인간의 비애가 있다. 사라는 그만 선을 넘고 만다. "사라가 자식들에게 젖을 물리게 될 것이라고, 누가 아브라함에게 말할 엄두를 내었으랴? 그러나 내가 지금 늙은 아브라함에게 아들을 낳아 주지 않았는가!" (창세기 21:7) 자신의 능력으로는 도저히 그런 일이 일어날 수 없다고, 하나님의 약속을 우습게 여길 때는 언제고, 이제 와서 하나님이 하신 일을 자기가 한 일처럼 뽐낸다.[60]

드디어 아브라함이 백 살에 얻은 아들 이삭이 자라서 젖을 뗄 무렵, 집안에 큰 잔치가 벌어졌다. 고대 근동지방에서는 대체로 세 살 무렵에 젖을 떼었다고 한다. 그러니 이때 이삭의 나이를 세 살로 본다면, 이스마엘은 적어도 열다섯 살 이상이 되었을 것이다. 이스마엘과 이삭이 함께 장난을 치며 논다.[61] 배다른 형제지간의 우애는 아름다운 광경임에 틀림없지만, 여족장으로서 사라의 생각은 좀 달랐다. 상속자를 분명히 정해놓지 않으면, 가정의 질서에 혼선이 빚어질 것이다.[62] 하여 아브라함에게 다음과 같이 청한다. "저 여종과 그 아들을 내보내십시오. 저 여종의 아들은 나의 아들 이삭과 유산을 나누어 가질 수 없습니다."(창세기 21:10) 이렇게 해서 하갈과 이스마엘은 마침내 아브라함 가문에서 추방당하게 된다.

어릴 때 교회학교에서 자주 부르던 놀이노래 중에 "믿음의 조상 아브라함은 일곱 명의 아들이 있었는데요"라는 가사로 시작하는 노래가 있었다. 그때는 아무 생각 없이 따라 부르곤 했는데, 지금 와서 생각해보니 그 가사의 의미가 여간 심오하지 않다. 뒤에 가면 아브라함은 사라가 죽고 나서 '그두라'[63]라는 여인을 후처로 맞이한다. 그의 나이 백서른일곱 살 때의 일이다. 그두라를 통

해 "시므란과 욕산과 므단과 미디안과 이스박과 수아"(창세기 25:2)
가 태어났으니, 이스마엘과 이삭 말고도 여섯 명의 아들이 더 있었
던 셈이다. 그렇다면 모두 "여덟 명의 아들이 있었는데요"라고 해
야 맞을 텐데, 어째서 일곱 명만 꼽았을까.

　이스마엘을 뺐다는 설명 외에는 달리 답할 길이 없을 것 같
다. 냉정히 말하면 이스마엘은 아브라함이 아브람이던 시절에 낳
은 아들이다. 인간적으로는 아브람의 장자로 태어나 한동안 집안
의 사랑을 독차지했음에도 불구하고, 그는 어쩔 수 없이 아브람의
실패와 불신앙을 상징하는 아들일 수밖에 없었다. 하나님의 원초
적인 뜻은 사라의 후손을 이스라엘 민족의 뿌리로 삼는 데 있었기
때문이다.

사라와 하갈의 자매애

　그래서 사라가 승리한 걸까. 하갈을 내쫓았으니, 오랜 처첩 갈
등의 끝은 본처의 승리로 끝난 것일까. 우리 관심은 이렇게 인간적
인 시시콜콜함에 있지만, 성경의 관심은 다른 데 있는 것 같다. 하
나님의 관점에서 보면 영원한 승자도 패자도 없다는 사실이다. 두
여인 모두 제각기 자기 몫의 구원을 받았다. 아니 애당초 사라와
하갈이 갈등한 것은 인간이 만든 제도 때문이지, 하나님의 뜻이
아님을 기억할 필요가 있다. 이쯤에서 구약성서학자 민영진의 말을
되새겨보자.

가부장제가 유죄이다. 아들을 낳아 대를 이어가는 것을 중요하게 생각하는 가치가 유죄이다. 아무 잘못도 없는 사라가 몸종 하갈의 몸을 빌어서라도 아들을 얻어보려고 몸부림쳤던 것도 바로 이런 가치관 때문이다. …… 임신에 의미를 부여한 혈통계승의 가부장제적 가치 판단이 유죄이다. 사라와 하갈은 둘 다 이러한 가부장제 때문에 희생당한 여인들이다.[64]

성경은 하나님이 이 두 여성을 각각 어떻게 위로하고 구원하며 해방하셨는가에 초점을 맞춘다. 그래서 사라가 아들을 낳아 마침내 한풀이를 했다는 식으로 본문을 이해하고 끝내버리면 절반도 독해하지 못한 것이다. 우리가 알다시피 사라(그리고 아브라함)에게는 이삭을 도로 바치라는 하나님의 무리한 요구에 응답해야 하는 시험이 남아 있지 않은가. 거꾸로 하갈의 추방이 이야기의 끝도 아니다. 하나님의 신실하심은 추방당한 하갈을 끝까지 돌보시는 데서 빛을 발한다.

고작 "먹거리 얼마와 물 한 가죽부대"(창세기 21:14)만 가지고 쫓겨난 하갈은 빈 들판에서 정처 없이 헤매다가 하나님의 계시를 받는다. "하갈아, 어찌 된 일이냐? 무서워하지 말아라. …… 아이를 안아 일으키고 달래어라. 내가 저 아이에게서 큰 민족이 나오게 하겠다."(창세기 21:17-18) 약속대로 하나님은 "그 아이가 자라는 동안에 …… 그 아이와 늘 함께 계시면서 돌보셨다."(창세기 21:20) 아이는 광야에 살면서 활을 쏘는 사람이 되었는데, 나중에 "그의 어머니가 이집트에서 여인을 데려다가 아내로 삼게 하였다."(창세기 21:21) 이 구절을 음미하면, 하갈이 얼마나 민족적 자부심이 강한 여인이며 주체적으로 삶을 추스르는 내공이 대단한 여인인가를 새삼 확인하게 된다.

이후 성경은 이스마엘의 족보를 소개하면서 그가 낳은 열두 아들의 이름을 일일이 열거한다.(창세기 25:13-15) 이 열두 아들은 동시에 "마을과 부락의 이름이며, 또한 이 사람들이 세운 열두 지파의 통치자들의 이름이기도 하다."(창세기 25:16) 이삭이 그 아들 야곱 대에 이르러 열두 아들을 얻음으로써 이스라엘족의 열두 지파를 구성하게 되었다면, 이스마엘 역시 하나님의 축복을 받아 베두인족의 열두 지파를 이루게 된 것이다. 이를 토대로 구약성서학자 테렌스 프레팀은 특히 우리가 이슬람과의 관계에서 "하나님은 하갈과 이스마엘에게 하신 약속을 신실하게 지켜오셨는가?"를 물어야 한다고 도전한다.[65] 성경의 하나님은 사라와 하갈을 똑같이 축복하셨는데, 크리스천과 무슬림 사이에는 어째서 평화가 없냐는 지적이다.

인류 역사를 피로 물들인 수많은 장면들이, 단적으로 말하면, 이삭의 후예와 이스마엘의 후예 사이에서 벌어졌다고 할 때, 우리의 숙제는 결국 사라와 하갈의 갈등을 어떤 식으로 해소할 것인가에 모아진다. 미국의 오랜 흑백 갈등의 역사에서 흑인 노예로 억압받았던 할머니의 경험을 신학의 자료로 삼는 르니타 웜스는 사라를 백인과, 하갈을 흑인과 동일시한다.

그녀에 따르면, 하갈을 이용하고 학대하다가 마침내 쫓아내는 사라의 이야기는 서구 세계에서 노예제를 재가裁可해주는 역할을 했다.[66] 본문을 새롭게 읽기 원하는 그녀는 우선 가부장제 사회에서 사라와 하갈이 여성으로서 공통점이 더 많다는 사실에 주목해야 한다고 말한다. 그들의 차이라고는 겨우 가축 몇 마리(요즘으로 치면 학위나 수입의 차이)뿐이다. 여성을 서로 영구적으로 분리시키는 것, 여성 사이에 끊임없는 적대감을 조장하는 것이 불의라고 보는 윔스는 여성 사이의 자매애에서 조심스레 희망을 점친다.

사라와 하갈의 연대를 가장 극적인 방식으로 재구성한 학자는 사비나 튜벌이다. 그녀에 따르면, 두 여성의 관계는 단순히 여주인과 여종 사이가 아니다. 사라는 가나안에 올 때 메소포타미아로부터 가모장제 문화와 종교를 가져갔다.[67] 사라에게 자식이 없었던 것은 그녀가 태생적으로 불임이어서가 아니라 여사제 신분이었기 때문이다. 아브라함과 남성 자손들은 가나안의 가부장제 문화에 빨리 동화되었지만, 사라와 여성 후손들은 그 흐름에 저항하여 투쟁했다고 한다.

이 같은 시각에서 보면, 이삭의 아내인 리브가가 장자권을 둘러싸고 왜 그렇게 적극적으로 나섰는지가 규명된다. 도전적이고 반항적이기로는 야곱의 아내인 라헬도 둘째가라면 서러울 정도다. 아버지의 드라빔(수호신상)을 훔치는 장면이 대표적인 사례다. 라헬(그리고 레아)은 라반의 딸로, 라반은 야곱의 어머니인 리브가의 오빠가 된다. 그러니까 야곱은 라반의 데릴사위인 셈인데, 이는 리브가가 자신의 모계 전통을 지켜나가기 위해 노력한 산물이라는 것이다.

튜벌은 하갈이 이집트 공주였을지도 모른다고 추측한다.[68] 혹은 사라가 입양한 여자였을 수도 있다.[69] 또 창세기 16장의 하갈과 21장의 하갈은 동일인이 아니라고도 한다. 16장의 하갈은 요리나 허드렛일을 시키기 위해서가 아니라 처음부터 자손을 낳기 위해

들인 여인으로, 노예나 첩이라기보다는 사라의 벗으로 보아야 한다는 것이다. 그런가 하면 21장의 하갈은 사막의 여족장이므로, 유산 문제 때문에 쫓겨난 게 아니라 문화 차이로 결별하게 된 것으로 풀이한다. 즉 사라와 하갈, 그리고 사막의 여족장은 이스라엘이 막 형성되던 시기에 작은 도시에서 부족 형태로 살면서 제각기 자기 부족의 종교와 문화를 보존하는 데 주력했다. 원래는 이렇게 세 여성의 이야기였던 것을, 성경 저자들이 하갈과 사막의 여족장을 합침으로써, 아브라함을 하갈족과 이스마엘족의 조상으로 만들었다는 것이다.

이러한 튜벌의 해석에 대해 한국의 구약성서학자 유연희는 여러 면에서 그럴 듯하다고 평가했다. 방법론적인 문제점이 전혀 없는 것은 아니지만, 그럼에도 튜벌의 해석은 "사라와 하갈의 협동을 바라는 여성 독자들의 기대를 채워주기 때문에 학계의 평가와 상관없이 페미니스트 성경 해석의 또 다른 가능성을 보여준다"[70]는 것이다.

성경이 말하지 않은 것을 창조적으로 재구성하는 작업은 매력적인만큼 위험이 따르는 일이다. 또 전문적인 성경학 지식이 거의 없는 일반 독자들은 성경 너머의 배후까지 읽어내기에 어려움이 있는 것도 사실이다. 그러기에 우리는 아는 만큼 본다거나 보고 싶은 대로 읽는다는 상식적인 깨달음에 동의하는 수준에서 시작해야 할지도 모르겠다. 결국 성경을 읽는 일은 자기 그릇이 어느 정도인가를 헤아리는 일이다.

끝으로 나는 사라의 이야기에서 '원圓의 영성'[71]을 찾아내려는 생태신학의 대가 매튜 폭스의 노력을 높이 사고자 한다. 영성이라고 하면, 마치 야곱의 사다리처럼 하늘을 향하여 높이 올라가는 것만 생각하는 사람들에게 그는 전혀 다른 이미지를 제시한다. 바로 사라의 원무圓舞다.[72] 하나님이 행하신 놀라운 일을 몸소 체험하고는 기쁨과 환희에 차서 이웃 사람들과 더불어 손을 맞잡고 춤추는 사라의 원무야말로 경쟁 대신에 환대를 공유하는 영성의 표지라는 것이다.[73] 사라와 하갈이 손을 맞잡고 둥글게 둥글게 원을 그리며 춤춘다. 이 신비 속에 세리와 창녀를 스스럼없이 초대하는 예수의 밥상공동체가 녹아 있고, 제자들의 발을 씻기는 예수의 세족식 풍경이 담겨 있는 게 아닐까.

세상 질서는 사라와 하갈을 갈라놓고 끊임없이 경쟁하게 만든다. 사라의 후예와 하갈의 후예가 서로를 향해 총칼을 휘두르게 만든다. 그러나 하나님의 나라에서는 그러한 갈등과 분리, 위계와 폭력을 허용하지 않는다. 그곳에서는 서로를 조건 없이 용납하고 화해하며 화목하게 지내는 평화로운 그림이 펼쳐질 것이다. 이런 염원을 담아 사라의 노래를 싣는다.

우리는 사라의 원을 돌며 춤추고 있단다
우리는 사라의 원을 돌며 춤추고 있단다
우리는 사라의 원을 돌며 춤추고 있단다
형제자매들 모두 함께

원마다 둥글게 둥글게
원마다 둥글게 둥글게

원마다 둥글게 둥글게

형제자매들 모두 함께

우리는 사라의 원을 돌며 춤추고 있단다

우리는 사라의 원을 돌며 춤추고 있단다

우리는 사라의 원을 돌며 춤추고 있단다

형제자매들 모두 함께[74]

3장

히브리 노예 해방을 이끈 모세의 누이

미리암

시민불복종의 원조 산파들

출애굽을 이야기할 때 꼭 떠오르는 핵심 인물은 단연 모세다. 모세는 확실히 출애굽의 영웅이며, 히브리 잡족雜族[75]들을 이스라엘 민족으로 세우는 데 초석을 놓은 위대한 아버지임에 틀림없다. 그런데 모세가 출애굽 드라마에서 주인공이었다면, 거기에는 반드시 빛나는 조연들의 역할이 있었을 터이다.

모세의 일생을 보면, 그는 인복人福 중에서도 특히 여복女福을 타고 났음을 알 수 있다. 모세 주변의 여인들은 모세가 위기에 처했을 때마다 용케 등장하여 그를 살려주었다. 또 그가 훌륭한 리더로 성장할 수 있도록 돕고 치유하며 양육하는 데 온 힘을 아끼지 않았다. 요컨대 출애굽의 이야기는 남성의 역사(his+story=history)라기보다는 여성의 역사(her+story=herstory)라고 해야 옳다.[76]

명색이 출'애굽'이니, 잠시 애굽(이집트) 이야기부터 해보자.[77]

이집트는 인류 문명의 발상지 중 한 곳으로, 나일 강 유역에 자리 잡은 여러 부족 국가들을 '메네스Menes'라는 인물이 통일하면서 왕국이 되었다. 그때가 기원전 3500~3000년경의 일이다. 이후 30개 왕조가 지속되는 동안, 이방민족이 이집트를 통치한 때도 있었는데, 이를테면 제14왕조에서 16왕조까지(기원전 1720~1550년)는 힉소스 족이 통치했다고 한다.[78]

또 이집트왕조 말기인 25왕조(기원전 715~663년)는 에티오피아 시대였고, 26왕조(기원전 663~525년)는 아이스 시대, 27~30왕조(기원전 525~332년)는 페르시아 시대였다. 그러다가 기원전 332년경에 그리스의 알렉산더 대왕이 이집트를 정복하여 나일 강 삼각주 서쪽 지중해 연안에 자신의 이름을 딴 '알렉산드리아' 도시를 건설했다. 그리고 기원전 31년에서 서기 70년까지는 로마의 통치 아래 있게 된다. 이러한 전체 역사 가운데 기원전 663년 이전의 이집트에 대해서는 학자마다 연대 서술이 서로 엇갈리는 실정이다. 아무래도 고대로 올라갈수록 기록을 짜 맞추기가 어렵기 때문일 것이다.

창세기는 야곱의 아들 요셉이 이집트로 팔려가 총리대신이 된 뒤, 야곱 가문이 모두 이집트로 이주하게 된 사연을 끝으로 대단원의 막을 내린다. 유대인 출신의 요셉이 이집트의 총리대신으로 활동했다는 게 다소 허구가 아닌가 싶기도 한데, 당시 이집트왕조가 힉소스 시대라면 불가능한 일도 아니다. 힉소스 족은 아라비아, 가나안, 시리아 등에서 살던 셈족들의 연합세력이었기 때문에, 셈족인 요셉을 재상으로 삼는 것에 별 무리가 없었을 것이다.

야곱의 열두 아들에서 가지를 친 식구들은 모두 70명. 그 핏줄들은 "생육하고 번성하여 땅에 충만하여라."(창세기 1:28)는 하나님의 명령을 어찌나 잘 지켰던지, 후대로 가면서 그 수가 점차 불어났고 마침내 이집트 온 땅에 두루 퍼져 살 만큼 큰 세력을 이루게 되었다.

문제는 이때부터다. 요셉을 알지 못하는 새 왕이 일어나서 이스라엘 자손에 대한 탄압 정치를 하게 된다. "이 백성 곧 이스라엘 자손이 우리보다 수도 많고, 힘도 강하다. 그러니 이제 우리는 그들에게 신중히 대처하여야 한다. 그렇게 하지 않으면 그들의 수가 더욱 불어날 것이고, 또 전쟁이라도 일어나는 날에는, 그들이 우리의 원수들과 합세하여 우리를 치고, 이 땅에서 떠나갈 것이다."(출애굽기 1:9-10)

'요셉을 알지 못하는 새 왕'은 누구였을까. 힉소스왕조는 기원전 1570년경에 이집트인들이 일으킨 반란으로 막을 내린다. 이때 등극한 새 왕이 아모세 1세(기원전 1570~1341년)다. 제18왕조를 창건한 그는 힉소스 족을 이집트로부터 추방하는 정책을 펼친다. 이에 투트모세 3세(기원전 1502~1448년)와 아멘호텝 3세(기원전 1413~1377년) 역시 힉소스 족에 대한 대대적인 추방과 박해를 행하게 된다. 이렇게 셈족 전체가 축출되는 와중에도 야곱의 후손들 중 일부는 그대로 이집트에 잔류하게 된 셈이다.

제19왕조(기원전 1345~1200년)가 들어서면서 세티 1세(기원전 1317~1301년)와 그 아들 람세스 2세(기원전 1301~1234년)는 남아 있던 셈족을 노예화하고 억압하는 정책을 시행한다. 특히 이집트 역사상 가장 유명한 람세스 2세는 66년의 재위 기간 중, 밖으로는 전쟁을 통해 부국강국을 이루고 안으로는 대규모 토목공사에 힘을 쏟았다. 제국의 위용을 자랑하고 자신의 업적을 뽐내기라도 하듯,

그는 자기 이름을 붙인 건물과 도시를 세우기를 즐겼다. 그러다 보니 노동력을 확보하기 위해 노예의 수요가 늘어나면서 전쟁 포로들과 이방 이주민들을 무자비하게 혹사하게 된 것이다.

이러한 정황을 고려하면, 출애굽의 배경이 되는 이집트 파라오는 람세스 2세일 가능성이 높다. 출애굽기 1장 11절에서 히브리 노예들이 동원된 공사 현장의 이름이 '라암셋'임을 볼 때, 그러한 추정에 힘이 실린다. 라암셋은 람세스 2세의 이름을 딴 국고성이기 때문이다. 아무튼 이 파라오가 이스라엘 자손의 세력화를 우려하여 실시한 3단계 압박 정치의 내용은 이렇다.[79]

제1단계는 강제 노역이다.(출애굽기 1:11) 전쟁이나 기근 등을 대비하여 곡식을 저장하는 성읍인 비돔과 라암셋을 건설하는 일에 이스라엘 자손을 강제 동원했다. 그래도 그 수가 줄기는커녕 더 불어나자, 벽돌 만드는 일이나 밭일 등 강도 높은 노역에도 차출했다. 당시에 벽돌 한 장을 만들기 위해서는, 먼저 짚을 넣고 앞면을 굳히기 위해 3일간 말리고, 뒷면도 똑같이 3일간 말리는 번거로운 과정을 거쳐야 하는데, 한 사람당 하루에 만들어야 하는 벽돌 수가 무려 3,000장에 달했다는 설도 있다. 그러니 그 노동의 혹독함이 오죽했을까.

제2단계 압박 정책은 히브리 산파들을 이용한 남아男兒 살해다. 파라오는 히브리 산파들에게 이렇게 명령한다. "너희는 히브리 여인이 아이 낳는 것을 도와줄 때에 잘 살펴서, 낳은 아기가 아들이거든 죽이고, 딸이거든 살려 두어라."(출애굽기 1:16) 이 정책으로 파라오는 적어도 세 가지 효과를 노렸을 것이다.

하나는 그야말로 히브리족의 인구 억제이고, 다른 하나는 동족 분열이며, 마지막으로 성비 불균형에 의한 혼혈 유도다. 즉, 히브리 남성 인구의 절대 부족은 자연스럽게 히브리 여인과 이집트 남자 사이의 혼혈로 이어져, 민족 정체성의 말살을 야기하리라는 계산이 있었을 것이다. 게다가 이 모든 일이 히브리 산파들에 의해 자행된다면, 파라오로서는 남의 손을 빌어 제 코를 푸는 격이 아니었겠는가.

그런데 이 단계에서 그만 계산 착오가 일어난다. 일개 산파가 감히 파라오의 명령을 거역하는 일이 발생한 것이다. 파라오가 누군가. 파라오는 글자 그대로 '위대한 집great house'이라는 뜻이다. 아마도 통치자가 살았던 화려한 왕궁을 지칭하는 표현이었을 것이다. 그러던 것이 이내 '가장 중요한 사람'으로 의미가 바뀌었고, 결국 모든 이집트 왕을 통칭하는 용어가 되었다.[80]

요컨대 파라오는 태양의 신 '라Ra'가 지상의 보물로 아끼는 이집트 지역을 수호하도록 특별히 점지한 아들이라는 의미였다. 말하자면 그는 인간의 몸을 입고 있으되, 인간이 아니라 신이라는 것이다. 그러므로 파라오의 명령을 거역하는 것은 신의 명령에 도전하는 일이요, 종교적으로는 배교背敎에 해당하는 중죄로 간주되던 차였다. 이런 지경에 히브리 산파들이 왕명을 어기고 히브리 사내아이들을 살려주었으니, 목이 달아나도 열 번은 달아날 노릇이었을 것이다.

왜 그랬을까. 그 무모하고 담대한 배짱이 도대체 어디서 나왔을까. 하나님을 두려워하는 마음에서라고 한다.(출애굽기 1:17) 히브리 산파들에게는 태양 신 라보다 이스라엘의 야훼 하나님이 우선이었다. 아니, 신이라고는 오직 한 분, 야훼 하나님밖에 없다고 믿었기에, 그들은 파라오가 휘두르는 권력 앞에서도 흔들리거나 무너지지 않았다. "히브리 여인들은 이집트 여인들과 같지 않습니다. 그들은 기운이 좋아서, 산파가 그들에게 이르기도 전에 아기를 낳아버립니다."(출애굽기 1:19) 너스레를 떠는 산파들의 말은 실상 이집트 신은 이스라엘의 하나님과는 비교도 안 된다는 촌철살인의 비유일 터이다.

그렇다면 이 히브리 산파들이야말로 역사상 국가 권력의 야만적 횡포에 맞서 비폭력 시민 불복종 운동을 펼친 위대한 인물들의 원조 할매가 아닌가. 그래서 성경은 이들의 이름을 자랑스레 호명함에 있어 결코 인색하지 않다. 십브라와 부아! 제국의 공포정치를 끝장내고 하나님의 생명정치가 시작되는 데 지혜와 용기를 보탠 산파들. 이들의 용기는 지상의 권력보다 하나님의 이름을 우위에 놓는 철저한 믿음에서 나온 것이었다.

모세를 살린 실용 외교

히브리 산파들의 불복종으로 파라오는 몹시 노하여 제3단계 압박정책을 지시한다. 모든 백성으로 하여금 히브리 남자아이를 살해하라는 대학살 명령이 그것이다. "마침내 바로는 모든 백성에게 명령을 내렸다. '갓 태어난 히브리 남자 아이는 모두 강물에 던지고, 여자 아이들만 살려 두어라.'"(출애굽기 1:22)

아마도 그 무렵의 나일강은 핏덩이들의 시신으로 넘실댔을 것이다. 단지 히브리 노예의 아들로 태어났다는 이유만으로 제 부모 손에 버림받고 죽어야 했던 신생아들의 울음소리가 이집트 전역에 울렸으리라. 제 목숨 연명하자고 애꿏은 자식을 내다버려야 하는 부모들의 심정 또한 온 하늘에 울렸으리라.

그런데 이렇게 피비린내 나는 처참한 살육의 한가운데서 파라오의 명령에 불복종한 여인들이 또 있었다. 출애굽기 2장은 십브라와 부아의 용기와 지혜가 요게벳과 미리암을 통해 이어지고 있음을 보여준다. 요게벳은 믿음 좋은 레위 가문의 여인으로, 역시 레위 가문에 속한 아므람과 혼인을 하여 미리암과 아론을 두고 있었다.[81] 그리고 파라오의 남아살해 명령이 떨어졌을 무렵에 또 한 명의 아들이 태어난다. 이 아들이 장차 출애굽의 영도자가 될 모세다.

사실 모세의 기적적인 생존담을 보도하는 출애굽기 2장 1절부터 10절 사이에는 요게벳이나 아므람 등의 이름이 전혀 등장하지 않는다. 그냥 '레위 가문의 한 여자', '레위 가문의 한 남자' 식으로 익명 처리되어 있다. 모세의 누이인 미리암에 대해서도 마찬가지다. 그의 실명은 훨씬 뒤에 가서야 나온다. 이렇게 다른 등장인물들은 모두 익명으로 되어 있고, 오직 모세만 실명으로 보도하는 까닭은 극적 긴장감을 높이려는 성경 저자의 문학적 장치일 것이다. 모세라는 한 위대한 인물에게 독자의 관심을 최대한 집중시키려는 전략 말이다.

요게벳은 자기가 낳은 아들을 차마 죽이지 못한다. "그 아이가 하도 잘 생겨서"(출애굽기 2:2) 그랬다고 한다. 어느 어미 눈에 제 자식이 못생겼을까. 지극한 모성애를 에둘러 표현한 말이지 싶다.

혹자는 미켈란젤로가 만든 모세의 조각상에서 이마에 뿔이 돋아 있는 것을 보고, 정말로 '위인'은 생긴 것부터가 범상치 않다고 생각할지도 모르겠다.[82] 그럴 가능성이 전혀 없는 건 아닐 테지만, 도상학圖像學에서 볼 때 이마에 뿔이 있다는 건 그만큼 위대한 인물이라는 신화적 표현일 뿐이다.

모세가 애당초 위인의 관상으로 태어났다고 보기보다는 차라리 구사일생으로 살아남은 자의 책무가 그를 위인으로 만들었다고 이해하는 편이 맞을 것이다. 어쨌든 모세는 파라오의 명령에 불복하여 아들을 살리기로 결심한 어머니의 용기 덕분에 목숨을 부지한다. 여기에 누이의 헌신이 가세했다. 이 모녀가 꾸민 은밀한 반란은 상대의 허를 찌르는 반전이 백미다. 이름하여 '파라오의 딸과 함께 펼치는 생명 살림' 프로젝트!

누가 감히 상상이나 했겠는가. 파라오의 명령으로 살해됐어야 마땅한 히브리 노예의 아들이 바로 그 명령권자인 파라오의 딸의 손에서 양자로 자라게 될 것을. 유모乳母면 어떻고, 양모養母면 또 어떠랴. 모진 역사를 뚫고 부디 살아만 있어다오. 마음 비운 요게벳의 질절한 사랑과 협상의 대가 미리암의 지혜가 만나 마침내 모세를 살린다. 그러므로 출애굽의 역사는 하나님이 여성들과 손잡고 빚어낸 하나의 대서사극인 것이다.

어머니는 모성애 때문이라 치자. 하지만 누이는 다르다. 아무리 시절이 하수상한들 어머니처럼 희생적으로 아우를 돌볼 의무가 누이에게는 없다. 그런데 미리암의 아우 사랑은 유별나다. "그 아이의 누이가 멀찍이 서서, 아이가 어떻게 되는지를 지켜보고 있었다."(출애굽기 2:4) 어린 아우를 실은 갈대상자가 행여 나일강에 빠지면 어쩌나, 미리암은 애가 닳아 지켜본다. 그 이전에도 누이는 어머니가 강제 노역에 불려나간 사이, 힘 좋은 아우의 울음소리가 집 밖으로 새나가지 못하도록 어르고 달래는 일을 도맡아 했을 것이다. "남이 모르게 석 달 동안이나"(출애굽기 2:2) 한 번도 집 밖에 나가지 못한 채 숨어서 사내아이를 기르는 일은 말처럼 쉬운 일이 아니다.

"더 이상 숨길 수가 없"(출애굽기 2:3)을 만큼 아우가 자라자, 마침내 어머니는 갈대상자를 구해 와서 역청과 송진을 바르고 그 속에 동생을 담았다. 이 갈대상자를 들고 나일강으로 향할 때 누이의 마음은 극도의 불안과 긴장에 시달렸음직하다. 하지만 예상 외로 그 태도가 차분하며 신중한 것이 오히려 이상할 정도다. '멀찍이 서서 아이가 어떻게 되는지를 지켜보는' 모습은 어딘가 믿는 구석이 있는 사람의 것이지, 아우와 생이별하는 사람의 태도가 아니다.

한편 어머니 요게벳은 기껏 공들여 숨겨 키운 아들을 아무렇지 않게 내다버릴 만큼 비정한 여인이었을까. 만약 그랬다면, 그렇게 용의주도하게 준비할 필요도 없었을 것이다. 그녀의 준비는 어디까지나 '버릴' 준비가 아니라 '구할' 준비였다. 여성의 이름에 야훼를 뜻하는 '요Jo' 자가 들어간다는 것은 그가 대단히 믿음 좋은 가문의 태생이라는 뜻이다. 파라오의 명령을 어기고 아들을 석 달이나 숨겨 키울 만큼 담력과 지혜를 겸비한 요게벳은 당시 이집트의 종교의식을 너무나 잘 알고 있었다. 매월 초가 되면 귀족들이 다산과 풍요를 기원하기 위해 나일강으로 목욕 마실을 나간다는 사실을 말이다.[83]

오라치오 젠텔레스키의 '모세의 발견'

　　그러니 이들 모녀가 나일강 입구 갈대숲 속에 상자를 가져다 놓았을 때는 주도면밀한 계획 아래 적절한 타이밍을 노리고 그리 했을 공산이 크다. 아나나 다를까 때마침 "바로의 딸이 목욕을 하려고 강으로 내려왔다."(출애굽기 2:5) 그냥 귀족이 아니고 공주다! 게다가 이 공주는 히브리 사내아이를 모조리 죽이라는 부왕의 명령에 불복하여 갈대상자 속의 아기를 구한다.

　　공주가 갈대 숲 속에 있는 상자를 보고, 시녀 한 명을 보내서 그것을 가져오게 하였다. 열어 보니, 거기에 남자 아이가 울고 있었다. 공주가 그 아이를 불쌍히 여기면서 말하였다. "이 아이는 틀림없이 히브리 사람의 아이로구나."

출애굽기 2:5-6

그러자 갈대숲 속에 숨어 있던 미리암이 우연을 가장하여 공주에게 접근한다. "제가 가서, 히브리 여인 가운데서 아기에게 젖을 먹일 유모를 데려다 드릴까요?"(출애굽기 2:7) 어지간한 담력이 아니고서는 도저히 할 수 없는 명연기다. "그래, 어서 데려오너라." 말이 떨어지기가 무섭게 소녀는 자기 어머니를 불러온다. 이렇게 해서 요게벳은 '삯'까지 받아가며(출애굽기 2:9 참고) 자기 아들에게 젖을 물리는 행운을 잡는다.

공주의 마음에 측은지심이 발동해서 그랬을 수도 있다. 아무리 정치판의 속성이 피도 눈물도 없는 살벌한 권력 암투의 산실이라고 해도, 피억압자의 처지에 절실히 공감하며 고난에 연대하는 착한 공주가 있었으리라 상상해볼 수도 있다. 하지만 이런 낭만적인 해석은 너무 순진해서 현실감이 떨어진다. 그보다는 다른 해석이 더 용이하다.

만약에 당시 파라오가 람세스 2세가 맞다면, 이 공주는 그가 낳은 쉰아홉 명의 자녀 가운데 하나였을 것이다. 유대 전승에 의하면 그녀의 이름은 '비티아' 곧, '신의 딸'이라는 뜻이라고 한다.[84] 왕자들에 떠밀려 왕권을 이어받기 힘든 상황을 타개하기 위해 무리수를 둔 것은 아닌가 추측해볼 수 있다. 자신이 왕이 되려면, 히브리인을 등에 업고 쿠데타를 일으키는 게 가장 빠른 길이라는 정치적 계산 말이다. 그러려면 히브리 사내아이 하나쯤 살려두는 편이 여러 모로 요긴하리라고 생각했을지도 모를 일이다.

어쨌든 모세는 살았다. 단지 목숨만 구한 것이 아니라, 생모 요게벳의 품에서 그 젖을 먹으며 자랐다. 모세가 공주의 양자로 궁에 들어갔을 때는 이미 젖 떼고 "다 자란 다음"(출애굽기 2:10)이라니, 그는 절대로 이집트 사람이 될 수 없었을 것이다. 젖을 먹으면서 어머니가 그의 '뿌리'에 대한 정신교육을 시키지 않았겠는가.

그 모두가 모전여전이라고, 어머니의 담력과 지혜를 쏙 빼닮은 미리암의 공로임은 두말할 나위가 없다. 일개 히브리 소녀가 감히 파라오의 딸 앞에서 제 할 말 다하고 제 이익 다 챙기는 실용 외교를 펼친 셈인데, 우리 속담에 '될 성 부른 나무는 떡잎부터 알아본다'는 말이 이 경우에 딱 맞는 표현이 아닐까.

광야에 울려 퍼진 여인들의 노래

이후 성경은 40년의 세월을 훌쩍 뛰어넘어 장성한 모세의 이야기를 숨 가쁘게 늘어놓는다. 또다시 40년, 모세가 광야에서 보낸 세월이다. 그리고 열 번의 재앙이 지나고 드디어 이스라엘 자손들이 홍해바다를 건넌 다음에야 비로소 미리암이라는 이름이 튀어나온다. 그동안 그녀는 도대체 어디서 무얼 하며 지냈을까.

마침내 홍해를 건넜다. 이집트 제국의 손아귀에서 멋들어지게 벗어났다. 이집트 땅에 있는 '모든 처음 난 것들'이 죽임을 당하고 나서야, 파라오는 두 손을 들었다. 그 마지막 재앙은 이집트에서 생명의 씨를 말려버리겠다는 야훼 하나님의 준엄한 경고였다. 아홉 번의 재앙에서 정신을 차렸으면 좋았으련만, 파라오의 오만은 예고편에 담긴 하나님의 뜻을 읽는 데 무능했다. 끝까지 고집을 부린 결과, 그는 자기 맏아들은 물론이요, 감옥에 있는 포로의 맏아들과 짐승의 맏배까지 모두 죽임을 당하는 전무후무한 재앙을 불러오고 말았다.

정확히 말하면 그건 고집이라기보다 욕심이라고 해야 옳을 것이다. 파라오 입장에서는 공짜 노예로 부리던 히브리인들이 자유를 찾아 떠난다는 게 엄청난 노동력 상실이요, 경제적 손실을 의미할 터이다. 가문의 대가 끊기고 민족의 씨가 마르는 대재앙을 당하고서도 파라오가 욕심을 접지 못한 건 그 때문이다. 똑같이 이집트 땅에 몸 붙여 살건만, 그 무시무시한 재앙은 이스라엘 자손들을 피해갔다. 이 사실이 파라오의 분노를 부채질했을 건 불문가지. 욕심에 복수심까지 더해진 그는 최후의 발악이라도 하듯 "특수병거 육백 대로 편성된 정예부대와 장교들이 지휘하는 이집트 병거부대를 모두 이끌고"(출애굽기 14:7) 추격전에 나선다.

뒤에는 이집트 군대, 앞에는 홍해바다. 이집트를 도망쳐 나온 이스라엘 사람들은 뒤로 물러설 수도, 앞으로 나갈 수도 없는 절체절명의 위기에 봉착했다. "이집트에는 묘 자리가 없어서, 우리를 이 광야에다 끌어내어 죽이려는 것입니까? 우리를 이집트에서 끌어내어, 여기서 이런 일을 당하게 하다니, 왜 우리를 이렇게 만드십니까? 이집트에 있을 때에 우리가 이미 당신에게 말하지 않았습니까? 광야에 나가서 죽는 것보다 이집트 사람을 섬기는 것이 더 나으니, 우리가 이집트 사람을 섬기게 그대로 내버려 두라고 하지 않있습니까?"(출애굽기 14:11-12) 모세에게 따지고 대드는 모양새가 그들의 두려움이 얼마나 큰지를 반영한다.

그때 기적 같은 일이 일어난다. 모세가 지팡이를 든 손을 홍해 쪽으로 내미니, 바닷물이 쩍 하고 갈라지는 게 아닌가. "이스라엘 자손은 바다 한가운데로 마른 땅을 밟으며 지나갔다. 물이 좌우에서 그들을 가리는 벽이 되었다."(출애굽기 14:22) 뒤이어 이집트 군대가 쫓아왔지만, 이미 때는 늦었다. 모세가 다시 바다 위로 팔을 내미니, 바닷물이 본래 상태로 돌아오고 만 것이다. 결국 "이스라엘 백성의 뒤를 따라 바다로 들어간 바로의 모든 군대는 하나도 살아남지 못하였다."(출애굽기 14:28)

새벽녘, 잘난 태양신의 군대가, 그 태양을 창조한 하나님 앞에서 맥도 못 추고 무너지는 광경을 바라보며, 얼이 빠진 채 서 있는 이스라엘 백성들을 상상해보라. 뒤로는 홍해가 토해낸 이집트 군인들의 시체가 간밤의 기적을 말없이 증언하고, 앞으로는 끝없이 펼쳐진 광야가 고단하기 짝이 없을 여정을 불안하게 예고한다. 누군가 이 사태를 속히 수습하고, 백성들의 마음을 하나로 묶어 광야로 전진하도록 이끌어주어야 한다.

바로 그때, 미리암이 손에 소고를 잡고 나선다. 그러자 모든 여인이 그를 따라 나오며 소고를 잡고 함께 군무群舞를 추며, "주님을 찬송하여라. 그지없이 높으신 분, 말과 기병을 바다에 던져 넣으셨다."(출애굽기 15:21)라고 노래한다. 아마도 우리나라 민요 쾌지나칭칭나네처럼, 미리암이 사설辭說을 메기면 여자들이 후렴식으로 연이어 따라 부르는 군창群唱의 형태가 아니었을까 짐작된다.

광야에 울려 퍼지는 여인들의 노래. 이 대목에서 성경 기록자

파울로 말테이스의 '미리암의 노래'

가 미리암을 일컬어 "아론의 누이요 예언자"(출애굽기 15:20)라고 소개한 것에 잠시 주목하자. 유명세로 따지면 아론은 모세보다 한 수아래다. 그런데 저자는 미리암을 "모세의 누이"라고 말하지 않고 "아론의 누이"라고 소개한다. 편집 오류가 아니라면, 미리암은 아론의 누이일 뿐, 모세와는 혈연관계가 없다는 뜻일까.

출애굽기 6장 20절의 족보는 한층 더 난해하다. "아므람은 자기의 고모 요게벳을 아내로 맞아 아론과 모세를 낳았다." 당시의 혼인 풍습이 오늘날과 같지 않아서 근친혼이 자연스러웠다는 건 그렇다 치고, 미리암의 이름이 생략된 건 어떻게 설명할 것인가.

하나의 가능성은 요게벳을 아므람의 후처로 이해하는 방법이다. 다시 말해 미리암은 아므람의 전처소생이고, 후처로 들어온 요게벳의 몸에서는 아론과 모세만 태어났다고 보는 것이다. 이런 해석은 일부다처제가 만연했던 당시 문화에서 충분히 개연성이 있기도 하거니와 출애굽기 2장의 긴박한 장면에 어째서 아론이 전혀 드러나지 않는지를 파악하는 데도 도움이 된다. 아론과 모세는 세 살 차이다.[85] 반면에 미리암이 '소녀'로 소개되는 걸 보면, 그리고 이집트 공주 앞에서 너무나도 당돌하고 능수능란한 연기를 펼친 걸 보면, 아론과 꽤 많은 나이 차이가 나야 한다. 만에 하나, 정말로 미리암과 모세가 이복지간이라면, 모세를 위한 미리암의 사랑은 어떻게 설명할 수 있을까.

이런 식의 접근도 흥미롭긴 하나, 지지하긴 어려운 것이 저 '아론의 누이'라는 표현 때문이다. 출애굽기 15장 20절의 저자는 미리암을 분명히 아론의 누이라고 일컬었다. 그렇다면 미리암은 '아론과 모세의 누이'가 맞을 텐데, 모세가 이집트 공주에게 입양되어 40년간 왕궁에서 사는 바람에 히브리인들은 그녀를 '아론의 누이'로만 불렀을 것이라고 이해하는 선에서 마무리 짓는 게 가장 적절할 것이다.

더 중요한 대목은 '예언자'라는 칭호다. 손에 소고를 잡고 노래하며 춤추는 미리암을 성경 저자는 예언자라고 부른다. 정확히는 네비아_nebia_라는 단어를 사용했다. 남성 예언자를 가리키는 히브리어 나비_nabi_의 여성형이다.

사실 성경 전체를 통틀어 여성을 네비아로 부른 경우는 흔치 않다. 기원전 12세기에 활동한 여성 사사 드보라(사사기 4-5장), 기원전 8세기 때 유다 왕국에서 활약한 예언자 이사야의 아내(이사야서 8:3), 기원전 7세기 유다 왕 요시야의 종교개혁을 이끈 훌다(열왕기하 22:14-20), 기원전 5세기 때 유대교 재건에 힘쓴 느헤미야에 대적한 노디야(느헤미야서 6:14) 정도가 고작이다. 그렇다면 미리암은 최초의 네비아로서, 이스라엘 여성 예언자 전통의 효시라고 할 수 있다. 모세가 남성 예언자 전통의 원형이라면, 미리암은 여성 예언자의 전통을 이끈다.[86]

요컨대 미리암은 이스라엘 민족 해방사의 3대 지도자 가운데 한 명이라는 말이다. 미가 예언자 역시 미리암을 모세와 아론과 나란히 출애굽의 지도자로 거명함으로써, 혹시 있을지 모를 미리암의 리더십 의혹에 쐐기를 박는다. "나는 너희를 이집트 땅에서 데리고 나왔다. 나는 너희의 몸값을 치르고서 너희를 종살이하던 집에서 데리고 나왔다. 모세와 아론과 미리암을 보내서, 너희를 거기에서 데리고 나오게 한 것도 바로 나다."(미가서 6:4) 물론 여기 호명된 이름의 순서는 나이순이 아니라 역할상의 비중일 것이다. 그런데 이 부분에 대해서는 약간의 고려가 필요하다.

미리암은 홍해를 건넌 백성들이 막막한 광야 앞에서 망연자실 서 있을 때, 온 백성을 하나로 결집시키는 놀라운 카리스마를 발휘한다. 여인들이 모두 나와 춤을 추었다는 것은 해방공동체의 성격이 어디까지나 평등과 조화에 있음을 방증한다. 이 점을 간파하는 것이 대단히 중요한데, 왜냐하면 이후 이 공동체의 성격이 변질됨으로써 미리암과 모세 사이의 갈등이 야기되기 때문이다. 야훼전쟁의 승리를 찬양하는 미리암의 노래는 이스라엘 백성들이 비로소 야훼의 백성이 되었음을 선포하고, 또한 앞으로 이어질 광야생활도 승리의 삶이 될 것이라는 희망찬 메시지를 표현한다.

여기서 한 가지 짚고 넘어갈 것이 있다. 성경에는 미리암의 노래가 달랑 한 구절밖에 나와 있지 않은 반면에(출애굽기 15:21) 모세의 노래는 대단히 길게 펼쳐지고 있는데(출애굽기 15:1-18), 미리암의 역할 비중을 그렇게 크게 잡아도 되냐는 점이다. 모세에 대한 성경 저자의 인물평에 따르면, 그는 무엇보다도 '말재주가 없는' 게 흠이다. 자기에게 '히브리 노예 해방'이라는 엄청난 사명이 주어지자 모세는 하나님께 항변한다. "저는 입이 둔하고 혀가 무딘 사람입니다."(출애굽기 4:10) 이 약점이 얼마나 부담스러웠던지 그는 "제발 보낼 만한 사람을 보내"시라고 하나님께 매달린다.(출애굽기 4:13) 그래서 하나님이 "말을 잘하는" 형 아론을 도우미로 준비시켜 놓으셨다.(출애굽기 4:14) 모세가 할 말은 아론이 대신하면 된다. 그제야 안심이 되어 지도자로 나선 모세이고 보면, 홍해를 건넌 다음에 그렇게 긴 노래를 선창했을 것 같지는 않다.

성경학자들은 본래 미리암의 짧은 노래를 모세가 불렀다고 전해지는 긴 노래의 모태였을 것으로 추정한다.[87] 한 걸음 더 나아가 필리스 트리블은 모세의 노래로 알려진 대목이 전형적으로 성경 편집자들의 차별을 보여준다고 지적한다. 즉 "(편집자들은) 미리암의 입에서 나온 노래를 가로채고 이스라엘의 노래로 구성하여 말재주가 없는 모세에게 주어버렸다"[88]는 것이다.

성경의 다른 부분, 예컨대 다윗 시대를 보면 전쟁에서 승리하고 돌아온 남편들을 위해 아내들이 노래와 춤으로 반기는 풍습이 소개되어 있다.(사무엘기상 18:6-7 참고) 이를 염두에 둘 때, 그러한 풍습의 기원을 미리암의 노래에서 찾을 수 있지 않을까. 홍해를 건넌 이스라엘 사람들은 아마도 미리암의 인도 아래 노래와 춤으로 감사예배 같은 것을 거행했을지 모른다.[89] 그리고 이것이 관례가 되

어 하나의 전통으로 굳어졌을 개연성이 아주 높다.[90]

그래도 미심쩍어하는 이들을 위해 모세가 실제로 그토록 긴 노래를 불렀다고 치자. 말하자면 모세가 선창하고 이스라엘 남자들이 따라 불렀다는 것으로 말이다. 뒤이어 미리암의 선창으로 여인들의 노래가 이어졌다. 그리고 장면이 바뀌는데, 그 다음은 광야 이야기다. 미리암의 노래를 끝으로 무대는 바다에서 광야로 바뀐다. 다시 말해 미리암의 노래가 출애굽 사건의 종언이 되고 있는 것이다. 히브리 산파에서 시작된 출애굽의 대역사는 미리암의 노래에서 일단락된다. 이제부터는 본격적인 광야 시대다. 그렇다면 이것은 "출애굽 이야기에서 여성이 구원의 *알파*alpha와 *오메가*omega, *알레프*aleph와 *타우*taw가 되고 있음"('알레프'와 '타우'는 히브리어 철자의 첫 글자와 마지막 글자로 헬라어의 '알파'와 '오메가'에 해당하며, 영어 알파벳으로는 'A'와 'Z'이다)을 암시하는 것이 아닌가.[91]

뭔가를 해야 할 시점에서 백성들에게 필요한 것을 정확히 간파하는 능력은 지도자의 자질 가운데 가장 중요한 덕목이다. 이런 자질은 백성을 사랑하는 마음을 갖지 않고서는 갖추기 어렵다. 미리암으로 말하면, 왕궁에서 자라 광야에 유배되었다가 어느 날 갑자기 나타난 모세와는 달리, 백성들 틈에서 줄곧 그들과 더불어 강제 노역을 하며 동고동락한 인물이 아닌가. 그러니 백성들을 향한 미리암의 애정과 미리암을 향한 백성들의 신뢰가 얼마나 두텁겠는가. 소고를 들고 춤을 추면서 백성들을 리드하는 미리암은 그가 모세와 아론에 비해 조금도 뒤처지지 않는 출애굽 사건의 공동 주역임을 확실히 보여준다고 하겠다.

모세에게 도전한 미리암의 진심

그런데 한 가지 이상한 점이 있다. 홍해 장면에서 그토록 멋지게 예언자 역할을 담당한 미리암이 어째서 우리 머릿속에는 한낱 보조자요 심지어 죄인의 이미지로 각인되어 있는가 하는 점이다. 그것은 아마도 민수기 12장에 나오는 사건, 곧 미리암이 모세에게 '반항'했다가 하나님께 '벌'을 받아 '문둥병'에 걸렸다는 일화 때문일 것이다. 그 본문 속으로 들어가보자.

> 모세가 구스 여인을 데리고 왔는데, 미리암과 아론은 모세가 그 구스 여인
> 을 아내로 맞았다고 해서 모세를 비방하였다.   민수기 12:1

구스란 에티오피아를 가리킨다. 그러니까 미리암과 아론은 출애굽한 광야공동체의 최고 지도자인 모세가 이방여인을 아내로 맞이한 것이 옳지 않다고 비방했다는 것이다.[92] 여기 언급된 이름의 순서가 '아론과 미리암'이 아니라 '미리암과 아론'으로 되어 있는 것에 주목할 필요가 있다. 이 부분에서 우리는 출애굽의 공동주역들이 실제 나이순으로는 '미리암-아론-모세'일 테지만, 일종의 연공서열로 언급될 때는 '모세-아론-미리암' 순으로 재배열된다는 사실을 확인할 수 있다.(미가서 6:4 참고)

그렇다면 모세를 비방하는 이 대목에서 미리암의 이름이 아론보다 앞에 나오는 것은 어떻게 이해해야 할까. 여기 사용된 '비방

하다'라는 동사는 3인칭 여성단수 형태를 띠고 있다. 그렇다면 모세를 비방하는 일에는 미리암이 주도적으로 나섰고 아론은 단지 뒤에서 거드는 수준이었다고 보는 게 맞을 것이다.[93] 그래야 왜 아론은 하나님의 '벌'을 받지 않았는지가 해명된다.

그런데 뒤이어 뜬금없이 "모세로 말하자면, 땅 위에 사는 모든 사람 가운데서 가장 겸손한 사람"(민수기 12:3)이라는 인물평이 튀어나온다. 어색한 연결이지만, 일단 넘어가보자. 그리고 곧이어 하나님이 등장하신다. "주님께서는 모세와 아론과 미리암을 당장 부르셨다. '너희 셋은 회막으로 나오너라.' 세 사람이 그리로 나갔다." (민수기 12:4) '당장'이라는 부사가 사안의 긴급성을 보여준다. 이때의 이름 배열은 또다시 '모세-아론-미리암' 순이다.

세 사람이 구름기둥 가운데 현현하신 하나님 앞으로 나가니, 하나님이 '아론과 미리암'을 따로 부르시고는 구구절절 모세를 감싸고 도는 말씀을 하신다. "너희는 나의 말을 들어라. 너희 가운데 예언자가 있으면, 나 주가 환상으로 그에게 알리고, 그에게 꿈으로 말해 줄 것이다. 나의 종 모세는 다르다. …… 그와는 내가 얼굴을 마주 바라보고 말한다. …… 그는 나 주의 모습까지 볼 수 있다. 그런데 너희는 어찌하여 두려움도 없이, 나의 종 모세를 비방하느냐?"(민수기 12:6-8)[94]

이윽고 하나님이 떠나신 다음에 보니, 미리암이 그만 '문둥병'(정식 병명은 '한센씨병')에 걸려 눈처럼 하얗게 변해 있더라고 한다.(민수기 12:10) 우리나라에서 가장 오래된 번역본인 개역한글판 성경에서는 '문둥병'으로 나온다. 그것을 다시 고친 개역개정판에서는 "나병"이라고 표현했다.

니콜라 푸생의 '사막에서 하늘의 선물 만나를 받는 이스라엘인들'

　이 표현은 히브리어 '차라아트'(또는 *사아라트saraat*)를 옮긴 것인데, 본래 이 단어는 온갖 종류의 피부병을 가리킨다. 가령 레위기 13장에 나오는 각종 피부병들, 단순 뾰루지에서 부스럼, 종기, 백선 등이 모두 차라아트다. 그런데 이 다양한 함의를 지닌 히브리어가 헬라어로 번역되는 과정에서 '문둥병'을 뜻하는 *레프라 lepra*(영어로는 'leprosy')로 축소되었다.[95] 이런 문제 때문에 최근 번역에서는 '악성 피부병'이라는 표현이 선호되는 추세다. 표준새번역과 표준새번역 개정판에서는 모두 미리암의 병을 악성 피부병으로 전하고 있다.

　이에 아론이 모세에게 "참으로 애석"하다며 "우리들이 어리석었던 죄와 우리가 저지른 죄를 부디 우리에게 벌하지" 말아달라고 빌자, 모세가 하나님께 부르짖어서 그 병이 나았다고 한다.(민수기 12:11-13) 이 본문만 놓고 보면, 아론은 한없이 의롭고, 모세는 한 없이 관대한 캐릭터가 아닐 수 없다. 출애굽기 32장에서 금송아지 사건을 적극적으로 주도하여 모세의 지도력에 대항하던 아론의 모습을 떠올리면, 그때와 사뭇 다른 태도에 혼란스럽기까지 하다. 게다가 하나님까지 '진노'하신 일이니 당사자인 모세로서는 '격분'해야 마땅할 텐데, 흔쾌히 용서하고 관용을 베푼다. 이 얼마나 온유한 성품인가.

이 흐름에서 한 가지 놓친 게 있다. 미리암(과 아론)이 모세를 비방한 것은 분명 구스 여인 때문이었던 것 같은데, 그에 대한 후속 보도가 전혀 나오지 않는다는 사실이다. 만약 갈등의 쟁점이 정말로 구스 여인이라면, 미리암의 비난은 사실 정당한 것이다.[96] 구약성경이 가장 큰 악으로 묘사하는 것이 우상숭배이고, 또 '지혜의 왕'이라는 솔로몬이 부정적인 역사적 평가를 받게 된 것도 그가 무수히 많은 이방여인들을 아내로 맞아 우상숭배에 빠졌기 때문이고 보면,[97] 모세가 이방여인과 혼인한 일을 질책하는 미리암의 비방은 단순한 흠집 내기가 아니라 야훼종교를 순수하게 보존하려는 의도라고 볼 수 있다.

헌데 정작 문제가 된 사안은 그게 아니었나 보다. 민수기 12장 2절에는 이렇게 적혀 있다. "주님께서 모세와만 말씀하셨느냐? 우리와도 말씀하시지 않았느냐!' 그들이 이렇게 말하는 것을 주님께서 들으셨다." 이 구절에 근거하면, 미리암(과 아론)은 모세를 '비방'한 것이 아니라 모세의 권위에 '도전'한 것이다. 그러니 이 본문은 광야공동체에서 끊임없이 일어났던 모세에 대한 반란 사건들의 한 사례인 셈이다.

모세의 지도력에 대한 이스라엘 백성들의 첫 불평은 다베라 사건이다. 백성들이 광야 생활의 고달픔을 항의하자, "주님께서 듣고 진노하시어 그들 가운데 불을 놓아 진 언저리를 살라 버리셨다."(민수기 11:1) '다베라'는 '불사름'이라는 뜻이다. 곧이어 기브롯 핫다아와 사건이 일어난다.(민수기 11:4-35) 광야에서 하나님이 내려 주신 '만나'에 인이 박힌 백성들은 이집트 시절에 먹었던 음식들을 그리워하며 모세에게 불평한다. 그러자 하나님은 메추라기를 내려 모세의 어려움을 해결해주신다. 그 다음에 일어난 일이 미리암 일화다.

그리고 민수기 13~21장으로 넘어가면 이제까지와는 차원이 다른 대규모 반역 사건이 줄지어 발생한다. 가네스바네아 사건, 고라와 다단 사건, 므리바 사건이 그것이다.[98] 어렵게 '출出'애굽을 해놓고 이제 와서 '환還'애굽을 하자는 소리는 분명 반역이다. 이 일로 이스라엘 백성들은 연대책임을 지게 되어, 스무 살 이상 성인은 그 누구도 가나안 땅에 들어가지 못하는 벌을 받는다.[99]

여기서 우리의 관심은 미리암의 도전이다. 그녀는 무엇 때문에 모세에게 반기를 들었을까. 여기서 서명수의 논문 「미리암의 저항과 도전」의 해석을 살펴보자. 그는 광야를 유랑하는 출애굽 공동체의 성격이 시내산을 기점으로 바뀌었다고 짚어낸다.[100]

이집트의 노예 생활에서 해방되어 광야로 나온 무리들은 시내산에 이르러 야훼 하나님과 언약을 맺음으로써 '야훼의 백성'으로 거듭나기에 이른다. 이들에게 야훼는 무엇보다도 이집트 병사들을 바다에 수장시키고 자기 백성들을 보호하시는 '전쟁의 신'이다. 이러한 야훼를 수호신으로 삼고 갖가지 위험과 전쟁이 끊이지 않는 광야를 떠돌자니, 신생공동체는 필연적으로 강한 군사적 성격을 띨 수밖에 없었을 것이다. 민수기에 나오는 두 번의 인구조사가 이를 뒷받침한다. 이 인구조사는 그 자체가 군사적 조치, 다시 말해 사회의 군사적 조직화의 일환으로 실시된 것이다.[101]

다시 말해 '거룩한 백성', '제사장의 나라'로서 이스라엘의 정체를 규명한 레위기의 맥락에서는 제사장인 아론이 중심 역할을 담당하고 있지만, 약속의 땅을 향해 전진하는 데 있어 군사적 필요가 대두된 민수기의 맥락에서는 모세가 더 강력한 지도자로 부각되고 있는 것이다.

군사공동체는 무엇보다도 엄격한 위계질서를 특징으로 한다. 모세의 지도력 아래로는 총회에서 뽑은 열두지파의 지도자들이 포진해 있는데, 이들이 바로 이스라엘 각 부대의 지휘관들로서 군사적 위계질서의 상층부를 구성한다. 그 밑에 있는 '집안의 우두머리'들도 마찬가지로 군사 지도자의 성격을 띤다. 한편 이들 외에 다양한 지파나 지역 차원의 지도자들로 구성된 일흔 명의 장로들은 현대적인 관점에서 '정훈장교'의 역할을 수행했다.[102]

이러한 군사화 과정이 여성들의 입지를 약화시키는 계기가 되었음은 불문가지다. 전시체제 혹은 준※전시체제의 사회 규칙은 여성들에게 불리하다. 이를테면 병사들은 아직 처녀인 여성 포로들은 합법적으로 취할 수 있었다.[103] 이것은 단순히 포로로 잡혀온 이방여성들에 대한 성적 착취의 의미만이 아니라 이스라엘 내부 사회에 있는 일반 여성들의 지위 하락까지 포함하는 규정이다. 공동체의 성격이 철저히 군대 문화로 규정됨에 따라, 언약공동체가 급

속히 '남성 중심의 공동체andocentric community'로 탈바꿈하게 된 것을 알 수 있다.

그러므로 모세의 권위에 대한 미리암의 도전은 모세 개인에 대한 도전이라기보다는 모세를 정점으로 한 남성 중심의 공동체와 그 공동체의 군사적 성격에 대한 저항으로 읽어야 한다.[104]

모세는 확실히 카리스마 넘치는 지도력의 대명사다. 모세의 '지팡이'가 이를 상징한다. 그는 분명히 미리암과 아론이 갖지 못한 카리스마를 가졌다. 하지만 그 카리스마는 어디까지나 하나님의 선물로, 하나님이 정하신 때에 이르면 다시 돌려드려야 하는 유한한 것이 아니던가.[105] 남들이 우러러 본다고, 하나님 머리 위에 있는 듯 오만하게 구는 것은 참된 지도자의 태도가 아니다. 히브리 민중들 틈에서 함께 고난 받으며 오랜 시간을 견뎌온 미리암은 이를 꿰뚫어보고 있었던 것이다. 하나님의 계시와 언약을 저 홀로 독점하려는 모세의 욕망은 젖과 꿀이 흐르는 땅에서 새로운 평등공동체를 수립하려는 히브리인들의 열망과 조화를 이룰 수 없다는 사실을.

그러면 미리암이 걸린 '악성 피부병'의 정체는 도대체 무엇일까. 머을거리와 위생시설이 형편없는 광야 생활은 온갖 전염병을 불러왔을 가능성이 높다.[106] 특히 피부병은 현대의 아토피 질환에서 보듯이 환경에 기인하는 질병이다. 열악한 환경 속에서 지도자가 병에 걸렸다는 것은 그가 전염의 위험을 무릅쓰고 언제나 백성들 가까이에서, 그것도 건강한 장정이 아닌 무력한 노약자들 틈에서 돌보고 보살피는 일을 감당하고 있었다는 방증이 아닐까.

그래서 다음의 구절에 방점을 찍어야 한다. "백성은 미리암이 돌아올 때까지 행군을 하지 않았다."(민수기 12:15) 이스라엘 백성들은 피부병 때문에 7일 동안 진 밖에 격리된 미리암과 연대하고 있다. 미리암을 버려두고는 단 한 발자국도 움직일 수 없다는 충성심을 보인다. 민심民心이 곧 천심天心이라면 이 본문에서 읽히는 하나님의 뜻은 명백하지 않은가.

신명기 저자가 이스라엘에 그만한 예언자가 다시는 나지 않았다고(신명기 34:10) 격찬해 마지않은 그이건만, 모세의 마지막은 가련하다 못해 비참하기 그지없다. 눈은 아직 빛을 잃지 않고 기력은 정정하기만 한데(신명기 34:7), 야속하신 하나님은 가나안 땅을 코앞에 두고 모세의 목숨을 거두어 가신다. "모압 땅 벳브올 맞은쪽에 있는 골짜기에 묻혔는데, 오늘날까지 그 무덤이 어디에 있는지를 아는 사람은 아무도 없다."(신명기 34:6)라고 하니, 이렇게까지 적나라하게 기록한 성경 저자의 속내가 자못 궁금하다.[107] 그의 이름값에 비하면 너무 허망한 죽음이기 때문이다. 광야 생활 40년, 모세는 오로지 약속의 땅에 들어간다는 일념 하나로 버텨온 세월인데, 버젓이 눈앞에 보이는 그 땅을 밟아보지도 못하고 눈을 감는다.

만약 모세가 출애굽 백성을 모두 이끌고 가나안 땅에 들어갔다면 어찌 되었을까. 모르긴 몰라도 곧장 왕이 되었을 것이다. 백성의 추대도 추대지만, 그 자신 왕이 되고픈 욕망에서 자유롭지 못했기 때문이다. 이집트 왕궁에서 왕이 될 공부를 하며 40년간 왕자의 신분으로 산 그가 아닌가.

하지만 하나님의 뜻은 다른 데 있었다. 하나님이 모세에게 바란 것은 왕이 되는 것이 아니라 사람이 되는 것이었다. 그러므로 모세가 가나안 땅을 바라보며 눈을 감은 것은 벌이 아니라 복으로 봐야 옳다.[108] 하나님의 권능을 전유하며 스스로 하나님이라도 된

듯 기고만장하던 영웅은 이제 어디에도 없다. 그저 하나님의 뜻에 순복하며 조용히 따르는 한 사람이 있을 뿐이다.

미리암이 앞서 모세에게 일러주고자 했던 진리는 바로 그것이 아니었을까. 하나님의 지위와 권위를 독점하려는 마음을 내려놓는 것만이 인간의 살 길이라는 사실 말이다. 진정한 영적 리더는 자기 자신은 "아무것도 아니요", 오직 이루시는 분은 하나님이심을 인정한다.[109] 사람이란 유한한 존재임을 한순간도 잊지 않고, 겸손히 하늘의 뜻을 받들어 따르는 자follower가 바로 섬김의 리더이다.

하나님의 이름으로 자신의 지배를 정당화하는 모든 반신적反神的 음모에 맞서 정의와 평화를 노래하는 여자들의 가슴에서 미리암은 오늘도 새로이 부활한다. 하나님과 밑바닥 사람들을 향한 사랑 때문에 제 몸에 고통을 아로새기는 모든 여자들에게 미리암은 영원한 수호 성녀, 신탁을 전하는 자Oracle이자 예언자이다!

4 장

가나안 해방의 물꼬를 튼 창녀
라합

가나안에서 창녀로 산다는 것

가나안은 중앙집권체제라기보다는 성읍국가체제였다. 본래 인간이 살아가는 삶의 터전이 어떤 모양으로 새로 형성되는가는 물이 가름하는 법이다. 가나안 땅은 지형적으로 북쪽 갈릴리 호수에서 요단강을 거쳐 남쪽 사해에 이르는 중앙회랑지역이 유일한 수원지이고, 그곳에서 멀어질수록 건조한 고지대가 펼쳐지는 매우 열악한 조건을 가진 곳이었다. 그런데 이 중앙회랑지역의 물마저도 턱없이 부족할 뿐 아니라 염분까지 포함되어 있어서 농업용수로는 부적합했기 때문에, 오아시스나 샘을 중심으로 한 성읍국가가 출현한 건 어쩌면 아주 자연스러운 일이었다.[110]

이 같은 지리적 형편에 더하여, 당시 가나안은 정치적으로 이집트 제국의 지배를 받고 있었다. 이집트는 가나안을 자국의 직접적인 행정구역으로 편입시키지 않고, 각각의 성읍국가 군주들에게 권력을 보장해주는 대신에 절대 충성을 요구하는 일종의 포용정책을 폈다. 이러한 통치방식은 피식민지 백성들의 저항과 반란을 효과적으로 저지할 수 있는 장점을 가지고 있었다.[11]

상황이 이렇다 보니, 가나안의 하층민들은 자기가 속한 성읍국가의 왕에게뿐만 아니라 이집트 제국의 파라오에게도 공물을 바쳐야 하는 이중의 억압과 약탈 아래에서 신음할 수밖에 없었다. 봉건사회체제 속에서 땅을 소유하지 못한 가난한 민중들은 부유한 지배계급에게 예속된 소작농이나 농노로 영구적인 착취의 대상이 되는 길 말고는 달리 뾰족한 생존방식을 갖기가 어려웠다.

여호수아기 2장은 바로 이러한 가나안의 현실을 배경으로, 이스라엘 백성에게 가나안 입성의 첫 관문이 되는 여리고 성城 정복에 관한 이야기를 들려준다. 여리고는 가나안 지역에서 가장 큰 샘을 소유한 풍요로운 성읍이었다. 하나님께서 이스라엘 자손에게 주마고 약속하신 땅으로 들어가려면 반드시 여리고를 거쳐야 했기 때문에, 여리고 성 정복의 의미는 매우 각별했다. 말하자면 여리고는 이집트 제국과 맞섬에서 시작된 야훼 전쟁이 가나안에서 어떻게 펼쳐질지를 미리 점치는 시험대와도 같았다.

요단강을 사이에 두고 가나안 땅을 바라보면서 여호수아의 마음이 얼마나 착잡했을까. 또 그의 어깨는 얼마나 무거웠을까. 모세에 이어 차세대 지도자로 뽑힌 그에게는 모세의 '지팡이'가 없었다. 모세가 광야에서 일으킨 것 같은 기적은 여호수아의 몫이 아니었다.

여기서 잠시 여호수아가 어떻게 모세의 후임자가 되었는지 짚고 가는 것이 좋겠다. 민수기 13장을 보면 그는 일찌감치 지도자감으로 떠오른다. 그것은 미리암이 '악성 피부병'에서 회복되어 이스라엘 공동체가 하세롯을 떠나 바란 광야에 도착했을 때의 일이다. 모세는 이스라엘 각 지파에서 한 명씩을 뽑아 정탐꾼으로 가나안 땅에 보낸다.

이때 에브라임 지파에서 뽑힌 이가 여호수아이고, 유다 지파에서 뽑힌 이가 갈렙이다. 40일 동안 가나안 땅을 정탐하고 돌아온 뒤에, 오직 이 두 사람만이 다음과 같이 보고한다. "우리가 탐지하려고 두루 다녀 본 그 땅은 매우 좋은 땅입니다. 주님께서 우리를 사랑하신다면, 그 땅으로 우리를 인도하실 것입니다. 젖과 꿀이 흐르는 그 땅을 우리에게 주실 것입니다. …… 여러분은 그 땅 백성을 두려워하지 마십시오. 그들은 우리의 밥입니다."(민수기 14:7-9)

사실 이들의 의견은 소수 의견일 뿐, 나머지 열 명은 모두 똑같은 목소리를 내었다. "우리는 도저히 그 백성에게로 쳐올라가지 못합니다. 그 백성은 우리보다 더 강합니다."(민수기 13:31) 그들이 가나안에서 본 것은 "키가 장대 같은 사람들"(민수기 13:32)이었다. 그들 앞에 서니 자신들은 '메뚜기'처럼 작게 보이더라고 했다. 이 다수 의견에 동조한 이스라엘 백성들은 여호수아와 갈렙을 돌로 쳐 죽이려고까지 한다. 그 때문에 하나님이 어리석은 이 백성들에 대한 징계로, 그들 가운데 스무 살이 넘은 사람들은 모두 광야에서 시체가 되어 뒹굴게 될 터이지만, 다만 갈렙과 여호수아만은 그 땅으로 들어갈 것이라고 말씀하셨던 것이다.(민수기 14:29-30 참고)

이렇게 해서 모세 사후에, 모세를 보좌하던 여호수아가 지도자로 등극한다. 그러나 모세의 카리스마를 익히 아는 그로서는 막상 지도자가 되고 나니 그 부담이 엄청났을 것이다. "내가 모세와 함께 하였던 것과 같이 너와 함께 하며, 너를 떠나지 아니하며 버리지 아니하겠다. 굳세고 용감하여라. 내가 이 백성의 조상에게 주기로 맹세한 땅을, 이 백성에게 유산으로 물려줄 사람이 바로 너다."(여호수아기 1:5-6) 하나님의 약속이 없었던들 그는 그만 주저앉고 싶었을 것이다. 아니, 하나님의 약속이 아무리 자상하고 굳건한들 한껏 위축된 자신감이 금방 회복되기는 어려웠을 것이다.

여리고 전투를 앞둔 여호수아가 신중에 신중을 거듭한 까닭이 거기에 있었다. 그로서는 이것이 모세로부터 권력을 이양받은 후 치르는 첫 시험이었다. 여호수아는 조심스럽게 두 명의 정탐꾼을 여리고로 미리 보내 탐색해오라고 지시한다. 그곳의 민심을 읽고, 전력을 확인하고, 침입로를 확보하는 등 꼼꼼한 점검을 하고 나서야 비로소 움직일 요량이었다.

여리고 성에 들어온 정탐꾼들은 노련하게도 창녀의 집을 은신처로 삼는다. 여기 사용된 창녀라는 단어는 히브리어 *조나*zona로, 성전 창녀를 뜻하는 *커데샤*kedesha와 구분되는 일반 창녀를 가리킨다.[112] 커데샤는 가나안의 토착 종교인 바알종교에서 주요 역할을 담당했다.

가나안 주민들은 계절에 따라 비를 내려주어 농사를 지을 수 있게 해주는 신이 바알이라고 믿었고, 그 파트너인 대지의 여신 아세라(혹은 아스다롯)를 동시에 섬겼다. 그들에게 비가 오지 않는다는 것은 하늘과 땅의 조화가 깨졌다는 뜻이기 때문에, 그럴 때는 바알신전에서 하늘을 상징하는 바알 사제들과 땅을 상징하는 커데샤들이 성관계를 맺는 의식을 통해 비를 부르는 것이 통상적인 관례였다. 그러므로 같은 창녀라고 해도 거리에서 몸을 파는 조나는 성창聖娼 커데샤에 비해 훨씬 더 낮고 천한 신분이었다.

이스라엘의 정탐꾼들이 은신처로 조나의 집을 택한 것은 많은 남자들이 수시로 드나드는 환경을 고려한 탁월한 계산이었을 것이다. 이 창녀의 집이 술집을 가리키는지 아니면 여인숙의 형태인지는 정확히 알 수 없다. 어느 쪽이든 스스로 몸을 팔기도 하고 손님에게 숙박을 제공하기도 하는 창녀의 처지란 처참하기 짝이 없었을 것이다.

목숨을 건 도박

라합은 그런 여자였다. 사원에 소속되어 왕이나 사제들과 성관계를 맺으며 여신의 현현으로 높은 대우를 받던 성창들과는 달랐다. 사원 밖에서 일하는 거리의 창녀들은 대개 여인숙에 소속되어 아무 남자에게나 몸을 파는 밑바닥 인생이었는데, 그야말로 떠돌이의 발길에 차이는 돌처럼 형편없이 취급당하기 일쑤였다. 이 남자 저 남자의 품을 전전하며 하루살이처럼 모진 목숨을 이어가는 그들에게 '희망'이라는 말은 얼마나 멀고도 절박한 것이었을까.

그러나 라합은 자기네 여인숙을 들락거리는 외지인을 통해 어렴풋이 들은 소문을 놓치지 않고 있었다. 무소불위의 절대 권력을 자랑하던 이집트 파라오가 이스라엘의 하나님 야훼에게 통렬히 패배했다는 소문 말이다. 정탐꾼들의 정체를 알고 나서 그들을 숨겨주며 라합이 했던 말에 그러한 정황이 포착된다. "당신들이 이집트에서 나올 때에, 주님께서 당신들 앞에서 어떻게 홍해의 물을 마르

율리우스 슈노어 폰 카롤스펠트의 '라합의 집에서 탈출하다'

게 하셨으며, 또 당신들이 요단 강 동쪽에 있는 아모리 사람의 두 왕 시혼과 옥을 어떻게 전멸시켜서 희생제물로 바쳤는가 하는 소식을" 그녀는 이미 들어 알고 있었다.(여호수아기 2:10) 아마도 그때부터였을 것이다. 라합의 가슴 속에서 절망보다 희망이 자라나기 시작한 것이. 출애굽의 하나님은 그렇게 라합의 마음을 사로잡고 있었다.

그런데 이런 종류의 사랑은 눈부시게 아름답고 귀한 만큼 위험과 고난을 동반하기 마련이다. 사실 여호수아기 2장 1절부터 3절을 읽다 보면, 첩보 영화가 대부분 그렇듯이 그 짧은 구절 안에 스릴이 넘친다. 생각해보라. 여리고의 주민 누군가가 라합의 집에 머무는 낯선 사내들의 정체를 의심하고 뒤를 캐기 시작한다. 이윽고 그 사내들이 정탐꾼임이 탄로 나고, 여리고 왕의 귀에까지 그

얘기가 들어간다. 노발대발한 왕은 당장에 라합의 집으로 병사들을 급파하여 스파이들을 끌어오라고 명령한다. 참으로 손에 땀을 쥐게 하는 긴박한 공포 상황이 아닐 수 없다.

그런데 라합의 태도는 태연하기 이를 데 없다. 이런 상황이 닥칠 것을 일찌감치 예상이라도 한 듯, 기지를 발휘해 정탐꾼들을 미리 피신시킨다. 아무리 집을 수색해도 개미 새끼 한 마리 나오지 않자 허탈해하는 병사들에게 라합이 시치미를 떼며 말한다. "그 사람들이 저에게로 오기는 했습니다만, 그들이 어디서 왔는지 저는 알지 못합니다."(여호수아기 2:4) 나처럼 천한 창녀가 손님의 신분을 일일이 따져 물으며 몸 파는 거 봤냐고, 못 보던 사내들이 온 적은 있으나 누군지 내 알 바 아니라는 식으로 돌려 말한다. 게다가 라합은 거짓 정보까지 흘린다. "그리고 그들은 날이 어두워 성문을 닫을 때쯤 떠났는데, 그들이 어디로 갔는지 저는 알지 못합니다. 빨리 사람을 풀어 그들을 뒤쫓게 하시면, 따라잡을 수도 있을 것입니다."(여호수아기 2:5)

일개 창녀가 지존무상 왕의 권력 앞에서 전혀 주눅 들지 않는다! 창녀 따위, 사람 축에도 못 드는 '것'들은 왕이 헛기침 한 번만 해도 움찔해야 맞을 텐데, 오히려 왕을 조롱하고 있다. 뭇 사내들의 노리개였던 한 창녀가 왕을 '가지고 논다'. 이건 거의 역모요, 반란 수준이다. 이 대목에서 이집트 파라오에게 능청스레 대꾸하던 히브리 산파들이 떠오르는 건 나만의 기시감騎視感일까.

라합은 자기 집에 찾아온 낯선 사내들이 일종의 '간첩'인 것을 뻔히 알면서도(여호수아기 2:2) 숨겨주었고(여호수아기 2:6), 허위 제보까지 흘렸다(여호수아기 4-5절). 말하자면 간첩은닉죄에 불고지죄, 게

다가 허위 진술죄까지 얹은 셈이다. 이 정도면 죄질이 나빠도 한참 나쁘다. 여리고 왕의 입장에서 보면 당연히 사형감이다.

도대체 무엇 때문에 라합은 목숨을 건 도박을 한 것일까. 위기의 순간에 왕을 버리고 간첩을 택한 이유가 무엇일까. 라합으로서는 왕이 곧 여리고이고, 여리고가 곧 조국이다. 이스라엘의 정탐꾼은 조국의 안전을 위협하는 불순분자이니, 적발 즉시 당국에 넘겨야 마땅하지 않은가. 그러면 포상금도 두둑이 챙길 수 있었을지 모른다. 한낱 창녀가 국가의 영웅으로 대접받을 수 있는, 또 화려한 신분 상승으로 이어질지도 모를 이 절호의 찬스를 왜 놓쳤단 말인가. 혹시 간첩이 잡히기라도 하는 날에는 라합 또한 목숨을 부지하지 못할 것이다. 이런 종류의 죄는 연좌제에 걸려서 가족의 목숨마저 위태롭게 하는 법이다. 만에 하나 간첩이 잡히지 않더라도, 간첩 신고를 하지 않았다는 사실 하나만으로 라합은 이미 조국을 배신한 '빨갱이'라는 꼬리표를 달아야 하는 일이었다. 그래서 이런 경우에 가장 쉽고 편하고 안전한 선택은 그들의 정체를 파악한 즉시 무조건 당국에 넘기는 것이다.

그런데 라합은 그러지 않았다. 아니 그럴 수 없었다. 아무리 밑바닥 인생일망정, 역사의 흐름을 알고, 그 안에서 어떤 선택을 해야 옳은가를 명확히 알고 있는 터에, 어떻게 삿된 생각을 품는단 말인가. 라합은 하나님을 알고 있었다. 하나님께서 역사 안에서, 역사를 통해 이루어가시는 일의 성격을 알았다. 라합이 보기에 여리고는 이미 하나님의 것이었다. 여리고 왕이 아무리 서슬 퍼런 권력의 칼을 휘둘러대도, 그런 공포정치는 해가 뜨면 곧 사라져버릴 아침 이슬에 불과하다. 그러니 종이호랑이를 겁낼 이유가 무엇이겠는가.

요령껏 왕의 병사들을 따돌리고, 지붕에 마련해둔 은신처로 올라가 정탐꾼들과 속엣 말을 나누는 라합의 목소리는 나직하면서도 단호했을 것이다. 성경에서 이렇게 자기 말을 길게 하는 여자, 자신의 하나님 경험을 이렇듯 명료하고 객관적으로 정리하여 풀어놓는 여자도 흔치 않다.

'당신들의 하나님'을 향한 충절

이 장면의 라합은 이미 '개인' 라합을 넘어섰다. 그녀는 여리고 백성 전체를 끌어안은 '우리' 의식의 대변인으로 우뚝 자리매김한다. '우리'가 당신들, 곧 이스라엘 자손들 때문에 공포에 사로잡혀 있다는 것이다. 왜냐하면 그들에 대한 소문이 여리고 전역에 쫙 깔렸기 때문이다. "우리는 그 말을 듣고 간담이 서늘했고, 당신들 때문에 정신을 잃고 말았습니다. 위로는 하늘에서 아래로는 땅 위에서, 과연 주 당신들의 하나님만이 참 하나님이십니다."(여호수아기 2:11)

그러니 라합이 목숨을 건 위험을 무릅쓰고 '간첩신고'를 하지 않은 것은, 그 길만이 여리고 주민 전체를 위한 최선의 선택이었기 때문이라는 뜻이다. 개인의 이익과 영달을 도모했다면 신고하는 편이 백배 나았을 것이다. 하지만 인간의 역사 안에서, 역사를 통해 이루어가시는 하나님의 구원 섭리가 훤히 보이는데 어찌 그럴 수 있겠는가. 라합에게는 왼쪽 눈과 오른쪽 눈 말고도, 제3의 눈, 곧 혜안이 열려 있었다. 그 눈이 있었기에, 비록 이방여인이지만, 그녀는 '당신들의 하나님만이 참 하나님'임을 깨달아 알 수 있었다. 그 하나님은 이제 여리고 전투도 승리로 이끄실 것이다.

"나는 주님께서 이 땅을 당신들에게 주신 것을 압니다."(여호수아기 2:9) 라합은 여리고 주민으로서 차마 입에 올려서는 안 될 불온한 말을 겁도 없이 쏟아낸다. 한 연약한 여인이 이토록 겁 없는 투사가 된 데는 순전히 하나님에 대한 지식과 믿음이 그 바탕에 있다. 요컨대 라합은 제 집을 들락거리는 외지인을 통해 우연히 '출애굽의 하나님'을 알게 된 다음부터, 이 낯선 신에게 완전히 매혹당한 것이다. 이집트 왕의 손아귀에서 히브리인들을 구해내신 해방의 하나님은 어느덧 라합의 가슴에서 푸른 희망으로 피어오르고 있었다.

여리고는 '달 신을 섬기는 곳'이라는 뜻이 내포된 큰 성이다.[113] 태양이나 달 같은 천체를 신으로 떠받드는 것은 고대인들이 흔히 가졌던 풍습이다. 삶의 안전과 풍요를 보장한다고 믿어지는 천지광명을 향해 빌고 또 빌면서 고대인들은 고단하고 척박한 삶을 달랬을 것이다. 특히 가나안의 주신主神 바알은 대표적인 풍요의 신으로 가나안 전역에서 맹위를 떨치고 있었다. 바알 신전은 성전 창기娼妓를 동원한 풍요 제의로 백성들을 유인하여, 사실상 그들의 재산을 수탈하는 범죄의 온상이 되고 있었다.

그러니 아무리 풍요의 신을 떠받든다 해도, 모든 주민이 그 신의 혜택을 입은 건 아니었다는 뜻이다. 당장에 라합 같은 '조나' 계층이 존재한다는 사실 하나만으로도 여리고의 정체를 충분히 알만하지 않은가. 부와 풍요는 철저히 가진 자들의 몫일 뿐, 없는 자들에게는 그저 신기루에 불과한 것이었다.

라합이 이 낯설고 새로운 '당신들의 하나님'에게 완전히 홀린 까닭이 바로 그 때문이었을 것이다. 이스라엘의 하나님은 적어도 이집트 제국을 재가裁可하고 파라오의 권력을 축성祝聖하는 그런 분이 아니다. 미리암의 노래에서도 드러나듯이, 지배체제를 부수고 억눌린 자에게 자유를 선사하는 평등과 정의의 하나님이다. 소수가 풍요를 독점하는 것이 아니라 다수가 고루 가난해지기를 격려하는 신이라면, 위에서 내리누르는 지배 엘리트보다 바닥에서 눌림 당하는 피지배 약자들을 우선 돌보는 신이라면, 목숨 걸고 사랑할 만하지 않겠는가.

라합은 이집트의 파라오를 꺾으신 하나님이 아모리의 두 왕도 단번에 쓰러뜨리셨음을 알고 있었다. 이제 동일하신 하나님이 여리고의 왕도 그 권좌에서 내치실 것이다. 세상 권력이 아무리 기세 좋게 날뛰어도 온 우주는 하나님의 주권 아래 있다는 이 당찬 믿음이야말로 로마 제국의 치하에서 예수 그리스도가 그토록 강조하던 하나님 나라 운동의 알짬이 아니겠는가.

그래서 라합은 자기네 신과 왕을 버리고 하나님을 택했다. 반역자요, 매국노로 낙인찍히는 수모도 불사한 채, 하나님을 받아들였다. 그에게 믿음이란 결코 만만하거나 대충 묻어갈 수 있는 것이 아니었다. 한 손에는 풍요의 욕망을 움켜쥐고 다른 손으로는 성경책을 뒤적이는 위선자들은 절대 흉내 내지 못할 믿음이었다.

역사적 순간에 자기 생을 거는 엄청난 실존적 결단이 따르지 않고서는 어떤 믿음도 헛될 뿐임을 라합은 온몸으로 보여주었다. 그에게 믿음은 그야말로 '값비싼 은총costly grace'[114]이었다.

미천한 신분을 넘어 예수의 족보에 오르다

소위 '믿음 장章'이라는 별명이 붙은 히브리서 11장에 보면, 구약성경에서 믿음이 굳건하기로 유명한 인사들의 명단이 나온다. 히브리서 저자는 아벨-에녹-노아-아브라함-이삭-야곱-요셉-모세 등의 순서로 믿음의 계보학을 적고 있다. 순전히 남자들 이름만 나열돼 있어서, 믿음이란 남성의 전유물인가, 싶은 순간에 반가운 이름 둘을 만나게 된다. 하나는 아브라함 뒤에 나오는 사라이고, 다른 하나는 모세 뒤에 나오는 라합이다.

사라와 라합, 얼마나 대조적인가. 사라는 믿음의 조상 아브라함의 본처로, '열국의 어미'라는 영광스러운 칭호를 거머쥔 여자다. 거기에 비하면 라합은 이방여인인 것도 모자라 창녀의 신분이 아닌가. 세상의 눈으로 보면 하늘과 땅 차이다. 그런데 두 사람의 이름이 나란히 호명되어 있다. 아니, 아브라함이든 모세든 이스라엘의 위대한 남성들과 어깨를 나란히 한다. 무슨 근거에서였을까. 바로 믿음 때문이다!

"믿음으로 창녀 라합은 정탐꾼들을 호의로 영접해 주어서, 순종하지 않은 사람들과 함께 망하지 아니하였습니다."(히브리서 11:31) 이것은 믿음 앞에서는 누구나 평등하다는 선언이다. 하나님의 구원 역사는 인간을 속세에 얽매인 신분 질서로부터 해방시킨다.

믿음이 위대한 것은, 도저히 믿을 수 없는 상황에서도 '그럼에도' 믿기 때문이다. 믿을 만하기 때문에 믿는 건, 믿음이라기보다는 계산에 가깝다. 인간의 상식과 합리를 뛰어넘는 지점에 위치하기 때문에, 믿기 위해서는 엄청난 용기와 가치관의 전복이 필요하

율리우스 슈노어 폰 카롤스펠트의 '여리고 성의 전투'

다. 사라의 임신이 이를 증명하지 않았는가. 달거리가 끊어지자 '에 덴의 기쁨'도 사라졌다.[115] 그런데 하나님은 인간의 경험적 진리가 더 이상 통하지 않는 지점에서 신기한 일을 꾸미신다. 인간의 비웃 음을 진정한 '웃음'으로 바꾸시는 분, 인간의 경험적 진리 너머에서 자유로이 구원 활동을 펼치시는 분, 그분의 존재와 행위를 신뢰하 는 게 믿음이다.

라합 또한 같은 맥락에 있다. 자기 목숨을 위태롭게 하면서까 지 정탐꾼들을 살려줄 이유가 전혀 없었다. '그럼에도' 라합은 여 리고 왕과 동족을 배반하고 위험을 무릅쓰고 모험을 감행했다. 간 첩을 은닉하고 도주시킨들 그들이 훗날 약속을 지키리라는 보장도 없는데, 자신의 믿음을 가지고 행동했다.

그래서 야고보서 저자는 라합의 '행동'을 칭찬한다. 그가 보기에 라합이 의롭게 된 것은 믿음에 따른 실천 때문이었다. "창녀 라합도 정탐꾼들을 접대하여 다른 길로 내보내서, 행함으로 의롭게 된 것이 아닙니까? 영혼이 없는 몸이 죽은 것과 같이, 행함이 없는 믿음은 죽은 것입니다."(야고보서 2:25-26)

라합은 정탐꾼들이 떠난 창가에 약속대로 주홍색 줄을 매달았다. 이 줄은 이제 그녀와 그녀의 가족을 살릴 생명의 줄이 될 터였다. 허나 동시에 이 줄은 나다니엘 호손의 《주홍글씨》[116]만큼이나 엄청난 스캔들이었다. 저 한 몸 살겠다고, 제 가족만 살리겠다고 적에게 부역한 창녀라는 꼬리표가 평생 따라다닐지도 모를 일이었다. 자칫하면 발각되어 죽임을 당할 수도 있었다. 또 그렇게 죽은 후에도 영원히 저주스런 낙인은 사라지지 않을 것이다. 하지만 여리고를 배반하는 것이야말로 진정 여리고를 사랑하는 길이라 믿었기에, 라합은 기꺼이 가슴에 주홍글씨를 새겼다. 그녀에게 믿음은 여리고 대신 여호와를 택하는 일, 불평등한 지배구조에 협력하거나 방조하는 대신 정의와 평화가 서로 손잡고 춤추는 세상을 꿈꾸는 일이었다. 과연 라합은 제 이름 뜻에 걸맞게 '넓고도 광대한' 시야를 가진 여자였다.

종족과 민족의 경계를 넘어 야훼 하나님이 열어가시는 새로운 통치의 지평을 꿰뚫어보고, 꼭 필요한 순간에 믿음으로 결단한 라합이 있었기에 여호수아 군대는 가나안 입성의 첫 관문을 무사히 통과했다. 그러니 여호수아에게 라합이 얼마나 귀하고 고마운 존재였겠는가. *여호와 이레*Jehovah-Jireh(하나님이 미리 준비하신다는 뜻)[117]의 산 증거가 아닌가.

드디어 여리고 성이 함락되던 날, 여호수아는 약속대로 "창녀

라합과 그의 아버지 집과 그에게 딸린 사람을 다 살려 주었다."(여호수아기 6:25a) 그리고 성경은 "라합이 오늘날까지 이스라엘 백성 가운데 살고 있는데, 그것은 여호수아가 여리고를 정탐하도록 보낸 사람들을 그가 숨겨 주었기 때문이다."(여호수아기 6:25b)라고 덧붙인다. 여기서 '라합이 오늘날까지 이스라엘 백성 가운데 살고 있'다는 표현은 그녀가 더 이상 이방여인으로 분류되지 않는다는 뜻이다. 오히려 라합은 이스라엘의 여리고 함락 이야기에서 절대 빼놓을 수 없는 전설적인 영웅으로 또렷이 남게 되었다.

이 일이 가능했던 것은 라합과 살몬의 혼인 때문이다. 성경에서 라합의 이름이 다시 등장하는 대목은 마태복음서 1장에 나오는 예수의 족보인데, 남성 중심의 문화에서 여성 이름이 족보에 올라 있다는 것은 매우 예외적이다. 게다가 라합은 그 출신성분이 '이방인 창녀'가 아닌가. 이른바 '부끄러운' 조상의 기록은 감추고 싶어하는 게 우리네 속물근성이고 보면, 라합의 이름을 당당히 적고 있는 예수의 족보가 새삼 위대해 보인다. 그만큼 이스라엘 사람들에게 라합은 '자랑스러운' 이름으로 기억되고 있다는 뜻이다.[118]

마태 저자는 "아미나답은 나손을 낳고, 나손은 살몬을 낳고, 살몬은 라합에게서 보아스를 낳고……."(마태복음서 1:4-5)라고 적고 있다. 이를 통해 라합이 살몬과 결혼했음을 확인할 수 있는데, 이방인과의 통혼을 금기시하는 이스라엘의 전통에 비추어 보면 이 혼인은 파격 그 자체가 아닐 수 없다.

살몬으로 말하면, 나손의 아들이요 아미나답(혹은 암미나답)의 손자인데, 아미나답은 모세와 사돈뻘 되는 사이니, 소위 뼈대 있는 가문의 후예인 셈이다.[119] 한편 나손은 유다 지파의 군지휘관으로,

그 휘하에 편성된 군인 수가 무려 7만 4,600명이었다고 하니(민수기 2:3), 그의 세도가 얼마나 대단했을지 짐작이 간다. 아마도 이처럼 대표적인 군인 집안이다 보니 살몬 역시 충성파 군인이었을 가능성이 높다.

성경에는 익명으로 나오지만, 라합이 숨겨준 두 명의 정탐꾼 중 한 사람이 살몬이었을 거라고 짐작하는 이유가 거기에 있다. 어쩌면 라합은 '여자 포로'를 아내로 맞이하는 신명기 규정(신명기 21:10-14 참고)에 따라, 합법적인 절차에 따라 살몬의 아내가 되었을지도 모른다. 살몬의 장막에서 한 달을 지내는 동안, 살몬은 라합의 인간적인 매력과 하나님에 대한 열정에 마음을 열었을지도 모를 일이다.[120] 이들에게서 보아스가 태어난다. 보아스의 아들이 오벳인데, 그가 바로 이새의 아버지요 다윗의 할아버지이니, 라합은 결국 다윗 왕의 고조할머니가 되는 셈이다. 이쯤 되면 완벽한 인생역전 아닌가.

라합은 여리고 주민의 관점에서 볼 때 반역자이다. 하지만 그녀의 반역은 개인의 영달을 위한 것이 아니라 도도히 전개되는 하나님의 다스림에 협력하기 위함이었기에 위대하다. 그녀는 이스라엘이 광야 시대에서 가나안 시대로 넘어가는 연결고리가 된다. 그녀를 통해 새로운 한 시대가 태어났다. 자기가 속한 공동체 내부의 모순을 깨닫고 이를 바로잡고자 애쓰는 모든 사람에게 라합의 지혜와 용기가 함께하기를.

5 장

사사 시대에 태평성대를 이룬 예언자
드보라

아비멜렉과 가시나무

여호수아가 죽고 나서 본격적인 왕정 시대가 열리기까지를 "사사 시대"라고 부른다. 사사士師는 '지도자' 또는 '재판관'을 뜻하는 히브리어 쇼펫*shpphet*에서 유래한 말로, 이들의 활약상을 담은 사사기를 공동번역 성경은 "판관기"라고 옮겼다.[121]

사사 시대라고 하면 흔히 사사들이 왕처럼 다스린 시대로 오해하기 쉽다. 그러나 사사는 왕권 개념이 아니다. 백성들과 격리된 공간에 살면서 지속적으로 나랏일을 보는 그런 식의 통치와는 거리가 멀다. 다만 공동체 전체를 위협하는 어떤 중대한 위기가 발생했을 때, 홀연히 하나님의 부르심을 받고 일어나 문제를 해결하고는 다시 평범한 생활로 돌아가는 게 전부다. 공동체가 평탄할 때는 주로 행정이나 재판 업무를 보고, 전시에는 전투를 이끌기도 한다. 그리고 일이 끝나면 곧장 자기 삶터로 돌아가 일상 업무에 복귀한다. 지배와 군림을 속성으로 하는 통상적인 지도자와는 판이하게 다른 양상이다. 하여 이 시기를 지칭할 때는, 오해의 소지가 있는 사사 시대 대신에 평등한 지파연합체 시대로 불러야 한다는 주장이 일리가 있다.[122]

아비멜렉의 이야기는 사사직의 정체 또는 특징을 우회적으로 드러낸다. 아비멜렉은 제5대 사사 기드온의 아들이다. 기드온은 '믿음 장章'이라는 별명이 붙은 히브리서 11장에 이름이 올라 있을 만큼 위대한 사사다. 300명의 용사만으로 미디안 족속과 싸워 이겨 이스라엘을 40년간 평화롭게 지킨 전설적인 무용담으로도 유명하다.

헌데 빛이 강할수록 어두움도 깊은 법인지, 그처럼 훌륭한 사사 기드온에게도 결정적인 흠이 하나 있었다. 아내가 너무 많다는 것이었다. 그들에게서 무려 일흔 명이나 되는 아들을 얻었는데, 그 가운데 아비멜렉은 이방 출신 첩의 아들이었다. 아내들과 아들들이 그렇게 많다는 것은 기드온이 실제로 '왕 같은 삶a loyal lifestyle'을 살았다는 방증일 수 있다. 기드온은 당시 왕들의 패턴을 따라 많은 아내를 두었을 것으로 짐작된다. 그는 비록 왕이 되어달라는 이스라엘 사람들의 제안은 거절했지만, 왕 같은 삶을 살고 싶은 욕망까지 극복한 것은 아니었나 보다.

아나나 다를까 기드온이 죽자 아비멜렉은 외가 쪽인 세겜 사람들을 등에 업고 스스로 왕이 되기를 획책한다. 사사는 왕이 아니기에 그 직분을 세습할 수 없건만, 사사직으로는 성에 차지 않아 왕권을 욕망한 것이다. 이런 욕망은 필경 피를 부르게 되어 있다. 이복형제들을 한 바위에 모아놓고 일제히 살육하는 광경은 차마 상상할 수 없을 만치 끔찍하고 섬뜩하다. 유일하게 살아남은 기드온의 막내아들 요담은 아비멜렉을 왕으로 삼는 것이 옳지 않은 일임을 설득하기 위해, 아니 더 근본적으로는 평등공동체여야 할 이스라엘에 왕정이 들어서면 안 된다는 사실을 강조하기 위해 세겜 사람들 앞에서 목숨을 건 연설을 감행한다. 이른바 나무의 우화다.(사사기 9:8-15)

어느 날 나무들이 자기들의 왕을 세우려고 길을 나섰단다. 먼저 올리브나무에게 가서 왕이 되어달라고 하니, 올리브 나무는 고개를 저으며 말한다. "내가 어찌 하나님과 사람을 영화롭게 하는 이 풍성한 기름 내는 일을 그만두고 다른 나무들 위에서 날뛰겠느냐?"그래서 나무들은 무화과나무를 찾아갔다. 헌데 무화과나무 역시 거절하는 분위기다. "내가 어찌 달고 맛있는 과일 맺기를 그만두고 다른 나무들 위에서 날뛰겠느냐?"이번에는 포도나무를 찾아갔다. 그러나 포도나무의 대답도 한결같았다. "내가 어찌 하나님과 사람을 즐겁게 하는 포도주 내는 일을 그만두고 다른 나무들 위에서 날뛰겠느냐?"할 수 없이 마지막으로 가시나무를 찾아가 왕이 되어달라고 하니, 덥썩 수락하며 하는 말, "너희가 정말로 나에게 기름을 부어 너희의 왕으로 삼으려 하느냐? 그렇다면, 와서 나의 그늘 아래로 피하여 숨어라. 그렇게 하지 않으면, 이 가시덤불에서 불이 뿜어 나와서 레바논의 백향목을 살라버릴 것이다." 하더란다.

가시나무에 그늘이 있을 턱이 없다. 그야말로 유익함이라고는 눈 씻고 찾아볼래야 볼 수 없고 다른 나무들에게 피해만 주는 가시나무를 왕에 비유한 데서 성경 저자의 확고한 역사의식을 엿볼 수 있다. 그러니까 이 우화는 노골적으로 왕정을 조롱하고 있는 셈이다.[123] 패역한 왕의 폭정 아래 노예로 살던 무리가 어렵사리 이룬 해방 공간에서는 또다시 계급을 만들고 또다시 왕을 세우는 일은 절대로 일어나선 안 된다는 결연한 의지가 담겨 있다.

과연 왕을 참칭한 아비멜렉의 최후는 조롱거리 그 자체다. 살육 부대를 이끌고 기세등등하게 대학살을 진두지휘하던 그가 이름 모를 한 여인이 망루 위에서 던진 '맷돌 위짝'에 머리를 맞고 쓰러진다. 한마디로 불명예스럽기 짝이 없는 죽음이다. 본인도 그게 꺼림칙했던지, 자기 무기를 들고 다니는 젊은 병사를 급히 불러 지시한다. "네 칼을 뽑아 나를 죽여라! 사람들이 나를 두고, 여인이 그를 죽였다는 말을 할까 두렵다."(사사기 9:54)

아비멜렉의 파행적인 왕권 장악 시도는 이렇듯 무명의 평범한 아낙네의 손에 의해 싱겁게 제지당했다. 이 에피소드를 통해 사사 시대를 들여다보는 우리의 눈은 평범한 보통 사람들이 역사의 주인공으로 우뚝 서는 이상향理想鄉을 발견한다. 감히 단언컨대 그 이상향이 가장 잘 구현된 시대가 바로 드보라 때였다.

나눔과 연대의 지도력

사사기에서 드보라가 단연 돋보이는 것은 그녀야말로 사사직의 정신을 가장 잘 구현하고 있기 때문이다. 드보라는 이스라엘 백성들이 하솔을 다스리는 가나안 왕 야빈에게 20년 동안 심한 억압을 받으며 하나님께 부르짖은 응답으로 세워진 사사다. 성경에서 몇 안 되는 여성 예언자, 곧 *네비아*nebia로 불린 인물 중 하나이기도

하다.[124] 고단한 시기에 선택되었으니 분명 뛰어난 인물임에 틀림없겠지만, 성경에 나와 있는 단 한 줄의 묘사로는 그의 정체를 규명하기가 난감하다.

성경은 그녀가 "랍비돗의 아내"(사사기 4:4)라고만 소개한다. 랍비돗은 히브리어로 '번개' 혹은 '불꽃'을 뜻하는 *라피도*lapido에서 유래한 이름이다. 헌데 그의 정체를 확인할 단서가 성경에는 전혀 나오지 않는다. 그 까닭을, 랍비돗이 주요 인물이 아니기 때문으로 유추할 수 있다. 한 인물을 소개할 때 장황하게 가문의 내력을 늘어놓는 성경의 특성상 랍비돗의 족보가 전무한 것은 그가 '별 볼일 없는' 남자라는 뜻일지도 모른다. 만약에 그렇다면, 엄연히 남편이 있는 아녀자가 밖에 나가서 딴 남자와 호흡을 맞춰 일하도록 '외조'한 그의 공로는 높이 평가받아야 마땅하다. 요샛말로 그는 유능한 아내가 바깥 활동을 잘할 수 있게 배려하고 후원하는 '품절남'의 전형이다.

중요한 것은 드보라가 사사로 선택받을 당시, 이스라엘의 모든 남자는 하나님의 마음에 들지 않았다는 사실이다. 남자 중에는 쓸 만한 지도자가 없었다. 이스라엘 백성들은 하나님의 눈에 "악한 일"만 저질렀다.(사사기 4:1) 그 일의 내용이 구체적으로 무엇인지는 정확히 나오지 않지만, 추측컨대 입으로는 하나님을 섬긴다고 하면서 실제로는 다른 신을 추종하는 우상숭배였을 것이다. 이 다른 신은 가나안 토착 종교인 바알신앙이 표방하듯 풍요의 신일 수도 있고, 명예 또는 권력의 신일 수도 있다. 그 가운데 오직 드보라만이 하나님을 향한 올곧은 정절을 지키고 있었다는 뜻으로 풀이할 수 있다.

헌데 유일한 여성 사사인 드보라에게는 딱히 신통한 재주가 있어 보이지 않는다. 다른 사사들과 차별점이라면 그저 '드보라의 노래'[125]를 남겼다는 것뿐, 그 밖에 기억될 만한 업적은 크게 눈에 띄지 않는다. 사사가 사법과 행정 업무뿐 아니라 군사 방어까지 도맡는 만능 지도자를 의미한다면, 그녀는 스스로 군대를 이끌고 전쟁에 나가 전공戰功을 세우지 않았으므로, 어찌 보면 함량 미달일 수 있다. 그럼에도 40년의 태평성대를 이끈 매력은 도대체 무엇이었을까.

드보라는 '종려나무' 아래 앉아서 재판 업무를 담당한 것으로 유명하다. "그가 에브라임 산간 지방인 라마와 베델 사이에 있는 '드보라의 종려나무' 아래에 앉아 있으면, 이스라엘 자손은 그에게 나아와 재판을 받곤 하였다."(사사기 4:5) 드보라와 종려나무는 떼려야 뗄 수 없는 관계다. 오죽하면 '드보라의 종려나무'라 불렀겠는가.

신기한 것은 우리말 성경에 '다말'(본래 히브리어 발음으로는 타마르tamar라고 한다)로 등장하는 여성들이 모두 '종려나무'를 뜻한다는 사실이다. 종려나무는 키가 10미터에 이르는 야자과의 상록수로, 번영 또는 생산력을 상징한다. 종려 가지를 끊는 것은 하나님의 징계를 뜻하므로, 예수가 예루살렘에 입성할 때 사람들이 종려나무 가지를 흔든 것은 하나님의 승리를 기대하는 행동이라고 볼 수 있다. 솔로몬이 지은 예루살렘 성전의 주요 재료로 사용된 백향목이 남성적인 웅장함을 상징한다면, 종려나무는 여성적인 아름다움을 상징한다.

그러니까 종려나무 아래 앉아 있는 드보라의 이미지는 그 자체가 여성적인 지도력의 은유라 하겠다. 드보라가 다스리던 40년 동안, 이스라엘은 그 어느 때보다도 평화로운 전성기를 구가했다. 그렇다면 그녀의 지도력에 어딘가 남다른 구석이 있기는 했다는 뜻인데, 도대체 그 힘의 실체는 무엇이었을까.

그녀에 앞서 활동했던 사사 삼갈은 소 모는 막대기 하나로 블레셋 사람 600명을 쳐 죽였다.(사사기 3:31) 전형적인 전쟁 영웅이었다. 그녀의 뒤를 이어 사사가 된 기드온도 300명의 군사만으로 1만 5,000명의 미디안 군대와 싸워 이긴 "힘센 장사"(사사기 6:12)였다. 이쯤 되면 본인이 아무리 겸손하려고 해도 그 이름에 자꾸 무게가 실리게 되어 있다. 공功이 하나님의 은총으로 이해되기보다는 개인의 능력으로 사유화되기 십상이다.

드보라의 특이점은 그런 위험성을 간파한 데서 찾을 수 있지 않을까. 그녀는 여성의 활동 반경이 지극히 제한된 전시체제 혹은 준전시체제에서 스스로 전쟁 영웅이 될 수 없는 자신의 한계를 오히려 장점으로 활용했다. 이를테면 남성 장군을 파트너로 삼아 그에게 적절한 역할을 맡기고 전쟁의 공을 배분함으로써, 자기 홀로 영광을 독차지하지 않도록 절제한 것이다. 요컨대 일개 아녀자가 40년이나 지도자 자리를 지킬 수 있었던 힘의 원천은 겸손한 나눔의 정신이었다.

때는 바야흐로 이스라엘이 가나안 왕 야빈의 충복인 시스라 장군의 공격을 받았을 적의 일이다. 드보라는 사

람을 보내어 납달리 지파에 속
한 아비노암의 아들 바락 장군
을 불러다가 말한다. "주 이스
라엘의 하나님이 분명히 이렇게
명하셨습니다. '너는 납달리 지
파와 스불론 지파에서 만 명을
이끌고 다볼 산으로 가거라. 야
빈의 군지휘관 시스라와 그의
철 병거와 그의 많은 군대를 기

손 강 가로 끌어들여 너의 손에 넘겨주겠다.'"(사사기 4:6-7) 말하자
면 '다 이긴 전쟁'이라는 뜻이다. 왜냐하면 이 전쟁은 하나님의 주
도 하에 전개될 것이기 때문이다.[126]

　　그런데 바락의 태도가 소심하다. 명색이 장군인데 그다지 용맹
스러워 보이지 않는다. 그도 그럴 것이, 야빈 왕의 전력戰力이 예사
롭지 않은 탓이다. 시스라 장군은 무려 900대의 철 병거를 거느리
고 있지 않은가.(사사기 4:13) 이스라엘 병력이라야 겨우 칼과 작대
기만 휘두르는 오합지졸에 다름 아니다. 그러니 철기 문명으로 무
장한 채 대규모 군단을 이끌고 쳐들어오는 적을 앞에 두고 어찌
다리가 후들거리지 않겠는가. 현상적 판단으로는 무조건 진 싸움
이다. "그대가 나와 함께 가면 나도 가겠지만, 그대가 나와 함께 가
지 않으면 나도 가지 않겠소."(사사기 4:8) 바락이 이토록 나약한 모
습을 보이는 것도 충분히 이해가 간다.

　　한편 이 말은 거꾸로 드보라의 위상을 보여주기도 한다. 하지
만 여성 상관 앞에서 짐짓 허세를 부리다가 일을 망치는 것보다는

솔직하게 자기의 부족한 점을 인정하고 도움을 청하는 모습이 오히려 멋진 남자일 수 있다.[127] 드보라는 바락을 격려한다. 지금 필요한 건 합리적으로 전세戰勢를 가늠하는 예측력이 아니라, 불합리하나마 하나님께 모든 것을 맡기는 믿음이라며 바락의 등을 두드려준다. "내가 반드시 장군님과 함께 가겠습니다. 그러나 주님께서 시스라를 한 여자의 손에 내주실 것이니, 장군께서는 이번에 가는 길에서는 영광을 얻지 못할 것입니다."(사사기 4:9)

이게 무슨 말인가. 앞의 말은 괜찮은데, 뒤의 말이 약간 이상하다. 어떻게든 의기소침한 바락을 달래어 전쟁에 내보낼 요량이면, 갖은 술책을 다 써야 맞을 것이다. 이번 전쟁에서 큰 공을 세울 거라고, 영웅이 되어 돌아올 거라고 입바른 아부를 해도 모자랄 판이다. 헌데 드보라는 전혀 그런 태도를 보이지 않는다. 자기가 전쟁터까지 바래다주기는 하겠지만, 전쟁에 직접 참여하지는 않을 거란다. 바락 장군이 나가서 싸울 것이고, 또 승리도 따놓은 당상이기는 하나, 이번 전쟁의 공은 '한 여자'에게 돌아갈 거란다.

권모술수를 쓰지 않고 진솔하게 권면하는 드보라가 이토록 멋져 보일 수 없다. 그런 드보라의 말을 100퍼센트 믿고 정중히 따르는 바락 또한 그에 못지않다. 40년 태평성대의 원천이 거기에 있었던 것이다. 자신감을 회복한 바락은 드보라와 함께 다볼 산으로 올라간다. 그러자 시스라가 온 군대를 기손 강 가에 집결시킨다. 드디어 전쟁이다. 드보라가 바락에게 최후의 용기를 북돋아준다. "자, 가십시오. 오늘이 바로 주님께서 시스라를 장군님의 손에 넘겨주신 날입니다. 주님께서 친히 그대 앞에 서서 싸우러 나가실 것입니다."(사사기 4:14)

기적이 일어난다. 바락은 겨우 1만 명의 군사만으로 900대의 철 병거를 앞세운 시스라를 무섭게 몰아세운다. 놀라운 정신력으로 무장한 이스라엘 군대가 다볼 산에서부터 쳐 내려오기 시작하는데, 기손 강가에 모여 있던 시스라 군대가 미처 손쓸 새도 없이 추풍낙엽처럼 스러져간다. "주님께서 시스라와 그가 거느린 모든 철 병거와 온 군대를 바락 앞에서 칼날에 패하게 하시니, 시스라가 병거에서 내려서 뛰어 도망쳤다. 바락은 그 병거들과 군대를 이방인의 땅 하로셋에까지 뒤쫓았다. 시스라의 온 군대는 칼날에 쓰러져, 한 사람도 남지 않았다."(사사기 4:15-16)

바락으로서는 그야말로 이스라엘의 장군으로서 자존심이 확 살아나는 위대한 전공戰功이 아닐 수 없었으리라. 그는 그토록 바라던 전쟁 영웅이 되었다. 만약 여기서 바락이 시스라의 목까지 얻었다면, 그와 드보라 사이의 권력 균형은 필경 깨지고 말았을 것이다. 하여 본인으로서는 아쉽기 그지없었겠지만, 그의 승리담은 이 대목에서 끝나야 맞는 것이다. 드보라의 예언대로 바락은 시스라를 놓친다.

가족 이기주의를 극복한 야엘

바락의 손에서 구사일생으로 빠져나간 시스라는 죽자 사자 도망쳐서 겐 사람 헤벨의 아내 야엘의 장막으로 숨어든다. 왜냐하면 헤벨 가문이 시스라가 모시는 야빈 왕과 서로 가깝게 지내는 사이였기 때문이다.(사사기 4:17 참고) 헤벨은 "모세의 장인 호밥의 자손"으로, "게데스 부근에 있는 사아난님 상수리나무 곁에 장막을 치고 살았다."(사사기 4:11) 호밥은 성경에서 "이드로" 혹은 "르우엘"이라고도 불리는 미디안 제사장으로 그의 일곱 딸 중 하나인 십보라가 모세와 혼인한 것이 계기가 되어, 여러 방면에서 모세를 후원한 인물이다.(출애굽기 2장과 18장 참고)

그러니까 호밥의 후손들은 아무리 이스라엘 자손에게 동화되어 살려고 해도, 미디안 출신이라는 태생적 한계로 인해 겉돌았을 가능성이 있다. 겐 족에 속한 헤벨이 가나안의 야빈 왕과 우호적인 관계에 있었던 것은 그 때문일 것이다.

야엘은 자기 장막으로 뛰어든 시스라를 반갑게 맞이한다. "들어오십시오. 높으신 어른! 안으로 들어오십시오. 두려워하실 것 없습니다."(사사기 4:18) 여기서 '야엘의 장막'이라는 표현에 주의할 필요가 있다. 아무리 전쟁 중이라도 여자들의 생활공간이자 부부의 침실 격인 아녀자의 장막은 함부로 침범하지 않을 만큼 당시 풍습은 남녀유별男女有別이 철저했다. 그처럼 엄격한 가부장제 사회에서 아녀자가 자기 장막으로 외간 남자를 끌어들이는 행위는 자칫 간통의 혐의를 불러일으켜 돌에 맞아 죽을 수도 있는 위험천만한 일이었다.

그러니까 야엘은 지금 목숨을 내놓고 시스라를 맞아들인 것이다. 시스라가 그녀의 장막으로 들어오자, 야엘은 그에게 이불을 덮어준다. "내가 목이 마르니, 물 좀 마시게 하여 주시오." 시스라가 부탁하자, 야엘은 물 대신 가죽부대에 든 우유를 귀한 그릇에 담아 대접하고는 다시 이불을 덮어준다. 빨리 잠이 들기를 바라기라도 하듯이. 그 와중에도 시스라는 용의주도한 장군답게 경계

를 늦추지 않는다. "장막 어귀
에 서 있다가, 만약 누가 와서
여기에 낯선 사람이 있느냐고
묻거든, 없다고 대답하여 주시
오."(사사기 4:20) 그러고는 긴장
이 풀렸는지 이내 지쳐서 깊이
잠이 든다.

그 다음이 압권이다. 성경
은 야엘의 행동을 아주 담담히
묘사한다. "헤벨의 아내 야엘
은 장막 말뚝을 가져와서, 망치
를 손에 들고 가만히 그에게 다

팔마 일 조바네의 '야엘이 시스라를 죽이다'

가가서, 말뚝을 그의 관자놀이에 박았다. 그 말뚝이 관자놀이를 꿰
뚫고 땅에 박히니 그가 죽었다."(사사기 4:21)

드보라의 예언대로 야엘은 이 전쟁에서 최고로 값진 역할을
감당한다. 일개 아녀자가 영웅으로 등극하는 순간이다. 그런데 참
으로 기이한 노릇이 아닌가. 야엘의 남편인 헤벨은 "동족을 떠나"
(사사기 4:11) 따로 사는 데다가 하솔 왕 야빈과 우호관계를 맺고 있
었다. 그걸 염두에 두었기에 시스라 장군이 그 집으로 도망쳐 들어
왔던 게 아닌가. 부창부수夫唱婦隨의 논리대로라면, 야엘은 시스라
를 숨겨주었어야 옳다. 남편을 위한 절호의 찬스인 셈이었으니 말
이다. 이참에 시스라를 잘 대접하면, 남편이 야빈에게 신임을 얻어
사업이 더 번창할지도 모를 일이었다. 혼자 판단하기 어려우면, 적
어도 남편과 상의해서 동의를 구하는 척이라도 했어야 착한 아내

였을 것이다.

하지만 야엘은 그러지 않았다. 라합처럼 그녀 역시 세속적 판단보다는 하나님의 섭리를 택했다. 시스라가 추호의 의심 없이 숙면에 빠질 정도로 야엘의 연기는 수준급이었다. 침착하게 자기가 원하는 상황을 만들어나가는 통제력, 서두르지 않고 적당한 때를 기다릴 줄 아는 분별력, 그러다가 드디어 때가 왔을 때 주변의 모든 자원을 동원하여 일을 이루어내는 추진력은 아무에게나 있는 능력이 아니다.

그래서 드보라는 야엘을 칭찬한다. "겐 사람 헤벨의 아내 야엘은 어느 여인보다 더 복을 받을 것이다. 장막에 사는 어떤 여인보다도 더 복을 받을 것이다."(사사기 5:24) '장막에 사는 어떤 여인'을 공동번역 성경은 "방구석에 묻혀 사는 어느 여인"으로 옮겼다. 한층 실감나는 표현이다. 요컨대 야엘이 세상을 바라보는 관점은 '방구석'에 한정되지 않았다는 뜻이다. 여기서 '방구석'이란 가족 이기주의를 의미한다. 대부분의 아줌마들이 빠지기 쉬운 유혹 말이다.

드보라의 노래에 등장하는 시스라의 어머니를 보라. 전형적으로 가족 이기주의에 사로잡힌 어머니다. 그녀의 관심은 오직 하나, 그저 자기 아들이 잘되는 것뿐이다. 아들이 장군으로 자라서 왕의 총애를 받는 위치에까지 올랐으니 그 어머니의 마음이 얼마나 흐뭇했겠는가. 아들이 '어떤' 전쟁에 나가서 '누구'랑 '왜' 싸우는지는 그녀의 관심 밖이다. 무조건 아들이 이기고 돌아오기만 하면 된다.

그 어머니는 지금 아들이 전쟁에서 패한 줄도 모른다. 심지어 한 아녀자에게 허망한 죽임을 당한 것도 알 턱이 없다. 목이 빠져라 아들을 기다리며 창문 밖을 내다보는 이 여인의 중얼거림을 들어보라. "그의 병거가 왜 이렇게 더디 오는가? 그의 병거가 왜 이처럼 늦게 오는가?"(사사기 5:28) 초조한 그녀의 심기를 달래준답시고 똑똑한 시녀들이 옆에서 말을 거든다. 그러자 시스라의 어머니도 그 말을 따라 이렇게 혼잣말을 하더라는 것이다.

그들이 어찌 약탈물을 얻지 못하였으랴?
그것을 나누지 못하였으랴?
용사마다 한두 처녀를 차지하였을 것이다.
시스라가 약탈한 것은 채색한 옷감,
곧 수놓아 채색한 옷감이거나,
약탈한 사람의 목에 걸칠
수놓은 두 벌의 옷감일 것이다.   사사기 5:30[128]

이것이 바로 내 남편'만', 내 자식'만' 잘되면 그만이라는 생각 너머에 도사리고 있는 위험한 덫이다. 힘이 없어 짓밟히고 빼앗길 수밖에 없는 약소민족에 대한 연민은 찾아보려야 볼 수가 없다. 드보라가 야엘을 그토록 칭찬하는 이유가 바로 여기에 있다. 야엘은 이기심과 탐심이라는 원죄의 굴레로부터 해방된 여자다. 제 집만 잘되려고 남의 고통에 눈을 감는 짓은 도저히 할 수가 없다. 한마디로 야엘의 시좌視座는 하늘에 있었다. 하나님이 역사를 이끌어가는 방식이 어떠한지를 항상 고민한다는 뜻이다.

시스라를 처단한 야엘의 행위는 이와 같이 신앙에 근거한 것이었다. 사람을 죽이는 군사훈련 같은 것, 단 한 번도 받아본 적 없는 평범한 가정주부가 하나님의 도우심에 힘입어 큰 일을 해내고야 말았다. 이에 드보라는 시스라의 어머니와 야엘을 대비시켜 노래의 대미를 장식한다.

주님,
주님의 원수들은
이처럼 모두 망하고,
주님을 사랑하는 사람들은
힘차게 떠오르는 해처럼
되게 하여 주십시오.   사사기 5:31

뒤늦게 야엘의 장막에 당도한 바락은 시스라가 이미 죽어 쓰러져 있는 장면을 목격한다. 방금 전 다볼 산에서 시스라의 온 군대가 자신의 칼날 아래 무참히 쓰러지는 기적 같은 일을 경험했던 터라, 어쩌면 바락은 돌연 허무감에 사로잡혔을지도 모른다. 내 손으로 적장의 목을 베었어야 하는데, 그래야 이 전쟁의 승리가 오롯이 내 몫이 될 텐데…… 아쉬움이 슬며시 고개를 드는 찰나에 어디선가 드보라의 목소리가 환청처럼 들려온다. "주께서 시스라를 한 여자의 손에 내주실 것이니, 장군께서는 이번에 가는 길에서는 영광을 얻지 못할 것입니다."(사사기 4:9)

그렇다. 이 전쟁은 야훼의 전쟁이지 바락의 전쟁이 아니다. "왼

손에는 장막 말뚝을 쥐고, 오른손에는 대장장이의 망치를 쥔"(사사기 5:26) 야엘 앞에서 바락은 그만 무너져 내린다. 잠시나마 사사 드보라를 견제하고 홀로 영광을 독차지하려던 헛된 욕망이 얼마나 어리석은가를 새삼 깨닫는다. 이렇게 무너질 때가 비로소 하나님이 세우실 때라는 걸 바락은 알았을까.

이름처럼 살다 간 여인

이른바 믿음의 조상들을 하나하나 거명하는 히브리서 11장에는 모세 다음에 라합, 그리고 라합과 다윗 사이에 네 명의 사사들 이름이 등장한다. 사사라 하면 통상 열두 명으로 알려져 있는데, 어째서 네 명뿐인가 의아할 수 있다. 이에 대한 히브리서 기자의 변명이 재미있다. 그 많은 위인들의 이름과 그들이 한 일을 일일이 열거하자면 "시간이 모자랄"(히브리서 11:32) 것이기 때문이란다. 그래서 사사들 가운데 네 명만 뽑혔다. 기드온, 바락, 삼손, 입다가 그들이다.

그런데 이해가 잘 가지 않는데, 기드온의 경우는 그가 첩에게서 낳은 아들 아비멜렉의 쿠데타 사건으로 오점이 남지 않았는가. 또 삼손은 그 유명한 들릴라 스캔들의 장본인이 아닌가. 게다가 입다는 자신의 입방정 때문에 외동딸을 희생시킨 무정한 아버지였다.

믿음의 눈으로는 인간적인 약점이나 결함쯤은 덮어줄 수 있다고 하자. 사실 하나님에 대한 믿음이 의미 있는 것은 바로 그 때문이기도 하다. 그래서 믿음의 눈은 '창녀' 라합에게서 '성녀'를 보지 않았는가. 그러니 기드온이나 삼손이나 입다에게서 그들의 실수와 실패 대신에 오직 믿음으로 신의 뜻에 순종한 모습만 기억하는 것은 오히려 아름다운 시선일 수도 있다.

문제는 '바락'이다. 엄연히 사사들의 이름이 거론되는 맥락에서 드보라가 들어가야 마땅할 자리에 바락이 들어간 건 도대체 무슨 연유인가 말이다. 이 수수께끼를 풀기 위해 어떤 이는 바락이 랍비돗과 동일인이라고 주장한다. 바락이라는 이름에도 랍비돗과 유사하게 '번개' 또는 '불꽃'의 의미가 담겨 있고 보면, 전혀 근거 없는 주장은 아닐 것이다. 유대 전승에 따르면, 드보라는 예배 때 켜는 횃불의 심지를 만드는 일에 종사했다고 한다.[129] 그녀의 남편은 아내가 만든 심지로 횃불을 켜서, 밤에도 함께 토라를 연구했다는 설이 있다.

이러한 해석은 바락과 랍비돗이 전혀 다른 인물이라고 할 때 생길 수 있는 여러 가지 복잡한 변수들을 깔끔하게 정리해주는 장점이 있기는 하지만, 어딘가 억지스럽다는 인상을 지울 수가 없다. 오히려 가부장적인 유대교의 특성상 드보라의 지위를 남편에게 종속시키려는 일종의 '꼼수'일 가능성도 있을 것이다.

드보라는 분명 뛰어난 여성 사사였음에 틀림없다. 드보라의 노래에 이 점이 분명히 나타나 있다. "아낫의 아들 삼갈 때에도, 야엘 때에도, 큰길에는 발길이 끊어지고, 길손들은 뒷길로 다녔다. 나 드보라가 일어나기까지, 이스라엘의 어머니인 내가 일어나기까지, 이스라엘에서는 용사가 끊어졌다."(사사기 5:6-7)

여기 나오는 '아낫의 아들 삼갈'은 소 모는 막대기만 가지고 블레셋 병사 600명을 해치운 용감한 사사다.(사사기 3:31) 그 뒤에 등장하는 '야엘'은 헤벨의 아내 야엘이 아니고 가나안 왕 '야빈'을 가리킬 것이다. 그러니까 강력한 해양민족으로 급부상한 블레셋과 가나안 토착세력의 위협 때문에 이스라엘 사람들은 대로 통행조차 힘들었는데, 드보라가 사사가 되어 다스리니 비로소 태평성대가 열렸다는 내용이다. 이 노래에서 드보라는 자기 자신을 "이스라엘의 어머니"라고 지칭하며 지도자로서의 긍지와 자부심을 한껏 드러낸다.[130] 그녀는 다른 사사들과 달리 나눔과 연대의 지도력으로 백성들의 존경과 신뢰를 한 몸에 받았음을 알 수 있다.

그렇다. 드보라는 그렇게 다스렸다. 언제나 남을 앞세우되, 자기 자신의 공은 뒤로 숨겼다. 예수 가라사대, "오른손이 하는 일을 왼손이 모르게"(마태복음서 6:3) 하라고 말씀하지 않았던가. '없는 듯이 있는' 그녀의 존재방식은 하나님의 그것과 닮음꼴이다.[131] 그러니 드보라는 자기 이름이 들어가야 할 자리에 바락이 들어간들 별로 개의치 않았을 것이다.

무릇 세상의 모든 공功은 원래가 공空한 법이다.[132] 왜냐하면 자기가 잘나서 이룬 게 아니라 하나님이 이루게 해주셨기 때문이다. 그러므로 공을 이룬 다음에는 얼른 잊는 게 상책이다. 공을 세우되 거기에 집착하지 않는다功成而不居는 노자의 지혜는 그래서 진리다. 겉보기에 아무리 개인의 능력과 업적으로 보이는 일이라도 그 이면에는 여럿이 함께共 쌓아올린 공동 노력이 있음을 잊지 않는 것, 그것이야말로 겸손한 지도자의 덕목일 터이다.

히브리어로 드보라는 '꿀벌'이라는 뜻이다.[133] 그런가 하면 야엘은 '산양山羊'을 뜻한다. 꿀벌이 하는 일이 자연계에서 얼마나 중요한가를 생각하면, 사람한테, 그것도 위대한 사사에게 어째서 이런 이름이 붙여졌는가를 트집 잡을 일은 아닐 성 싶다. 산양이 내는 젖도 마찬가지다. 생명의 존속과 보존을 위해 이보다 더 이로운 먹을거리도 없을 것이다. 그렇다면 가나안을 가리켜 "젖과 꿀이 흐르는 땅"이라고 묘사하는 수사는 바로 이 두 여인을 일컫는 것이 아닌가, 하고 마음껏 상상의 나래를 펴본다. 자신을 둘러싼 삶의 제약을 뛰어넘어 중대한 역사적 장면에서 서로 협력하는 두 여인의 연대야말로 가나안에 정착한 이스라엘 평등공동체의 이상적인 지향점이 아닌가.

자매애는 강하다고 한다. 현실은 '여자 셋이 모이면 접시가 깨진다'는 말로 여성을 갈라놓고 지배하려 들지만, 그러한 술수에 말려들지 않는 여자들의 용감한 연대야말로 세상을 바꾸는 강력한 원동력이 된다. 자기에게 있는 소중한 '젖과 꿀'을 나누기 위해 오늘도 지혜의 눈을 밝히는 여자들 안에서 드보라와 야엘이 부활하는 것을 보라. 또한 이들의 자매애를 경축하고 격려하기 위해 부지런히 말을 달리는 바락을 기억하라. 역사는 이렇게 자기 삶의 자리에서 제 몫을 다하는 선남선녀들에 의해 창조적으로 진화한다.

6 장

다윗 왕의 조상이 된 이방여인

룻

새 시대를 연 이방인

200년간 지속된 사사 시대가 끝났다. 안으로는 지파 간 갈등으로 내전이 발발하고, 밖으로는 블레셋이라는 강력한 해양민족이 위협해오자,[134] 이스라엘 사람들은 점차 왕王의 필요성을 느끼게 되었다. 그리하여 본격적인 왕정체제가 시작되는데, 이스라엘이 평등한 지파연합공동체를 청산하고 왕정 시대를 열게 되는 과정이 사무엘기의 주요 내용이다.

그런데 성경을 찾아 보면, 사사기와 사무엘기 사이에 룻기가 끼어 있는 것을 발견하게 된다. 룻기는 개신교 성경 66권 가운데 여성의 이름을 책 제목으로 달고 있는 두 권의 성경 중 하나다.[135] 다른 한 권은 에스더기로, 에스더라는 유대인 고아 소녀가 페르시아 제국의 왕후가 되어 자기 민족을 구한 영웅담이 소개된다. 이에 비하면 룻기의 주인공인 룻은 모압 출신의 가난한 과부이므로, 신분이 에스더에 비할 바가 못 된다. 그런데도 성경에 그녀의 이름을

율리우스 슈노어 폰 카롤스펠트의 '보아스의 밭에 있는 룻'

단 책이 버젓이 들어가 있다는 것은 이스라엘 역사에서 그 비중이 대단히 크다는 뜻일 것이다.

　　아마도 성경 편집자는 룻기가 사사기와 사무엘기를 연결하는 모종의 고리 역할을 한다고 판단했을 것이다. 그래서 독자가 룻기를 읽을 때는 이스라엘 왕정의 출현 및 형성을 염두에 두고 읽어야 한다는 암시로 그 자리에 끼워 넣은 것이 아닌가 싶다. 요컨대 룻은 이스라엘 왕정 시대를 여는 문이라는 말이다. 마치 히브리인들의 이집트 노예 시대가 끝나고 광야 시대로 넘어가는 문턱에 미리암이 있었듯이, 또 광야 시대에서 가나안 시대로 넘어가는 역사적 순간에 라합이 있었듯이, 룻을 통해 새로운 시대가 열리고 있다.

아니나 다를까 룻기를 읽으면서 독자들은 이방인 며느리 룻과 유대인 시어머니 나오미가 힘을 합쳐서 어떻게 가문을 일으켜 세우는지, 그리고 나중에 어떻게 다윗 왕의 조상이 되고, 영광스러운 메시아 가계를 잇게 되는지 보게 된다.[136] 흥미로운 것은 이 부분이다. 룻이 그저 평범한 이스라엘 여인이었다면, 그녀가 어찌어찌 왕의 선조가 되었다고 해서 엄청난 주목을 끌 이유가 없었을 것이다. 그런데 룻은 모압 여인이다. 유대인들이 볼 때 아주 혐오스럽다고 멸시하는 이방족속이다. 그런 여자가 위대한 다윗 왕의 족보에 올랐다. 이 정도면 어마어마한 스캔들이 아니겠는가.

이해하기 쉽게 무대 배경을 옮겨보자. 룻은 한마디로 국제결혼을 한 외국인 이주노동자다. 이른바 단일민족이라고 하는 허상에 사로잡힌 한국인들이 그토록 멸시하는 조선족 동포나 베트남 신부쯤 될 것이다. 자기네 나라에서 한국 남자를 만나 결혼해 살던 외국인 아내가 남편이 죽자 시어머니를 따라 한국으로 들어온다. 어느 공장에서 이주노동자로 열심히 일하다가 우연히 사장 눈에 들어 재혼을 한다. 그런데 이들 사이에서 태어난 아들의 아들의 아들, 그러니까 증손자가 이 나라의 대통령 자리에 오르게 된다. 이 얼마나 놀라운 인생 역전인가.

하지만 이렇게 기적 같은 결말을 짐작하기에는 룻기의 초반부가 너무나도 음울하다. 룻기는 우선 초상집 분위기로 시작한다. 때는 바야흐로 사사 시대 말기. 밖으로는 크고 작은 전쟁의 소용돌이가 끊이지 않는 데다가 안으로는 정치적 리더십마저 공백 상태인데, 설상가상 흉년이라는 자연적 재앙마저 겹쳤다. 그러니 가난한 사람들의 삶은 송두리째 뿌리 뽑힐 수밖에 없었을 것이다.

아내와 두 아들을 데리고 길을 떠나는 가장의 뒷모습이 한없이 쓸쓸하다. 그의 이름은 엘리멜렉. 히브리어로 '엘'은 하나님, '멜렉'은 왕이라는 뜻이니 '나의 하나님은 왕이시다'라는 고백이다. 이렇게 경건한 이름을 가진 사람이 길을 떠났다는 건 무슨 의미일까.

그의 고향인 베들레헴은 히브리어로 '떡집'이라는 뜻이다. 베들레헴의 또 다른 지명은 '에브랏'(혹은 에브라다)인데, 그 뜻도 '수확이 많다', '풍성하다'의 의미이고 보면, 베들레헴은 유명한 곡창지대였던 모양이다. 그런데 기근이 든 것이다. 밀과 보리가 넘실거려야 할 땅에 풀 한 포기 자라지 않는다. 그래서 엘리멜렉은 가족들을 데리고 이주를 결심한다.

헌데 고대 사회에서 경건한 종교인이 자기 신앙의 본거지를 떠난다는 건 단순한 고향 상실 그 이상의 의미를 내포한다. 하나님을 왕으로 모시고 사는 사람이 이방 땅에서 산다는 것은 종교적 정체성의 손상을 암시하기 쉽다. 그래서 엘리멜렉은 모압 지방에서 "임시로" 살 작정이었다.(룻기 1:1)

모압 족속이 누구인가. 아브라함의 후손들이 볼 때는 시쳇말로 망나니 족보의 후예들이 아닌가. 모압 족속의 기원은 아브라함의 조카 롯에게로 거슬러 올라간다. 롯이 붐 붙여 살던 소돔 성이 고모라 성과 더불어 멸망하게 되었다. 이에 천사가 롯의 가족을 찾아와서는 "뒤를 돌아보거나 들에 머무르지 말고"(창세기 19:17) 무조건 산으로 대피하라고 지시한다. 그런데 소돔과 고모라에 유황과 불이 소나기처럼 퍼붓자, 롯의 아내가 그만 소알 산 기슭에서 뒤를 돌아보는 바람에 '소금 기둥'이 되고 만다.[137] 결국 롯과 두 딸만 살아남아 산으로 피신한다.

한동안 산 속 깊은 굴에서 숨어 지내던 중 두 딸은 아버지에게서 씨를 받기로 결심한다. "아무리 보아도 이 땅에는 세상 풍속대로 우리가 결혼할 남자가 없다"(창세기 19:31)는 말로 미루어볼 때, 이들의 선택은 어쩔 수 없는 불가항력이었을 것이다. 그렇게 해서 큰 딸과 작은 딸이 드디어 아버지의 씨를 받아 각각 아들을 낳으니, 그들이 바로 모압 족속과 암몬 족속의 조상인 '모압'과 '벤암미'다.

그러니까 엘리멜렉이 모압 땅에 가서 살기는 하되, '임시로' 살다가 곧 되돌아갈 계산을 한 데는 이러한 전前이해가 작용한 것이다. 하지만 불행하게도 그는 룻기에서 가장 빨리 사라지는 첫 번째 등장인물이 된다. 베들레헴의 경제 사정이 나아지는 대로 곧장 되돌아가려했던 그의 계획은 그가 일찍 죽음으로써 무산되고 만다.

안정을 버리고 모험을 택하다

엘리멜렉이 죽자, 그의 두 아들은 모압 여자를 아내로 맞는다. 베들레헴 출신의 순수 유다 족속이 이방인, 그것도 모압 사람과 통혼하는 일은 거의 종교적·민족적 금기에 해당한다. 그러나 어머니 나오미로서는 이 혼사를 제재할 방도가 없었다. 남의 땅에서 먹고 살자면 그 나라 배우자를 만나 혼인하는 것이 가장 안정적인 생존 수단일 테니 말이다.

헌데 무심하게도 이 두 아들마저 세상을 등진다. 그 이름의 뜻이 각각 '질병'과 '황폐'인 두 아들, '말론'과 '기룐'은 자식 하나 없이 이방 땅에서 생을 마감하는 수모를 겪는다. 이제 이 집안에는 시어머니 나오미와 두 며느리만 남게 되었다. 룻과 오르바다. 이 둘 중 누가 맏며느리일까. 개역성경에서는 두 아들의 이름이 룻기 1장 2절에, 곧이어 두 며느리의 이름이 4절에 나오는데, 그 기록 방식이 좀 애매하다.

> 두 아들의 이름은 말론과 기룐이니, …… 그들은 모압 여자 중에서 그들의 아내를 맞이하였는데 하나의 이름은 오르바요 하나의 이름은 룻이더라.
>
> **룻기 1:2 ; 1:4**

맏이의 이름을 먼저 거명하는 성경 기록의 특성상 말론이 장남인 것은 분명하다. 이 순서대로 하면 말론과 오르바가 한 쌍이고 기룐과 룻이 한 쌍인 것처럼 이해되어 룻을 작은 며느리로 보기 쉽다. 하지만 룻기 4장 10절은 룻을 가리켜 "말론의 아내"라고 명시함으로써 룻을 맏며느리로 소개한다. 도대체 어느 쪽이 맞을까.

이것을 학자들은 룻기의 문학적 구조 때문에 생기는 해석학적 오해라고 말한다. 즉 아들의 이름을 열거할 때는 맏아들을 먼저 말하지만, 그들의 아내를 언급할 때는 작은 아들의 아내부터 말한다. 이런 교차대구법은 이름 순서에서만이 아니라 이야기를 전개하는 구조에서도 나타나는 룻기의 독특한 문학 양식이라는 것이다.[138]

어쨌거나 졸지에 남편과 두 아들을 잃은 나오미의 심정은 무척이나 애달팠을 것이다. 모압 땅에 대해 온갖 정나미가 떨어졌을 것이다. 남편을 잃었을 때만 해도 그나마 견딜 수 있었다. 두 아들에게 의지해서 살면 되었으니. 그런데 자식마저 떠나버렸다. 그것도 손자 하나 남기지 않고 허망하게 스러졌다. 그 절망감을 어찌 말로 다 표현할까. "나오미는 남편에 이어 두 아들마저 잃고, 홀로 남았다"(룻기 1:5)는 간명한 구절이 나오미의 심정을 대변할 것이다. 두 며느리가 분명히 곁에 있건만, 그들의 존재는 위로가 되지 않는다. 나오미는 이 세상에 덩그마니 혼자 남았다.

때마침 고향에 풍년이 들었다는 소식이 들려오자, 나오미는 뒤도 돌아보지 않고 보퉁이를 챙겨 떠난다. 남편과 두 아들이 묻힌 모압 땅을 속히 떠나고 싶었으리라. 두 며느리도 시어머니를 따라 떠날 채비를 한다. 상당히 인습적이고 '착한' 며느리다. 그렇게 "그들은 유다 땅으로 돌아가려고, 길을 나섰다."(룻기 1:7)

그때 문득 나오미가 두 며느리를 향해 입을 연다. 고향으로 돌아가기로 마음먹었을 때도 그들과 일절 상의하지 않았었다. '혼자'라는 생각이 강했던 것을 보면, 처음부터 데려갈 마음이 없었는지도 모를 일이다. 그래서 넋이 나간 듯 경황없이 길을 나섰다가 며느리들이 뒤따라오고 있음을 인식하고는 그제서야 입을 연다. 친정으로 돌아가라고 권면하기 위해서다.

너희는 제각기 친정으로 돌아가거라. 너희가 죽은 너희의 남편들과 나를 한결같이 사랑하여 주었으니, 주님께서도 너희에게 그렇게 해주시기를 빈다. 너희가 각각 새 남편을 만나 행복한 가정을 이루도록, 주님께서 돌보아 주시기를 바란다.
룻기 1:8

눈물 나는 기별이고 당부다. 이어 네 번씩이나 '돌아가라'는 말이 더 나오는 것을 보면, 나오미는 진실로 두 며느리를 데려갈 마음이 없었던 것 같다. 하기야 이들이 베들레헴에 가서 산다는 건 매순간 수모와 조롱을 견뎌야 한다는 뜻이 아닌가. 유다 족속과 모압 족속 사이에는 도저히 건널 수 없는 반목과 적대의 긴 강이 가로놓여 있지 않은가. 나오미가 작별인사를 하기 위해 입을 맞추니, 며느리들이 큰소리로 울며 말한다. "아닙니다. 우리도 어머님과 함께 어머님의 겨레에게로 돌아가겠습니다."(룻기 1:10) 하지만 나오미는 뜻을 굽히지 않는다.

> 돌아가 다오, 내 딸들아. 어찌하여 나와 함께 가려고 하느냐? 아직 내 뱃속에 아들들이 들어 있어서 그것들이 너희 남편이라도 될 수 있다는 말이냐? 돌아가 다오, 내 딸들아. 제발 돌아가거라. 재혼을 하기에는 내가 너무 늙었다. 설령 나에게 어떤 희망이 있다거나, 오늘 밤 내가 남편을 맞아들여 아들들을 낳게 된다거나 하더라도, 너희가, 그것들이 클 때까지 기다릴 셈이냐? 그 때까지 재혼도 하지 않고, 홀로들 지내겠다는 말이냐? **룻기 1:11-12**

나오미의 말을 길게 인용한 까닭은, 이 속에 이스라엘의 주요 결혼제도가 설명되어 있기 때문이다. 남녀 간 애정을 바탕으로 한 낭만적인 결합이라는 오늘날의 잣대로 고대 사회를 들여다보면 안 된다. 당시 이스라엘에서 결혼이란 가문의 존속 이외의 다른 것이 아니었다. 여자는 오로지 남자에게 아들을 낳아줌으로써 가문의 대를 잇는 것이 결혼의 목적이자 존재의 이유였다. 그러기에 남편이 아들을 낳지 못한 채로 죽은 여자는 시동생을 통해서라도 아들을 낳아야 했다. 그렇게라도 해야 과부로 남은 여자의 생존과 생계가 보장될 수 있었다. 창세기 38장에 나오는 유다의 며느리 '다말'의 경우가 전형적으로 이러한 결혼제도의 보기에 해당한다.[139] 이처럼 시동생이 형수를 취하는 결혼 방식을 히브리어로는 *지카트 하이붐*zikkat ha-yibbum이라고 하고, 라틴어로는 '레비라트levirate'라고 부른다.

나오미 말의 요지는, 자기에게는 더 이상 남은 아들도 없거니와 또다시 아들을 낳을 가망성도 없으니, 두 며느리의 재혼은 일찌감치 물 건너 간 셈이라는 것이다. 이 말에 작은 며느리 오르바는 모압 땅에 남기로 결정한다. 유다 남자와 결혼했던 몸이니, 모압 남자를 만나 새 살림을 차린들 그 삶이 평탄하지만은 않을 것이다. 그럼에도 낯선 땅에 가서 근거 없는 차별과 맹목적인 학대를 당하며 사는 고통보다는 차라리 자기 땅에서 괴로운 편이 좀 더 낫다고 생각한 것 같다. 말하자면 오르바는 현실 안주형 인물로 보인다.

맏며느리 룻은 다르다. 도통 친정으로 돌아갈 생각을 하지 않는다. 모압 땅에 남은들 어차피 유다 남자와 결혼했었다는 꼬리표가 평생 따라다닐 것이다. 게다가 베들레헴에 풍년이 들었다지 않은가. 여기서 사는 게 그다지 행복할 것 같지 않으면, 베들레헴에 가서 새로운 삶에 도전하는 것도 나쁘지 않으리라. 호기심과 모험심이 충만한 룻은 개척자형 인물의 전형처럼 보인다.

성격이 이렇게 다르니, 동서지간으로 지내는 동안에 오르바와 룻의 사이가 어땠을지 대충 짐작이 간다. 떠나는 오르바는 시어머니 나오미에게 입을 맞추면서 작별 인사를 한다.(룻기 1:14) 하지만 룻과 오르바가 서로 인사를 나누었다는 기록은 어디에도 없다. 이로써 오르바로 상징되는 모압과 선을 그으려는 룻의 의지를 확인할 수 있다.

"보아라, 네 동서는 저의 겨레와 신에게로 돌아갔다. 너도 네 동서의 뒤를 따라 돌아가거라."(룻기 1:15) 나오미가 달래보지만, 룻은 막무가내다. 시어머니의 말을 듣지 않을 뿐만 아니라 오히려 강력한 화술로 설득한다.

나더러, 어머님 곁을 떠나라거나,

어머님을 뒤따르지 말고 돌아가라고는 강요하지 마십시오.

어머님이 가시는 곳에 나도 가고,

어머님이 머무르시는 곳에 나도 머무르겠습니다.

어머님의 겨레가 내 겨레이고,

어머님의 하나님이 내 하나님입니다.

어머님이 숨을 거두시는 곳에서 나도 죽고,

그 곳에 나도 묻히겠습니다.

죽음이 어머님과 나를 떼어놓기 전에

내가 어머님을 떠난다면,

주님께서 나에게 벌을 내리시고

또 더 내리신다 하여도 달게 받겠습니다.　　　　　**룻기 1:16-17**

내 인생을 이래라 저래라 강요하지 말라며 딱 잘라 말한다. 죽음이 우리를 갈라놓기 전까지는 절대로 헤어질 수 없다고 고집을 부린다. 한마디로 룻은 의지가 대단히 굳건한 여성임을 알 수 있다. 주체적이고 독립적이며 확고부동한 성품의 소유자다. 게다가 이미 자기의 동족을 버렸다지 않은가. 심지어 자기네 동족이 믿는 신까지도 버리고, '어머님의 하나님'이 내 하나님이라고 고백한다.

이런 유형의 여성으로 일찍이 라합이 있었다. 그녀가 동족을 버리고 이스라엘에 합류한 이유도 '당신들의 하나님'이 자기 마음을 사로잡았기 때문이라고 했다.(여호수아기 2:9-13 참고) 그런 맥락에서 룻이 속한 모압 족속이 믿는 신 이야기를 잠시 살펴보자. 모압 사람들은 성경에서 종종 '그모스의 백성'으로 일컬어진다.[140] 한편 암몬 사람들은 '몰록의 백성'이다.[141] 당시 몰록은 명계冥界, 곧 지하세계의 신으로 유명했고, 그모스는 전쟁의 신으로 이름을 날렸다. 두 종교 모두 자기 자식을 불살라 바치는 인신제사의 관행이 있었기 때문에, 그 제의가 행해지는 장소는 그야말로 지옥을 방불케 했다.[142] 그렇다면 룻은 유다 남자인 말론과의 결혼을 통해 이러한 그모스 제의의 문제점을 깨닫고 이스라엘의 야훼 하나님을 믿게 된 것으로 풀이할 수 있다.

결국 나오미는 룻의 결심이 굳고도 진정하다는 것을 알고 더이상 말리지 않는다. 친정집의 안정 대신에 타향살이의 모험을 택한 룻의 용감함은 믿음의 조상 아브라함의 그것에 견줄 만하겠다. 아브라함은 일흔다섯의 나이에 그가 살던 땅과 그가 난 곳과 아버지의 집을 떠나는 위대한 결단을 내렸다. 하나님의 명령과 약속을 믿었기 때문이다. 마찬가지로 룻도 그녀가 살던 땅과 그녀가 난 곳과 아버지의 집을 떠나는 큰 결심을 하는데, 그녀의 경우는 하나님께 어떠한 미래적 암시도 받지 못했다는 게 다른 점이다.

요컨대 룻의 떠남은 단순히 친정집을 떠나는 것만이 아니라 민족과 가족과 종교마저 버림을 함축한다. 게다가 아브라함은 아내와(그리고 조카와) 함께 떠났지만, 룻은 남편이 아니라 시어머니를 따라 떠났다. 시어머니가 자기를 따라와봤자 재혼 가능성이 전혀 없다고 만류하는데도, 굳이 국경을 넘는다. 도대체 무슨 속셈일까, 알다가도 모를 일이다.

그 남자네 밭에서 이삭줍기

당시 국경이라 함은 요단 강을 말한다. 모압에서 베들레헴까지 가려면 요단 강을 건너야 한다. 지금이야 강 하나쯤 건너는 일이 대수롭지 않은 일이지만, 고대 사회는 다르다. 강을 사이에 두고 '이편'과 '저편', '우리'와 '저들', '선민'과 '이방민'이 갈려 있다. 오죽하면 "요단 강 건너가 만나리"(새찬송가 606장)라는 찬송이 장례식용 지정곡이 되었을 정도겠는가. 이제 이 강을 건너면 룻은 다시는 모압으로 되돌아올 수가 없다.

모압에서 베들레헴의 거리는 대략 70킬로미터 정도 됐다고 한다. 여자들 걸음으로 쉬지 않고 걸어도 한 사나흘 걸리는 길이다. 이 길 위에서 두 여성이 서로 무슨 말을 나누었는지 알려줄 만큼 성경은 친절하지 않다. 어쩌면 별로 할 말이 없었는지도 모른다. 룻도 룻이지만, 나오미의 심사가 여간 복잡하지 않았을 터이다. 두 사람의 여행에 대해 별로 할 말이 없었는지, 성경 기자는 어물쩍 말머리를 돌린다. "그 두 사람은 길을 떠나서, 베들레헴에 이르렀다. 그들이 베들레헴이 이르니, 온 마을이 떠들썩하였다."(룻기 1:19)

나오미를 알아본 아낙네들이 "이게 정말 나오미인가?"라고 호들갑을 떤다. 나오미의 행색이 말이 아니었나 보다. 오랜 세월 이방 땅에서 몹쓸 일을 많이 겪어, 늙고 쇠약해졌는지도 모른다. 환대인지 조롱인지 모를 고향 사람들의 반응에 나오미는 신세타령을 늘어놓는다. "나를 나오미라고 부르지들 마십시오. 전능하신 분께서 나를 몹시도 괴롭게 하셨으니, 이제는 나를 마라라 부르십시오."(룻기 1:20)

'나오미'는 '기쁨'이라는 뜻이다. 그런데 인생에서 기쁨이 송두리째 사라졌으니, 그 이름의 수명도 다했다는 것이다. 나오미는 자기 이름을 '괴로움'이라는 뜻의 '마라'로 바꿔달라고 호소한다. 이러한 탄원은 형식상 동네 사람들을 향해 있지만, 내용은 하나님께 대한 원망이다. 떠날 때는 '가득 찬 채로' 갔는데, 돌아올 때는 '텅 비어서' 왔다. 그 까닭은 순전히 하나님이 나를 '치셨기' 때문이다.

이렇게 바닥까지 내려간 절망적인 마음 상태였으니 자기 곁에 서 있는 이방 며느리를 챙길 여유가 없었을 것이다. 나오미가 룻을 고향 사람들에게 소개했다는 기사는 어디에도 나오지 않는다. 어쩌면 그녀는 끝내 고집을 부리고 따라온 룻이 영 마땅찮았는지도 모르겠다.

이렇게 하여 나오미는 모압 여인인 며느리 룻과 함께 모압 지방에서 돌아왔다. 그들이 베들레헴에 이르렀을 때는 보리를 거두기 시작할 무렵이었다.

룻기 1:22

두 문장의 연결이 자연스럽지 않다. 이 대목에서 성경 기자는 왜 갑자기 '보리' 이야기를 꺼낸 걸까. 그것은 룻의 강인한 성품을 대변하는 상징이자, 앞으로 펼쳐질 이야기가 희망적일 것임을 암시하는 은유이기 때문이다. 다시 말하면 보리를 매개로 전체 이야기가 반으로 접혔다 다시 펴지는 셈이랄까. 이 대목에 은근슬쩍 보리를 배치한 성경 기자는 다음번 아주 '섹시한' 클라이맥스에서도 또다시 보리를 활용한다. 그 재치가 참으로 유머러스하다.

장면이 바뀌자 보리라는 배경에 잠시 머물렀던 시선이 이번에는 인물로 돌아온다. "나오미에게는 남편 쪽으로 친족이 한 사람 있었다. 그는 엘리멜렉과 집안 간으로서, 재력이 있는 사람이었다. 그의 이름은 보아스이다."(룻기 2:1) 화자가 등장인물을 소개하면서 '재력'에 방점을 찍는 이유는 뭘까. 눈치 빠른 독자라면 이 '재력 있는' 남자와 가난한 룻 사이에 앞으로 모종의 사건이 일어나리라는 감이 확 올 것이다. 요컨대 보리와 보아스는 이민자로서의 룻이 타국에서 '보다 나은 삶'을 이루기 위한 필요충분조건인 셈이다.

특히 '집안 간'이라는 표현에 주목해야 한다. 집안 간이란 친척지간이라는 뜻이다. 엘리멜렉과 집안 간인 그는 엘리멜렉이 죽고 나서 생계가 막연해진 나오미와 룻, 두 과부를 돌볼 책임이 있다. 어떤 식으로 돌보는가가 사실상 룻기 전체의 이야기를 끌고 가는 핵심 구성이기도 하다. 이 지점에서 이스라엘의 또 하나의 결혼제도를 살펴볼 필요가 있다. 바로 *고엘goel* 제도다.[143] 이것은 레비라트 관습이 적용되지 않는 룻과 같은 과부를 구제하기 위해 나온 보완책이다.

'기업을 무른다' 또는 '피를 보수報讐한다'는 의미의 고엘은 남편을 잃은 여성이 그 남편의 친척 가운데 가까운 우선순위에 있는 사람과 결혼하는 제도로, 이때 그 남편 되는 자는 일정한 값을 물고 아내를 데려가야 한다는 의미에서 붙여진 이름이다. 그러니까 룻기 2장 1절에서 화자는 아들을 모두 잃은 나오미에게 고엘 제도를 상기시키면서, 그 대상으로 일찌감치 보아스를 추천하고 있다고 볼 수 있다.

물론 나오미는 아직 고엘 제도를 고려할 만큼 심리적인 여유가 없다. 며느리의 고통을 돌아보기에는 자기 한恨의 무게가 너무 크기 때문이다. 그렇다면 목마른 자가 우물을 파야 한다. 룻기가 신데렐라 이야기와 다른 점이 그 부분이다. 룻은 자기 운명을 제 손으로 디자인해 나간다. 어차피 타국에서 이민자의 삶을 살기로 선택했을 때는 그 정도 각오쯤 하고 오지 않았던가.

룻은 떨치고 일어난다. "밭에 나가 볼까 합니다. 혹시 나에게 잘 대하여 주는 사람을 만나면, 그를 따라다니면서 떨어진 이삭을 주울까 합니다."(룻기 2:2) 진취적인 며느리 말에 비해 나오미의 대답은 심드렁하기 짝이 없다. "그래, 나가 보아라." 한 마디 툭 던지는 폼이 만사가 귀찮아 보인다.

룻기의 뒤에 가서야 알게 되는 사실이지만, 나오미는 얼마간 밭을 가지고 있었는데(룻기 4:3 참고),[144] 어째서 며느리를 낯선 사람의 밭으로 내몰았는지 모를 일이다. 게다가 룻은 이방여인이라 유대 풍습을 잘 알지도 못하는 처지였을 텐데 말이다. 본래 율법이 말하는 이삭줍기 규정은 다음과 같다.

밭에서 난 곡식을 거두어들일 때에는, 밭 구석구석까지 다 거두어들여서는 안 된다. 거두어들인 다음에, 떨어진 이삭을 주워서도 안 된다. 포도를 딸 때에도 모조리 따서는 안 된다. 포도밭에 떨어진 포도도 주워서는 안 된다. 가난한 사람들과 나그네 신세인 외국 사람들이 줍게, 그것들을 남겨 두어야 한다. 내가 주 너희의 하나님이다. **레위기 19:9-10**

너희가 밭에서 곡식을 거둘 때에, 곡식 한 묶음을 잊어버리고 왔거든, 그것을 가지러 되돌아가지 말아라. 그것은 외국 사람과 고아와 과부에게 돌아갈 몫이다. 그래야만 주 너희의 하나님이 너희가 하는 모든 일에 복을 내려 주실 것이다. 너희는 올리브 나무 열매를 딴 뒤에 그 가지를 다시 살피지 말아라. 그 남은 것은 외국 사람과 고아와 과부의 것이다. 너희는 포도를 딸 때에도 따고 난 뒤에 남은 것을 다시 따지 말아라. 그 남은 것은 외국 사람과 고아와 과부의 것이다. 너희는 이집트 땅에서 종살이하던 때를 기억하여라. 내가 너희에게 이런 명령을 하는 까닭도 바로 여기에 있다.” **신명기 24:19-22**

니콜라 푸생의 '여름, 룻과 보아스'

　　그러니까 룻처럼 '가난한' '과부'에다가 '외국인' '나그네' 신세
인 사람은 추수가 다 끝난 뒤에나 밭에 남겨진 이삭을 주울 수 있
었다. 그러지 않고 추수가 한창 진행되는 과정에 끼어들어 일꾼들
이 곡식다발을 묶는 사이를 휘젓고 돌아다니며 이삭을 줍는 행위
는 금지돼 있었다. 그런데도 나오미는 이런 기본적인 노동 정보를
주지 않는다. 며느리가 낯선 사람의 밭에서 낯선 일꾼들에게 어떤
봉변을 당할지 충분히 염려될 상황이건만, 나오미는 자상한 대화
를 일절 삼간다.

　　밭으로 나간 룻은 우려했던 대로 '곡식 거두는 일꾼들을 따
라다니면서' 이삭을 줍는다.(룻기 2:3) 그런데 그 밭이 하필이면 보
아스의 밭이더라는 것이다. 두 사람의 운명적인 결합을 이미 눈치
챈 독자들이라면, 우연치고 너무나도 기막힌 이 우연에서 차라리

작위의 냄새를 맡을지도 모르겠다. 하고 많은 밭 중에 왜 보아스의 밭이었을까.

그때 마침(!) 보아스가 밭에 당도한다. 그의 눈에 룻이 포착된 건 두말하면 잔소리. 처음 보는 이방여자가 곡식 단을 묶는 남자 일꾼들 사이를 헤집고 다니는 모양새가 과히 좋아 보이지 않아서였을까. 감독관에게 물으니, 여차저차 나오미를 따라온 모압 여자인데, 보통 극성맞지 않다며 불평이다. "아침부터 와서 지금까지 저렇게" 종일토록 서서 일하고 있다고(룻기 2:7) 대답하는데, 잔뜩 볼멘소리다. 보아스는 룻을 부른다. 하기야 나오미와 친척 간이니 그로서는 룻에게 아량을 베풀 이유가 충분하다.

여보시오, 새댁, 내가 하는 말을 잘 들으시오. 이삭을 주으려고 다른 밭으로 가지 마시오. 여기를 떠나지 말고, 우리 밭에서 일하는 여자들을 바싹 따라다니도록 하시오. 우리 일꾼들이 곡식을 거두는 밭에서 눈길을 돌리지 말고, 여자들의 뒤를 따라다니면서 이삭을 줍도록 하시오. 젊은 남자 일꾼들에게는 댁을 건드리지 말라고 단단히 일러두겠소. 목이 마르거든 주저하지 말고 물단지에 가서, 젊은 남자 일꾼들이 길어다가 둔 물을 마시도록 하시오.

룻기 2:8-9

낯선 외국인 노동자를 대하는 보아스의 태도에서 인간미와 교양미가 엿보인다. 수확기의 밭에서는 종종 젊은 남자 일꾼들에 의한 성희롱 내지 성폭력 사건이 일어나기라도 하는지, 룻의 안전과 인권을 염려하는 자세가 자못 신선하다. 그렇더라도 아직은 아무 일도 일어나지 않는다. 여기서 보아스의 친절은 다만 예의상 선심일 뿐, 첫눈에 반해서 룻을 꾀려는 작업 모드가 아니다. 그러기에는 신분 면으로나 나이 면으로나 격차가 너무 크다. 그가 설령 고엘 제도를 알고 있었더라도, 고엘의 우선 순위자는 따로 있었기 때문에,[145] 룻과 애정 관계로 발전한다는 건 그에게는 상상 밖의 일이었을 것이다.

호박이 제 발로 굴러 들어오다

문제는 룻이다. 그녀는 보아스가 마음에 든다! "친정아버지와 어머니를 떠나고, 태어난 땅을 떠나서, 엊그제까지만 해도 알지 못하던 다른 백성들에게로"(룻기 2:11) 온 자신의 선택에 대해 처음으로 칭찬을 해준 사람이 바로 그 남자다. 게다가 그는 자기가 이 나라 관습과 제도도 모르고 곡식 단 사이를 돌아다니면서 이삭을 주운 행위도 용인해주었다. 말하자면 보아스는 자신이 가진 재력과 권력을 이용해 외국인 노동자에게 유리하도록 관습과 제도를 고쳐준 사람이다. 이쯤 되면 한번 욕심을 내도 괜찮은 상대가 아닌가.

저녁이 되어 하루 종일 주운 이삭을 떠니, 보리가 한 에바쯤 되었다. 에바는 대략 22킬로그램쯤 된다. 두 여자가 한 달 이상 먹고도 남을 분량이다. 얼마나 든든했을까. 입에서는 저절로 고향 노래가 흘러나오지 않았겠는가. 집에 돌아온 룻은 시어머니 앞에 자랑스레 보리를 선보인다. 점심 때 배불리 먹고 남긴 볶은 곡식도 꺼내 드린다.(룻기 2:14, 18 참고)

나오미의 눈이 휘둥그레지는 것은 당연지사. 평소 말수가 적던 나오미가 먼저 입을 연다. "오늘 어디서 이삭을 주웠느냐? 어디서 일을 하였느냐? 너를 이처럼 생각하여 준 사람에게, 하나님이 복을 베푸시기를 바란다."(룻기 2:19)

한껏 들뜬 기분이 된 룻이 그날 일어난 일들을 하나하나 보고한다. "오늘 내가 가서 일한 밭의 주인 이름은 보아스라고 합니다." 둘의 대화가 모처럼 주거니 받거니 화기애애하다. "그는 틀림없이 주님께 복 받을 사람이다. 그 사람은, 먼저 세상을 뜬 우리 식구들에게도 자비를 베풀더니, 살아 있는 우리에게도 한결같이 자비를 베푸는구나. … 그 사람은 우리와 가까운 사이다. 그는 집안 간으로서 우리를 맡아야 할 사람이다."(룻기 2:20)

'집안 간'의 의미가 '우리를 맡아야 할 사람'이라고 말한다. 의도적이든 아니든 나오미는 지금 룻에게 고엘이라는 이스라엘 제도를 설명하는 중인 것이다. 머리 좋고 눈치 빠른 야심가 룻이 이 기회를 놓칠 리 없다. 요즘 식으로 말하면 '국제결혼'을 한 룻으로서는 여태껏 레비라트 결혼에 대해서만 알고 있었을 것이다. 시어머니가 자기들을 모압 지방에 남겨두려 한 이유도 다름 아니라 더 이상 남은 아들이 없기 때문이란 것이 아니었는가. 그런데 아들이 아니라 친척과도 결혼하는 길이 있었다.

이 틈을 놓칠세라 룻이 얼른 나오미의 말에 맞장구를 치는데, 어딘가 이상하다. "그뿐이 아닙니다. 그가 데리고 있는 젊은 남자

일꾼들이 곡식 거두기를 다 끝낼 때까지, 그들을 바싹 따라다니라고 하였습니다."(룻기 2:21) 보아스가 언제 그런 말을 했던가. 점잖은 보아스는 거꾸로 여자 일꾼들을 따라다니라고 당부하지 않았나. 룻은 왜 시어머니 앞에서 거짓말을 했을까.[146]

언어가 서툴러 잘못 알아들었을 수도 있다. 하지만 정황상 그럴 가능성은 희박해 보인다. 어지간한 상식이 있는 사람이라면, 혹시 보아스가 젊은 남자들 틈에서 일하라고 했더라도, 그 말에 의심을 품고 되물었어야 옳다. 같은 여자들 틈에서 일하는 편이 더 안전하지 않겠냐고 말이다. 그러니까 룻은 자기가 이방인이라는 약점을 최대한 이용해서, 도리어 자기에게 유리하도록 상황을 통제해 나가고 있다고 보는 편이 맞을 것이다.

룻의 보고에 나오미는 그제야 화들짝 정신이 든다. "얘야, 그가 데리고 있는 젊은 여자들과 함께 다니는 것이 좋겠구나. 젊은 남자 일꾼들에게 시달림을 받다가 다른 밭으로 가지 않아도 되니 말이다."(룻기 2:22) 나오미는 대책도 없이 자기를 따라온 모압 며느리 룻이 아직 젊고 매력적이라는 사실에 새삼 당황했을 것이다. 이제 자기가 의지할 데라곤 이 이방 며느리밖에 없지 않은가. 그런데 그 며느리가 밭에서 곡식 이삭을 줍는다고 돌아다니다가 행여 젊은 남자 일꾼들에게 봉변이라도 당하는 날에는 자기 신세가 어찌 될 것인가.

똑똑한 룻은 당연히 "보리 거두기뿐만 아니라 밀 거두기가 끝날 때까지도, 보아스 집안의 젊은 여자들을 바싹 따라다니면서 이삭을 주웠다."(룻기 2:23) 이스라엘의 보리 추수는 통상 4~5월에 이루어지고, 밀 추수는 6~7월이다. 그리고 9~10월이 되면 과일 추수를 함으로써 한 해 농사를 마무리 짓게 된다.

이스라엘에서 추수는 하나님의 은총의 표시로 간주되므로, 주요 절기와 맞물렸다. 이를테면 보리 추수 때는 초실절初實節, 밀 추수 때는 칠칠절七七節(또는 맥추절), 과일 추수 때는 수장절收藏節(또는 초막절)을 지켰다. 그러니까 보리 추수와 밀 추수 사이에는 약 두 달 여 시간 간격이 있는 셈이다. 보아스와 룻이 서로를 알아가고 정을 쌓기에 비교적 적당한 시간이다. 특히 밀 추수가 끝나서 들판의 곡식을 다 거두어들인 다음에는 잔치마당이 벌어지는 게 관례였다.

그 무렵, 나오미는 그동안 놓고 있던 정신줄을 다잡는다. 룻이 불미스러운 일을 당하기 전에 안전한 대책을 세워두지 않으면, 자기 노후도 보장할 수가 없다. 오히려 조급해진 나오미가 룻을 달래는데, 말하는 본새가 여간 나긋나긋하지 않다. "얘야, 네가 행복하게 살 만한 안락한 가정을 내가 찾아보아야 하겠다. 생각하여 보렴. 우리의 친족 가운데에 보아스라는 사람이 있지 아니하냐?"(룻기 3:1-2)

보아스다! 드디어 호박이 넝쿨째 굴러 들어오게 생겼다. 이쯤 되면 룻의 입에서는 룰루랄라 휘파람 소리라도 절로 나올 법하다. 하지만 그렇다고 얼른 반색하며 좋아라 하다가는 다 된 밥에 코를 빠뜨릴 수도 있다. 조신하게 표정 관리를 해야 한다. 자신을 시집보내기 위해 유치한 작전까지 세우며 보아스 꼬시는 법을 시시콜콜 일러주는 시어머니의 위신도 한편으로 세워주어야 하니까.

잘 들어 보아라. 오늘 밤에 그가 타작마당에서 보리를 까부를 것이다. 너는 목욕을 하고, 향수를 바르고, 고운 옷으로 몸을 단장하고서, 타작마당으로 내려가거라. 그 사람이 먹고 마시기를 마칠 때까지, 너는 그가 눈치 채지 못하도록 조심하여야 한다. 그가 잠자리에 들 때에, 너는 그가 눕는 자리를 잘 보아 두었다가, 다가가서 그의 발치를 들추고 누워라. 그러면 그가 너의 할 일을 일러줄 것이다. **룻기 3:2-4**

그림같이 상세한 행동지침이다. 며느리가 행여 실수라도 할까 봐 노심초사 당부하는 늙은 시어머니의 마음이 그대로 전해진다. 이럴 땐 토 달지 말고 짧게 대답하는 것이 좋다. "어머님께서 일러 주신 대로 다 하겠습니다."(룻기 3:5) 예의는 예의대로 챙기고 계산은 계산대로 챙기니, 참으로 영특한 아낙이다. 드디어 타작마당에서 잔치 자리가 끝나고 기분 좋게 술에 취해 잠이 든 보아스 곁으로 룻이 살그머니 자리를 잡고 눕는다. 성경에서 이토록 에로틱한 장면도 그리 흔치는 않다.

한밤중이 되었을 때에, 보아스는 으스스 떨면서 돌아눕다가, 웬 여인이 자기 발치께에 누워 있는 것을 보고 깜짝 놀라면서 "누구요?" 하고 물었다. 룻이 대답하였다. "어른의 종 룻입니다. 어른의 품에 이 종을 안아 주십시오. 어른이야말로 집안 어른으로서 저를 맡아야 할 분이십니다." **룻기 3:8-9**

그 시대에 여자가 이렇게 적극적이고 노골적이어도 되는 걸까. 보아스의 밭에서도 그랬지만, 특히 이 장면의 룻은 사랑 앞에 당당한 현대 여성의 원형질이다. 눈여겨봐야 할 것은 보아스의 태도다. 그는 마을의 유지로서 이웃의 평판을 중시하는 인물이다. 남들이 알아서는 안 된다며 새벽 미명에 룻을 집으로 돌려보내는 장면을 보면,(룻기 3:14 참고) 그가 얼마나 용의주도하고 신중한 사람인지 알 수 있다. 그런 그가 룻에게 갑자기 겉옷 자락을 펴라고 하더니 "보리 여섯 되"를 담아준다.(룻기 3:15) 단순히 그녀와 '하룻밤'을 보낸 데 대한 화대花代였을까. 그렇다면 보아스는 룻을 창녀로 취급했던 걸까.

주도적으로 성적인 접근을 한 룻을 보아스가 추궁하기는커녕 도리어 칭찬한 것을 보면 그런 것 같지는 않다. "이봐요, 룻, 그대는 주님께 복 받을 여인이오. 가난하든 부유하든 젊은 남자를 따라감 직한데, 그렇게 하지 않으니, 지금 그대가 보여 준 갸륵한 마음씨는, 이제까지 보여 준 것보다 더욱더 값진 것이오. 이제부터는 걱정하지 마시오, 룻. 그대가 바라는 것이라면 무엇이든지 다 들어주겠소. 그대가 정숙한 여인이라는 것은 온 마을 사람들이 다 알고 있소."(룻기 3:10-11)

아무리 생각해도 룻은, 본인 자신의 말은 길게 하지 않으면서, 자기가 원하는 것을 상대방이 먼저 내주도록 상황을 조성하는 데 탁월한 소질과 지혜가 있는 것 같다. 시어머니와의 관계에서도 그렇고, 보아스에게도 그렇다. 룻은 고작 한두 마디, 그것도 콕 집어서 정확하게 말하는 것이 아니라 언저리를 살짝 건드렸을 뿐인데, 상대방이 알아서 다 해준다.

어찌 보면 과하다 싶을 만큼 저자세를 보이는 보아스의 태도는 명색이 베들레헴의 상류층 인사요 엘리트 시민이라는 그의 명함을 무색하게 한다. 이런 순진한 면을 미리 알고서 나오미가 룻을 그에게 보낸 게 아니었을까 싶다. 그렇지 않고서야 아무리 고엘 제도가 있기로서니 룻처럼 천한 모압 출신 여자를 선뜻 아내로 맞을 베들레헴 순종남純種男이 어디 있단 말인가.

룻이 집으로 돌아오자, 간밤에 한숨도 못 잤는지 시어머니가 다급히 묻는다. "얘야, 어찌 되었느냐?" 룻은 '그 남자가 자기에게 한 일'을 낱낱이 고하며, 덧붙여 보리 여섯 되를 내놓는다. "이 보리는, 어머님께 빈손으로 가서는 안 된다고 하면서, 바로 그가 손수 담아준 것입니다."(룻기 3:17)

보아스가 그런 말을 했다는 기록은 어디에도 없다. 하지만 이렇게 예쁜 거짓말이라면, 열번이고 백번이고 해도 괜찮지 않을까. 그러자 시어머니가 답한다. "얘야, 일이 어떻게 될지 확실해질 때까지, 너는 가만히 기다리고 있거라. 아마 그 사람은 지금쯤 가만히 있지 않을 거다. 이 일을 마무리 짓는 데 오늘을 넘기지 않을 것이다."(룻기 3:18)

이 장면의 나오미는 더 이상 절망과 체념으로 하나님을 원망하던 몇 달 전의 '마라'가 아니다. 대단히 지혜롭고 긍정적인 모습으로 바뀌어 있다. 무엇이 그녀를 이렇게 회복시켰을까. 건강하게 치유된 나오미는 '보리 여섯 되'의 비밀을 아는 것 같다. 여섯은 온전하지 못한 수다. 이스라엘 사람들이 완전하고도 거룩하게 여기는 '일곱'에서 하나가 모자라기 때문에, 지금까지도 서양에서는 '6'이 세 번 겹치는 것을 악재惡材로 간주한다. 하나가 더해져야 온전해진다면, '보리 여섯 되'에 담긴 보아스의 의중을 알 만하지 않은가.

　나오미의 예언대로 보아스는 가만히 있지 않는다. 마을 회관으로 가서 원로 열 명을 모셔놓고 고엘의 1순위자와 담판을 짓는다. 성경에 나와 있는 그의 말을 알아듣기 쉽게 번역하면 이렇다.

　"우리가 모두 엘리멜렉의 친척으로서, 이제 홀로 과부가 된 나오미의 생계를 책임지기 위해 그 집 밭을 사 주어야 할 의무가 있는 것 아시지요? 헌데 친척 가운데서도 당신이 그 의무를 감당해야 할 1순위라오. 그러니 그 의무를 지시겠소? 다만 조건이 하나 있는데……, 당신이 그 밭을 사면 그 집 며느리까지 떠맡아야 한다는 사실이오. 그렇게 해서 당신과 그 여인 사이에서 얻는 자식이 엘리멜렉 가문의 대를 잇도록 해 주어야 하오."(룻기 4:3-4 의역)

　이 말에 그 1순위자는 '그런 조건이라면' 책임질 수 없다고 펄쩍 뛴다. 아마도 이방여인에 대한 편견, 혼혈아를 낳는 것에 대한 두려움, 자신의 재산이 축날 것에 대한 염려, 괜히 내 돈과 정력 들여 남 좋은 일만 시키는 것 같은 억울한 생각 등이 마구 마음을 어지럽혀서 그랬을 것이다. 우리 문화에서는 매매나 교환 같은 법적 계약을 할 때 도장을 찍거나 사인을 하는 게 상례인데, 그들 문화에서는 신고 있던 신발을 벗어주는 게 풍습이었던 모양이다. 그 1순위자는 2순위자인 보아스에게 냉큼 신발을 벗어주며 책임을 회피한다.

　그러자 기다렸다는 듯이 보아스는 자기가 고엘의 의무를 감당하겠다고, 원로들과 마을 사람들 앞에서 약속한다. 그리고 이렇게 하는 이유는 어디까지나 엘리멜렉 가문이 멸절되는 것을 막기 위함이지, 절대로 젊은 여인의 육체를 탐해서가 아니라고 못 박는 것을 잊지 않는다.(룻기 4:10 참고) 말하자면 그는 두 마리 토끼를 확실히 잡은 셈이다. 원로들과 마을 사람들에게는 선량하고 너그러운 시민으로 각인되고, 나오미와 룻에게는 책임 있는 남자로 인정받게 되었다.

놀라운 것은 원로들과 마을 사람들의 반응이다. "우리가 증인입니다. 주님께서, 그대의 집안으로 들어가는 그 여인을, 이스라엘 집안을 일으킨 두 여인 곧 라헬과 레아처럼 되게 해주시기를 빕니다. …… 주님께서 그 젊은 부인을 통하여 그대에게 자손을 주셔서, 그대의 집안이 다말과 유다 사이에서 태어난 아들 베레스의 집안처럼 되게 하시기를 빕니다."(룻기 4:11-12)

누구보다도 핏줄을 중시하는 문화에서 이방여인 룻이 '라헬 그리고 레아'와 동급의 지위로 격상되고 있다. 이스라엘의 배타적인 민족주의가 룻에 의해 깨지는 광경이다. 이스라엘 역사상 최고의 성군으로 칭송받는 다윗의 뿌리에는 이스라엘 여인이 아니라 모압 여인이 있게 될 것이다. 이스라엘의 완고하고도 편협한 순수혈통주의가 룻의 존재로 말미암아, 아니 성경 저자의 신학으로 인해 반성되고 해체되는 대목이다.

어쨌거나 이런 드라마틱한 과정을 통해 보아스와 결혼한 룻은 마침내 아들을 낳는다. 성경에서는 보통 아기 이름을 부모가 짓거나 천사가 알려주거나 하나님이 주시는 게 대부분인데, 여기서는 특이하게도 동네 아낙들이 나서서 지어준다. "이웃 여인들이 그 아기에게 이름을 지어주면서 '나오미가 아들을 보았다!' 하고 환호하였다. 그들은 그 아기의 이름을 오벳이라고 하였다. 그가 바로 이새의 아버지요, 다윗의 할아버지다."(룻기 4:17)

동네 아줌마들의 활약이 이 정도이니, 룻기는 성경에서 여성성과 자매애가 가장 두드러진 책이라 평할 만하다. '오벳'은 히브리어로 '종'이라는 뜻이다. 장차 태어날 메시아의 직분, 곧 '섬김'의 사명을 함축하는 이름이라 하겠다. 그런 이름을 동네 아줌마들이 지어주었다는 것은 룻이 드디어 말 많고 탈 많은 동네에서 인정받았다는 뜻으로 읽힌다. 그녀는 이주노동자로 낯선 땅에 뿌리내리는 데 성공한 셈이다. 마을 여인들은 룻을 이렇게 칭찬한다. "시어머니를 사랑하는 며느리, 아들 일곱보다도 더 나은 며느리."(룻기 4:15) '일곱'이라는 행운의 수가 룻의 이름과 짝지어 나타난다. 여기서 룻 덕분에 나오미의 삶이 불운에서 행운으로 바뀌었다는 공동체의 평가가 들어 있다고 봐도 무방할 것이다.

룻기에서는 사실 하나님이 전면에 등장하지 않는다. 역사의 배후에 숨어 계신 하나님을 대신하여 사람들이 서로를 어떻게 돌보고 치유하는가가 룻기의 주제인 셈이다. 그래서 히브리어로 '돌봄', '긍휼', '자비'를 뜻하는 '헤세드'라는 말이 핵심 키워드로 등장한다. 이를테면 나오미가 두 며느리에게 그들의 "한결같은 사랑"(룻기 1:8)에 감사하는 대목에서, 나오미가 룻에게 보아스의 "자비 베풂"(룻기 2:20)을 상기시키는 대목에서, 보아스가 룻의 "갸륵한 마음씨"(룻기 3:10)를 칭찬하는 대목에서 헤세드가 나온다. 이렇게 사람과 사람 사이에 헤세드가 흘러넘칠 때, 하나님이 활동하신다는 믿음이 룻기의 바탕이다.

기근과 죽음으로 시작된 룻기의 끝은 풍요와 생명이다. 이 드라마틱한 반전은 한 이방여인을 통해 놀라운 구원의 역사를 펼치신 하나님의 작품이 아닐 수 없다. 하나님의 헤세드는 보편적이고 우주적이어서 모압 여인마저도 아브라함의 딸로 삼으신다. 이러한 획기적인 발상이 룻기를 더욱 혁명적인 책이 되게 한다.

성경 중에서 유일하게 이방인의 이름이 붙은 책, 룻기의 주인공인 룻은 오늘도 불운한 운명에 맞서 도전하는 여인들에게 힘을 준다. 자기에게 우호적이지 않은 모든 악조건 속에서도 어떻게든 살아내려고 몸부림치는 여성, 불안한 미래를 두려워하지 않으며 용감하게 모험 속으로 뛰어드는 여성들 틈에서 룻은 오늘도 새롭게 부활한다.

7장

전제군주의 횡포에 맞선 공주

미갈

야심가 다윗을 사랑한 죄

왕정 시대가 열렸다. 룻기의 마지막에서 다윗 왕의 이름이 언급되었다는 것은 이스라엘의 왕조사가 그를 기점으로 한다는 뜻이다. 대개 왕조라 함은 한 나라의 통치자가 동일한 왕가의 계보에서 이어진다는 뜻이다. 즉, 아버지에서 아들로 왕위가 계승되어야 한다.

그런 의미에서 보면 이스라엘의 초대 왕으로 선출된 사울은 불행한 인물이 아닐 수 없다. 왜냐하면 자기 아들을 왕으로 세우지 못했기 때문이다. 아들 대신 사위가 왕이 되었다. 그리고 그 사위는 자신의 아들에게 왕위를 물려줌으로써 하나의 왕조를 수립했다. 그 인물이 바로 다윗이다.

여기서 잠시 왕정에 대해 그토록 비판적이었던 히브리 전통이

프란체스코 살비아티의 '사울의 딸 미갈이 여호와의 궤 앞에서 춤추는 다윗을 지켜보다'

어째서 급격히 우회전하게 되었는가를 짚고 넘어갈 필요가 있다. 사사이자 예언자인 사무엘은 왕정의 폐해를 다음과 같이 신랄하게 지적했었다. 왕은 백성의 아들딸들을 마음대로 잡아다가 강제 노역에 동원하고, 백성의 재물을 갈취하며, 무리하게 세금을 거두어들이는 존재다. 한마디로 왕은 백성을 노예화해야만 직성이 풀리는 괴물 같은 인간이다. 그러한 왕의 실체를 깨닫고 뒤늦게 후회한들 소용없는 것이, 하나님은 원하지 않으시는데도 이스라엘 백성이 고집을 부려 스스로 자초한 일이기 때문이라고 한다.(사무엘기상 8:11-18 참고)

이런 악담을 퍼붓고도 사무엘은 백성의 요구에 못 이겨 왕을 세우는 역할을 담당한다. 이러한 결단에는 사무엘기상 4장에 보도된 아벡 전투가 큰 작용을 했을 것이다. 블레셋을 상대로 벌어진 전투에서 이스라엘 민병대는 하루 만에 무려 4,000명의 인명 손실을 입는다. 당황한 원로들은 패배의 원인을 '언약궤'[147]가 전쟁터인 아벡에 있지 않고 실로 성소에 있기 때문이라고 분석한다.

그래서 언약궤를 아벡으로 옮겨 오는데, 이 사실을 알게 된 블레셋의 기습 공격으로 이스라엘의 보병 3만 명이 그 자리에서 죽고, 언약궤를 지키던 엘리 제사장과 그의 두 아들마저 살해당하는 일이 발생한다. 블레셋은 언약궤를 강탈하여 다곤 신전에 보관한다. 다곤은 바알과 더불어 고대 메소포타미아 지역에서 널리 숭배되던 곡식의 신으로, 들릴라와의 스캔들로 유명한 사사 삼손과 연관된 신이기도 하다.(사사기 17:23-30)

이런 어마어마한 사건을 겪었으니, 이스라엘 사람들이 블레셋에 대항하기 위해서는 왕정만이 유일한 대안이라고 생각한 것도 무리는 아닐 것이다. 그래서 사무엘이 기름을 부어 왕으로 세운 인물이 사울이다. 그는 사사기 말기에 이른바 '레위인의 첩'[148] 사건으로 지파 간 전쟁이 일어났을 무렵, 거의 멸문지화를 당할 뻔한 베냐민 지파 소속이다.[149] 그것도 아주 별 볼 일 없는 집안 출신이었기에, 그가 왕으로 뽑혔는데도 그를 "멸시"하여 "얕잡아보고 선물도 바치지 않"(사무엘기상 10:27)는 사람들이 있었을 정도다.

그러니까 사울은, 왕정에 회의적인 사무엘과 왕의 필요성을 강력히 주장하는 백성 사이의 일종의 타협안인 셈이었다. 사무엘은 강력한 왕권을 견제할 요량으로 가문의 배경이 빈약한 사울을 선택했을 것이다. 게다가 나중에는 사울이 아직 멀쩡히 살아 있는데도 그를 제쳐두고 다윗에게 왕위를 넘겨버린다. 왕위가 자동으로 세습되지 않고 이렇게 예언자를 통해 지명되는 형식을 취하도록 한 데서 왕권을 제한하려 했던 사무엘의 노력을 엿볼 수 있다. 요컨대 사울은 반쪽짜리 왕이었다.

반면에 다윗은 어땠는가. 백성은 그를 멜렉*melek*이라 불렀다. 진정한 왕의 칭호다. 사울이 '총사령관'을 뜻하는 *나기드nagid*라고 불린 것과 대조를 이룬다. 왕이 된 다윗은 몸소 전쟁에 참가하지 않았다. 그런 건 자기 휘하의 오른팔 격인 요압 장군이 알아서 할 일이고, 왕은 궁궐에서 옥체 보전에 힘쓰면 그만이었다. 그렇게 부하들이 전선에서 피 흘리며 싸우는 동안, 왕궁을 거닐다가 부하 중 하나인 '우리아'의 아내 밧세바를 범하고는 이 사실을 은폐하기 위해 결국 우리아까지 죽게 만들었다. 더욱이 그는 예언자가 왕을 세우는 규칙을 보란 듯이 무시하고 자기 아들에게 왕위를 세습함으로써 권력의 진수를 보여주었다. 왕을 발탁해 세우고 전쟁을 선포

렘브란트의 '다윗 왕의 편지를 든 밧세바'

하던 예언자의 고유 역할은 나윗 정권 아래서 고작 전쟁의 승패를 자문하는 정도로 제한되었다.

다윗은 사울처럼 우연히 왕이 된 게 아니라 처음부터 치밀한 계획 아래 왕권을 쟁취해간 인물이기에, 왕이 되고 나서도 절대 권력을 확립하는 일에 온 힘을 쏟았다.

다윗은 이새의 여덟째 아들로(사무엘기상 16:11)[150] 사울 왕의 무기를 들고 다니던 소년병 출신이다.(사무엘기상 16:21) 사울은, "수금을 잘 탈 뿐만 아니라, 용사이고, 용감한 군인이며, 말도 잘하고, 외모도 좋은"(사무엘기상 16:18) 다윗을 총애하여 측근으로 삼았다. 그의 신뢰에 보답이라도 하듯, 다윗은 블레셋의 골리앗 장군을 맷돌 하나로 물리치는 전공戰功을 세운다.(사무엘기상 17장 참고)

그런데 이 일로 그만 다윗의 인기가 하늘을 찌르게 된다. 이스라엘 모든 성읍의 여인들이 소고와 꽹과리를 들고 나와서 노래하고 춤추며 환호하기를, "사울은 수천 명을 죽이고, 다윗은 수만 명을 죽였다"(사무엘기상 18:7)고 했다고 한다. 이 말에 사울의 기분이 몹시 언짢았을 건 불을 보듯 뻔한 일이다. "사람들이 다윗에게는 수만 명을 돌리고, 나에게는 수천 명만을 돌렸으니, 이제 그에게 더 돌아갈 것은 이 왕의 자리밖에 없겠군!"(사무엘기상 18:8) 하는 투덜거림 속에 분노와 원망의 감정이 실려 있다.

또 다른 기록에 의하면, 다윗은 자신을 그림자처럼 따르는 군사를 600명이나 거느리고 다녔다고 한다.(사무엘기상 27:2) 주로 외국에서 전문적인 군사 훈련을 받은 용병을 고용하여 사병조직으로 키웠을 것이다.[151] 왕의 수하에 있는 사람이 개인적으로 사병조직을 굴렸다는 건 뭔가 꿍꿍이가 있다는 뜻이다. 사울 쪽에서 먼저 다윗의 충성심을 담보로 맏딸을 내주겠다고 약조하는 걸 보면, 다윗이라는 존재가 사울에게 얼마나 껄끄럽고 위협적이었을지 대충 짐작이 간다.

문제의 발단은 이 대목이다. 사울은 아무래도 다윗이 괘씸했는지, 그에게 주기로 한 맏딸 메랍을 다른 남자한테 줘버린다. 므홀랏 사람 아드리엘이라는 남자다(사무엘기하 21장에 보면, 다윗은 기브온 지역에 흉년이 든 것을 기해, 메랍과 아드리엘 사이에 태어난 다섯 아들을 모조리 살해하는 것으로 당시의 모욕을 앙갚음한다). 그래놓고는 다윗의 후환이 두려워, 이번에는 작은 딸을 미끼로 내놓는다. 다윗이 정작 원하는 게 부마 자리가 아니고 그 이상의 권력, 즉 왕의 자리인 것을 눈치챈 사울로서는 작은 딸을 미끼로 던져 다윗을 잡을 요량이었으리라.

그 작은 딸의 이름은 미갈. 성경 저자는 그녀의 이름이 등장하는 첫 장면에서 이런 설명을 삽입했다. "사울의 딸 미갈이 다윗을 사랑하였다."(사무엘기상 18:20) 이것이 성경에서 '여자가 남자를 사랑하였다'는 문구의 유일한 경우라고 한다.[152] '어떤 남자가 아무개 여자를 사랑하였다'는 구절만 난무하는 성경의 세계에서 '한 여자가 아무개 남자를 사랑하였다'는 구절을 만나는 일은 얼마나 파격적이고 또 아름다운가. 사랑과 결혼에서 '남자는 능동, 여자는 수동'이라는 공식이 미갈의 경우에는 들어맞지 않는 것이다. 하지만 그녀의 능동적이고 적극적인 사랑은 가부장제 사회에서 금지된 덕목이었다. "누군가가 이것을 사울에게 알리니, 사울은 잘 된 일이라고 여기고, 그 딸을 다윗에게 주어서, 그 딸이 다윗에게 올무가 되게"(사무엘기상 18:20-21) 하기로 작정한다. 여기서 아버지에게 딸이란 소유물 그 이상의 의미가 아니었던 시대의 한계를 엿볼 수 있다.

미갈의 거짓말

사울의 전략은 이랬다. 미갈과 혼인하는 조건으로 다윗에게 블레셋 남자의 포피包皮 100개를 가져오라고 주문한다. 포피라면 남근男根을 둘러싼 피부가죽이다. 포피 100개를 잘라 오라는 말은 100명의 남자를 죽이라는 뜻이다. 화자는 "사울은 이렇게 하여, 다윗을 블레셋 사람의 손에 죽게 할 셈이었다"(사무엘기상 18:25)는 구절을 넣음으로써, 친절하게도 사울의 계략을 독자에게 '귀띔'해 준다.

세상에 이토록 흉물스런 혼인 예물이 또 있을까. 자신의 소유인 딸이 권좌를 넘보는 신하에게 마음을 빼앗겼을 적에는, 배신감과 질투심에 눈이 머는 게 부왕의 속성일까. 이정희는《살림의 상상력》에서 문제의 포피는 "한 여성이 한 남성과 결혼하기 위해 치러야 할 대가"인 바, 그것의 의미는 곧 "미갈에게 저주, 살쑔을 씌움"[153] 이외의 아무것도 아니라고 말한다. 미갈은 사울과 다윗이 오월동주吳越同舟의 관계로 얽히는 데 단지 미끼가 되었을 뿐이다.

그런데 다윗이 누군가. 메랍과 혼담이 오가던 시절에도 "제가 누구이며, 제 혈통이나 제 아버지 집안이 이스라엘에서 무엇이기에, 제가 감히 임금님의 사위가 될 수 있겠습니까?"(사무엘기상 18:18)라며 사양했던 인물이었다. 미갈 이야기가 나오자, 그는 또다시 "나는 가난하고 천한 사람인데 어떻게 내가 임금님의 사위가 될 수 있겠습니까? 그것이 그렇게 쉬운 일로 보입니까?"(사무엘기상 18:23)라며 분명하게 사양한다. 그랬던 그가 막상 사울의 제안 앞에서는 보란 듯이 블레셋 남자의 포피를 200개나 잘라다 바친다. 사울의 왕권에 대한 본격적인 선전포고가 아닐 수 없다.

할 수 없이 사울은 미갈을 다윗에게 넘기는데, 이 일로 "다윗을 더욱더 두려워하게 되어, 마침내 다윗과 평생 원수가 되었다."(사무엘기상 18:29) 아버지와 남편이 서로 원수지간이 되었으니, 미갈의 자리야말로 바늘방석에 앉은 격이 아니었겠는가. 어쩌면 미갈로서는, 사람이 순수함만으로는 살 수 없다는 걸 깨달은 것이 결혼의 가장 큰 소득일지 모른다. 다윗에 대한 소녀다운 환상에 사로잡혀 있던 미갈은 결혼과 동시에 환상에서 깨어난다. 아버지와 남편 사이에 흐르는 불온한 기류……. 블레셋 남자의 포피 200개로 남편이 아버지의 기를 보기 좋게 꺾었으므로, 이번에는 아버지가 남편을 꺾을 차례다.

미갈은 사울이 신하들을 시켜 다윗을 죽이도록 사주한 사실을 눈치챈다. 화자는 이 대목에서 미갈을 "다윗의 아내"로 지칭한다.(사무엘기상 19:11) 다윗은 별로 그렇게 생각하지 않을지 몰라도, 또 사울 역시 전혀 인정하고 싶지 않을지 몰라도, 미갈은 틀림없이 다윗의 아내로 선언되고 있다.

미갈은 다윗에게 "오늘 밤에 피하지 않으면, 내일 틀림없이 죽습니다"라고 경고하고는, 다윗을 창문으로 내려 보낸다.[154] 연약한 여인의 몸으로 장정 한 사람을 창에서 내리기란 결코 쉬운 일이 아니다. 그만큼 미갈의 사랑은 진정하고도 헌신적인 것이었다. 그러고는 시간을 벌기 위해 "집 안에 있는 우상을 가져다가 침대에 누이고, 그 머리에는 염소털로 짠 망을 씌우고, 그 몸에는 옷을 입혔다."(사무엘기상 19:13)

여기 사용된 "우상"이라는 단어는 히브리어 *드라빔*teraphim(혹은 테라빔)의 번역인데, 이것은 고대 근동지방에서 가정을 지켜주는 수호신으로 알려져 있다. 성경의 다른 곳에서는 우상이라는 번역어 대신 드라빔이 그대로 쓰이기도 했다. 이를테면 야곱이 장인 라반의 집을 떠날 때, 그의 아내 라헬이 친정집에서 훔쳐간 게 바로 드라빔이다.(창세기 31:19 참고) 라헬의 경우는 그것을 치마 속에 몰래 숨겼다는 표현에서 알 수 있듯이 크기가 작은 드라빔이었다면, 미갈이 인형처럼 이용한 드라빔은 사람만한 크기였음을 알 수 있다. 고대 이스라엘 사람들은 이렇듯 어떤 종교적인 숭배의 대상이라기보다는 일종의 문화로서 드라빔을 가정에 비치하고 있었다.[155]

드디어 사울의 부하들이 다윗을 잡으러 왔다. 미갈은 남편이 아파서 침대에 누워 있다고 거짓말을 한다. 그러나 이 거짓말은 사울이 침대를 통째로 들고 오라고 하는 바람에 금방 들통이 나고 만다. 속은 걸 안 사울은 미갈에게 분통을 터뜨린다. "네가 왜 나를 속이고, 원수가 빠져 나가서 살아날 수 있게 하였느냐?"(사무엘기상 19:17) 잘못했다가는 목숨마저 위태로운 상황에서 미갈은 또다시 거짓말로 위기를 넘긴다. "빠져 나가지 못하게 하였다가는 다윗이 자기를 죽였을 것"(사무엘기상 19:17)이라고 말이다.

　　미갈의 거짓말은 단순히 제 목숨만 구하기 위함이 아니었다. 남편 다윗이야 도주에 성공했으니, 어떻게든 살 것이다. 그는 물맷돌 하나로 골리앗 장군을 때려눕힌 전설적인 영웅이 아닌가. 그러나 그런 다윗 때문에 아버지 사울은 거의 미치광이가 되고 말았다. 그러니 미갈의 거짓말은 몰락해가는 아버지에 대한 연민일지도 모른다. 다윗을 '원수'로 여기는 아버지의 권위를 존중하고 그의 명예를 보호하려는 배려 차원에서 나온 궁여지책 말이다.

　　그런데 경쟁심에 눈이 먼 사울은 그런 딸의 마음과 처지를 헤아릴 여유가 없었다. 미칠 듯한 불안감에 사로잡혀 있던 그로서는 딸이 제 남편과 짜고 아버지 등에 비수를 꽂았다고 생각했을 수 있다. 하여간 사울은 딸이 괘씸해서인지, 아니면 미꾸라지처럼 용케 도망치고는 왕의 자리를 빼앗으려고 호시탐탐 기회만 엿보는 다윗이 죽도록 미워서인지, 마침내 미갈을 갈림 사람 라이스의 아들 발디(또는 발디엘)에게 주어버린다.(사무엘기상 25:44)[156]

　　여기서부터 독자들은 더 이상 미갈의 '말'을 들을 수 없다. 당돌하게 자기 생각과 감정을 표현하는 미갈은 여기까지다. 자신의 의지와 상관없이 물건처럼 여기저기로 내돌려지는 운명의 소용돌이 속에서 미갈의 입은 철저히 봉인된다.[157]

정략결혼의 희생양

문제는 다윗의 행보다. 자기를 도주시켜 목숨을 부지하도록 애쓴 대가로 미갈이 어떤 가혹한 운명 속으로 내던져졌는지 그는 알지 못한다. 아니 미갈의 신변 따위는 전혀 안중에도 없는 듯이 행동했다고 하는 편이 맞을 것이다. 사울의 추적을 피해 도망 다니는 동안, 그가 두 명의 여자를 새 아내로 맞아들인 것이 그 증거다. 이스르엘 여인 아히노암과 나발의 아내 아비가일이 그들이다.[158]

그녀들 덕분에 다윗의 수배 생활이 비교적 안정적이었을 뿐만 아니라 재산까지 축적하는 계기가 되었으니, 다윗이야말로 요즘 남자들의 '결혼 로망'을 대리 구현한 '억세게 운 좋은' 사내가 아닌가. 이 대목에서 문득 의구심이 든다. 다윗은 정말 그녀들을 사랑했을까. 미갈과의 결혼은 어차피 권력 쟁취를 위한 수단이었다 치고, 아히노암과 아비가일의 경우는 도망자 시절의 그를 보듬어준 여인들이니 좀 다르지 않을까.

그 질문을 잠시 미뤄두고, 계속해서 다윗의 행보를 따라가보자. 사울이 죽었다. 정적政敵이 사라지자 다윗은 부하들과 가족들을 데리고 헤브론에 정착한다. 그 무렵 유다 사람들이 다윗을 찾아와 그를 유다의 왕으로 세운다. 그리하여 다윗은 헤브론에서 7년하고도 여섯 달 동안 왕 노릇을 하게 된다.

왜 하필 헤브론인가. 헤브론은 그 옛날에 아브라함과 이삭과 야곱이 거주한 적이 있는 유서 깊은 성읍이다. 또 이들이 그 아내들과 함께 묻힌 막벨라 굴이 있는 곳이기도 하다. 이스라엘의 중앙 산악지대 중에서도 금싸라기 땅이라고 불릴 만큼 물이 풍부하고 땅이 비옥했던 곳. 그곳이 다윗왕국의 초대 수도가 된 것은 아마도 그의 결혼과 연관이 있을 것이다.

사실상 다윗이 자기가 태어난 유다 땅 베들레헴 외의 장소와 모종의 연관을 맺을 때는 거의 반드시 결혼 사건이 등장한다.[159] 아히노암은 이스르엘 출신인데, 그곳은 헤브론의 남동쪽에 위치한다. 부유한 갑부 나발의 아내였던 아비가일은 마온에 기반을 가진 여인으로 그곳

귀도 레니의 '골리앗의 머리를 쳐든 다윗'

은 헤브론에서 남쪽으로 16킬로미터쯤 떨어진 곳이다. 더욱이 헤브론에 거주하는 동안 다윗은 그술 왕 달매의 딸 마아가와도 부부의 인연을 맺는다. 이런 탓에 다윗은 헤브론에 뿌리를 둔 처가 쪽 친인척들의 세력을 등에 업고 헤브론에서 유다 지파의 왕으로 등극할 수 있었다. 결국 다윗에게 결혼이란 언제나 정략결혼이었던 셈이다.[160]

하지만 그의 야심은 이스라엘 전체를 다스리는 왕이 되는 것이지, 결코 한 지파만의 왕이 아니었다. 다윗은 사울의 지지 세력인 북쪽 지파연합이 사울의 아들 이스보셋을 왕으로 세운 것에 심사가 뒤틀리기 시작한다.(사무엘기하 2:8 참고)[161] 사울의 지지 세력까

지 자기 것으로 흡수해야만 비로소 온전한 왕이 될 터였다.

그때 퍼뜩 떠오른 묘안이 바로 미갈이다! 처가를 자신의 권력 기반으로 확보하는 다윗의 계산은 이 대목에서 놀라운 순발력을 발휘한다. 사울의 딸 미갈이 다시금 자기 아내가 된다면야 사울의 지지 세력이 자기를 배척할 이유가 뭐가 있겠는가. 게다가 이스보셋은 그 인물됨이 무능하여, 군대장관 아브넬의 도움 없이는 버티기 어려운 허수아비 왕이다.

그때 마침 아브넬이 사울 왕의 후궁 리스바를 '건드리는' 사건이 일어나는데(사무엘기하 3:7-11), 이스보셋이 이 일을 추궁하자 아브넬은 보란 듯이 다윗에게 투항한다. 그는 다윗에게 사람을 보내어, 자기가 "임금님의 편이 되어서, 온 이스라엘이 임금님에게 돌아가도록"(사무엘기하 3:12) 하겠다며 아부를 떤다. 그러자 다윗이 제안을 한다. "좋소! 내가 장군과 언약을 세우겠소. 그런데 나는 장군에게 한 가지만 요구하겠소. 그대는 나를 만나러 올 때에 사울의 딸 미갈을 데리고 오시오. 그렇지 않으면, 내 얼굴을 볼 생각을 하지 마시오."(사무엘기하 3:13)

눈썰미 있는 독자라면 다윗이 미갈을 가리켜 "사울의 딸"이라고 부르고 있음을 알아챘을 것이다. 법적으로 미갈은 다윗의 아내다. 하지만 내용상으로는 다윗이 그녀를 아내로 여긴 것 같지 않다.[162] 만약에 사랑하는 아내로 여겼다면, 도피 중에도 그녀를 찾았어야 했다. 사울의 감시 때문에 만날 수 없었다고 말하는 건 핑계일 뿐이다. 요나단과도 몰래 만나지 않았는가.(사무엘기상 20장 참고)

그런데 이어지는 장면을 보면 어느새 말이 바뀌어 있다. 다윗은 이스보셋에게도 사람을 보내어 이렇게 전달한다. "나의 아내 미

갈을 돌려주시오. 미갈은 내가 블레셋 사람의 포피 백 개를 바치고 맞은 아내요."(사무엘기하 3:14)

사실 미갈의 신부값은 블레셋 남자의 포피 100개가 아니라 200개였지만, 그 기억의 오류는 중요하지 않다고 치자. 아브넬에게 말할 때는 "사울의 딸"이라고 지칭하더니, 이스보셋에게 말할 때는 "나의 아내"라고 부른 이유가 뭘까. 미갈을 데려오도록 확실히 압박하기 위한 술수는 아니었을까.

다윗은 그동안 여러 여자와 부부 관계를 맺고 자식을 낳으며 잘살아왔다. 아히노암은 암논을 낳았고, 아비가일은 길르압을 낳았고, 마아가는 압살롬을 낳았고, 학깃은 아도니야를 낳았고, 아비달은 스바댜를 낳았고, 에글라는 이드르암을 낳았다. 다윗은 헤브론에서 살 때 이렇게 여섯 아들을 얻었다.(사무엘기하 3:2-5) 그러고 보니, 마아가 말고도 세 명의 아내를 더 맞아들여, 무려 여섯 명의 아내를 두고 있었다(후에 통일왕국의 왕이 된 그는 예루살렘에서 33년간 통치하는 동안, 밧세바 말고도 아홉 명의 후궁들을 더 둔다).

그렇게 저 홀로 호시절을 보내는 동안 까맣게 잊고 있던 미갈의 존재를 새삼스레 떠올린 맥락이 불순하지 않은가. 이것은 자신의 권력 확보를 위해 필요하니 무조건 옆에 있어야 한다는 논리다. 그것도 이미 다른 남자의 아내가 되어 있는 여자를 힘으로 빼앗아 오겠다니.

이스보셋이 누이 미갈을 조금이라도 측은히 여기는 마음을 가지고 있었다면, 인간의 도리가 그게 아니지 않냐고 다윗을 타일렀어야 옳다. 하지만 다윗의 기세에 눌렸던지 그는 냉큼 사람을 보내 미갈을 데려온다. 이렇게 정치적 협상의 방편으로 다윗에게 '반환'된 미갈은 사울의 권력이 그에게로 완전히 이양되었음을 암시하는 상징일 뿐, 그 이상 아무 의미도 없었다. 권력에 아부하는 무리들에게 미갈은 '무기력하기 짝이 없는 일개 볼모'에 지나지 않았던 것이다.[163]

한편 미갈이 끌려갈 때 "그 여인의 남편"(사무엘기하 3:16) 발디가 계속 울면서 따라가더라는 보도로 미루어, 두 사람 사이의 정이 꽤 깊었을 것으로 추측할 수 있다. 앞서 다윗은 미갈을 지칭할 때 "나의 아내"라고 언급했다. 하지만 성경 저자는 적어도 이 대목에서만큼은 다윗을 "미갈의 남편"이라고 지칭하지 않는다. 미갈의 남편이라는 칭호는 오직 발디에게만 붙여져 있다. 울면서 자기를 따라오는 남편이 공권력에 의해 제지당하는 모습을 지켜볼 때 미갈의 심정은 또 얼마나 애통했을까.

다윗은 미갈의 첫사랑이었다. 그런 그가 언니의 신랑이 될 뻔했다가 우여곡절 끝에 자기 남편이 되었을 때, 미갈은 속없이 행복했었다. 하지만 그 행복도 잠시, 왕인 아버지와 부마인 남편 사이에 본격적인 힘겨루기가 시작되자, 미갈은 비로소 자신의 처지를 감지하게 된다. 왕실의 여자란 언제 바뀔지 모르는 정치적 변수에 따라 이리저리 휘둘리는 탁구공 같은 존재일 뿐, 평범한 보통 여자들이 누리는 행복 따위는 허락되어 있지 않다는 사실을 말이다.

오랜 세월을 건너뛰고 다시 만난 두 사람은 옛 정을 회복했을까. 차라리 그랬더라면 좋았으련만, 그런 낭만적인 기대는 환상일 뿐임이 곧 드러난다. 다윗이 미갈을 다시 찾은 건 철저한 정치적 계산에 따른 절차일 뿐, 다른 뜻은 없었다. 그는 "행복하게 새 삶을 꾸리고 있는 미갈을 무력한 새 남편으로부터 낚아채면서 그들의 사랑과 행복을 도둑질한 셈이다."[164]

한편 미갈이 다윗에게 도로 '반환'된 일 다음에, 성경은 연이어 아브넬과 이스보셋의 죽음을 담담히 묘사한다. 아브넬은 이스라엘 장로들은 물론이고 사울 집안이 속한 베냐민 지파 사람들까지 설득해서 다윗을 왕으로 모시도록 종용하는 큰 공을 세웠음에도 불구하고, 다윗 수하의 요압 장군에게 살해된다. 성경에는 요압이 개인적인 원한 때문에 복수한 것처럼 설명돼 있지만, 하필이면 왜 꼭 그 타이밍에 복수했어야 하는가는 설명돼 있지 않다.

다음으로, 이스보셋이 왕궁에서 낮잠을 자다가 갑자기 자객들에게 살해되는 사건이 발생한다. 그들의 신원은 이스보셋의 군지휘관으로 밝혀졌지만, 그들이 과연 누구의 사주를 받고 움직였는가는 성경에 나와 있지 않다. 다만 그 자객들이 이스보셋의 머리를 들고 밤새도록 걸어서 헤브론에 있는 다윗에게 가져다 바쳤다는 보도만이 어떤 암시로 남아 있을 뿐이다. 아브넬과 이스보셋의 죽음으로, 다윗은 마침내 온 이스라엘의 왕이 된다.

그리하여 이스라엘의 모든 장로가 헤브론으로 왕을 찾아오니, 다윗 왕이 헤브론에서 주님 앞으로 나아가 그들과 언약을 세웠다. 그리고 그들은 다윗에게 기름을 부어서, 이스라엘의 왕으로 삼았다. 다윗은 서른 살에 왕이 되어서, 사십 년 동안 다스렸다. **사무엘기하 5:3-4**

예루살렘에 온 다윗은 또 많은 후궁들을 맞아들여 무려 열한 명의 자녀를 더 낳았다.(사무엘기하 5:13-16) 곧이어 벌어진 블레셋과의 전투에서도 보기 좋게 승리하여 통일왕국의 기틀을 닦는다. 다윗 시대가 이스라엘 역사에서 황금기라 불리는 것은 그 때문이다. 당시 팔레스타인 지역의 정치적, 군사적 패권을 장악하고 있던 블레셋으로부터 완전한 독립을 쟁취하였을 뿐만 아니라, 모압, 소바, 암몬, 하맛, 에돔 등 주변 약소국들을 연달아 정복하여 식민지로 삼는 데 성공했던 것이다. 물론 이러한 정복의 역사가 또 다른 보복 전쟁을 불러일으키는 악순환을 낳기는 했지만, 순전히 힘의 과시라는 측면에서 보면 다윗 시대는 확실히 이스라엘의 전성기였다.

다윗을 향한 촌철살인

독보적인 권력의 기반을 닦은 후, 다윗에게는 이 권력의 정당성 혹은 정통성을 확보하는 일만이 남게 되었다. 블레셋과의 전쟁에서 승리한 뒤에 그가 법궤를 옮기기로 결정한 것은 그 때문이었다. 하나님의 법궤는 겉보기에는 한낱 상자처럼 보이지만, 언약의 백성에게 복을 주시고 보호하겠다고 약속하신 하나님의 임재의 상징이다. 따라서 이스라엘 백성에게는 민족적·종교적 자존심 그 자체였던 법궤를 블레셋 군대에게 빼앗겼으니, 그 소식을 듣고 제사장 엘리가 너무 놀라 의자에서 떨어져 죽었다는 보도가 허위나 과장만은 아닐 것이다. 그렇게 탈취당했던 법궤, 기럇여아림에 20년간 보관되어 있던 법궤를 다윗 왕이 되찾아 모셔온다.(사무엘기상 7:2 참고) 생각만으로도 가슴 벅차게 감동적인 장면이 아닌가.

그런데 단지 두 사람의 힘만으로도 너끈히 들 수 있는 법궤를 옮기기 위해 정병이 3만 명이나 징집되었다니, 어딘가 낌새가 수상하다.(사무엘기하 6:1) 게다가 수레에서 떨어지려는 궤를 무의식적으로 잡았다고 해서, 웃사 장군이 급사急死한 것도 기이한 긴장 내지 공포감을 불러일으킨다.(사무엘기하 6:6-7) 블레셋에게 빼앗겼던 하나님의 법궤를 다윗 성으로 모셔오는 일인데, 왜 이토록 복잡하게 꼬이는가.

다윗은 두려움에 떨기 시작한다. "이래서야 내가 어떻게 주의 궤를 내가 있는 곳으로 옮길 수 있겠는가?"(사무엘기하 6:9) 불평과 분노가 뒤섞인 말이다. 다윗은 일단 궤를 다윗 성으로 옮기지 않고, 가드 사람 오벳에돔의 집에 잠시 맡기기로 한다.[165] 말하자면 법궤를 모시고 있는데도 그 집이 멀쩡한지 시험해보겠다는 속셈이다. 그리고 석 달 뒤, 들리는 소문에 의하니 드디어 안전성이 검증되었단다. 게다가 그의 온 집안은 법궤가 그 자리에 머묾으로 해서 큰 복까지 받았다고 한다. 이제야 안심이 된 다윗은 기쁜 마음으로 법궤를 다윗 성에 옮기기로 결심한다.

다윗의 불안은 아마도 자신의 정권 획득 과정이 하나님의 뜻에 맞지 않을지 모른다는 직감에서 비롯되었을 것이다. 물론 그가 이스라엘을 블레셋으로부터 독립시키고, 통일왕국의 기틀을 닦은 것은 왕으로서 커다란 공적임에 틀림없다. 하지만 그 과정에서 손에 피를 너무 많이 묻혔다. 목적 자체가 하나님의 뜻인지 분별하는 것도 중요하지만, 그 목적에 이르는 과정이 하나님의 뜻에 합당한지 살피는 것은 더욱 더 중요한데, 불행하게도 목적 달성에 눈이 먼 다윗에게는 그런 지혜가 부족했다.

다윗은 법궤 옮기는 일을 전략적으로 요란한 국가 행사로 치른다. 법궤를 멘 사람들이 여섯 걸음씩 옮길 때마다 온 백성의 행렬도 동시에 멈추고, 소와 살진 양을 잡아 제물로 바치는 종교의식을 거행하도록 진두지휘한다. 나팔 소리가 우렁찬 가운데, 온 백성이 춤추고 환호하면서 법궤를 옮기는 장면은 장엄한 축제였을 것이다.

흥미로운 것은 다윗의 행동이다. 그는 모시로 만든 에봇만을 걸치고, 온 힘을 다해 힘차게 춤을 추었다.(사무엘기하 6:14) 그 춤의 의미는 무엇이었을까. 법궤를 옮겨서, 오벳에돔의 집안에 내려졌던 축복이 이제 자기 집안으로 옮겨지리라는 기대였을까. 아니면 법궤가 다윗 성에 안치됨으로써 자신이 획득한 정권의 정당성도 덩달아 보장되리라는 계산이었을까. 그런데 에봇을 입었다니, 이 무슨 해괴한 일인가.

에봇은 군인이나 왕의 옷이 아니다. 제사장이 제의 때 입는 거룩한 옷이다. 출애굽기 28장을 보면, 제사장의 예복에 대한 규정이 나온다. 제사장은 우선 속바지를 입고, 그 위에 발목까지 내려오는 원피스형의 하얀색 긴 팔 세마포 속옷을 입는다. 그리고 청색의 에봇 받침 겉옷을 입은 뒤에야 에봇을 입을 수 있다. 에봇은 금실과 청색 실과 자주색 실과 홍색 실을 더해 가늘게 꼰 모시실로 정교하게 감을 짜서 만든 조끼 같은 옷이다. 이 에봇의 양쪽 멜빵에는 이스라엘 12지파의 이름이 각각 여섯 개씩 새겨진 두 개의 홍옥수 보석이 박혀 있다. 거기에 허리띠를 매고 가슴받이를 두르고 관을 써야 정식 제사장의 복식이 완성된다.

그 에봇을 다윗이 입었다는 것이다. 그것도 모든 복잡한 순서를 다 생략한 채, 달랑 에봇 하나만을 걸쳤다고 한다. 그러고서 '힘차게' 춤을 추니,[166] 그 모습이 얼마나 가관이었을까. 그동안 성경에서 증발되었던 미갈이 다시 등장하는 게 바로 이 대목이다. "주님의 궤가 '다윗 성'으로 들어올 때에, 사울의 딸 미갈이 창밖을 내다보다가, 다윗 왕이 주님 앞에서 뛰면서 춤을 추는 것을 보고, 마음속으로 그를 업신여겼다."(사무엘기하 6:16)

온 백성이 축제에 참가하는 마당에 미갈은 왜 '성 안'에 있었던 걸까. 왕이 주도하는 대대적인 국가 행사에 어째서 왕비가 빠졌을까. 미갈 이야기 전체에서 그녀의 속마음이 드러나는 곳은 이 대목이 처음이고도 유일하다.[167] "주님 앞에서 뛰면서 춤을 추는" 다윗을 "마음속으로 업신여겼다"는 것이다. 화자는 다윗의 춤이 '사람들 앞에서' 춘 것이 아니라 '하나님 앞에서' 춘 것이라고 두둔한다. 그러나 미갈의 눈에는 그렇게 보이지 않았던 모양이다.

성경은 미갈의 업신여김 바로 뒤에다, 마침내 법궤가 다윗 성에 안치된 이야기를 갖다 붙인다. 법궤를 다윗 성의 장막 안 제자리에 옮겨둔 다음, 다윗 왕은 번제와 화목제를 드리고 하나님의 이름으로 백성들에게 복을 빌어주고는, 그곳에 모인 온 이스라엘 백성들에게 빵과 고기와 건포도 과자 하나씩을 나누어 주고 해산시켰다.

원래 희생제사를 집례하는 것은 제사장의 업무다. 과거에 사울 왕도 직접 번제를 주관했다가 사무엘한테 호된 야단을 맞은 일이 있다.(사무엘기상 13:7-14) 그렇다면 미갈의 업신여김은 한낱 군인 출신의 집권자에 불과한 다윗이 스스로 제사장처럼 구는 것에 대한 비난일 가능성이 있다. 엄연히 제사장이 따로 있는데, 왕이 에봇까지 걸치고 제사장 노릇을 하는 게 가당키나 하냐는 비판이다.

잔치가 끝나고, 다윗은 마지막으로 자기 집안 식구들에게 복을 빌어주려고 궁전으로 들어간다. 이때 미갈이 다윗을 맞으러 나와서 한마디를 던지는데, 말에 독기가 서려 있다.

> 오늘 이스라엘의 임금님이, 건달패들이 맨살을 드러내고 춤을 추듯이, 신하들의 아내가 보는 앞에서 몸을 드러내며 춤을 추셨으니, 임금님의 체통이 어떻게 되었겠습니까?
>
> 사무엘기하 6:20

그동안 쌓인 미갈의 분노가 활화산처럼 폭발하는 장면이다. 수년간 다윗은 미갈을 방치한 채 수많은 여인들을 연거푸 아내로 취했다. 그래놓고, 새 남편을 만나 겨우 삶을 추스르고 있던 미갈을 강제로 끌고 와서는 궁 안에 유폐시켰다. 심지어 그녀는 국가 잔치에도 참여할 수 없는 처지였다. 말이 좋아 왕비일 뿐, 속사정은 산송장이나 다름없었다.

이 대목에서 미갈의 분노를 사적인 것으로 보느냐, 아니면 공적인 것으로 보느냐에 따라 그녀의 위상이 달라짐은 물론, 본문 해석의 향방도 갈릴 것이다. 데이비드 갈런드와 다이애나 갈런드는 신학자이자 가정사역자로 활동하는 부부답게 치유상담적인 접근을 시도한다. 예전에 다윗을 순수하게 사모하던 미갈의 마음이 이미 경멸로 변해버린 상황에서 하체를 드러낼 정도로 과한 다윗의 춤은 여인들을 유혹하려는 행위처럼 보였을 수 있다는 것이다.[168] 이때의 '여인들'은 단순히 '신하들의 아내'라기보다는 "그의 종들의 여종들"이 원문에 더 정확한 번역이라고 한다.[169] 사회적으로 신분이 가장 낮은 계층의 여인들에게 벗은 몸을 보인 것이, 왕족 출신인 미갈로서는 감당하기 어려운 일이었을 거라는 추측이다.[170]

더 나아가 갈런드 부부는, 부부 사이에 화가 났을 때는 최대한 말조심을 하는 게 결혼생활을 지속시킬 수 있는 비법 중 하나인데, 다윗과 미갈은 둘 다 사적인 분노로 인해 자신의 혀를 제어하는 데 실패했다고 지적한다.[171] 특히 문제의 본문에서 미갈이 다윗을 '당신'이라고 지칭하지 않고 '이스라엘의 임금님'이라는 3인칭으로 표현하는 걸 보면, 그녀의 말투에는 사랑이나 존경심, 배려의 감정이 전혀 담겨 있지 않다는 것이다.[172] 이렇게 되면 상대방도 자극을 받아 똑같은 방식으로 공격할 수밖에 없다.

그래서 갈런드 부부는, 곧이어 등장하는 다윗의 말, 곧 사울과 요나단을 모독하면서 미갈의 치부를 건드리는 그의 말을(사무엘기하 6:21) 미갈의 책임으로 돌린다. 그리고 "만일 미갈이 기쁨에 들떠 궁 안으로 들어오는 다윗을 기쁨으로 대했더라면 어떻게 되었을까? 남편이 자기를 버렸지만 끝까지 사랑했더라면 어떻게 되었을까?"[173]라는 의문부호로 결론을 대신한다.

한편 로버트 알터는 미갈이 다윗을 3인칭으로 묘사한 것은 "왕으로서 어떻게 처신해야 할지 모르는 남편에 대한 분노의 표현"[174]이라고 한다. 다윗이 성적으로 저속한 행동을 보인 것은 왕으로서 부적절한 행동이었을 뿐만 아니라, 배우자의 성적 권리를 무시하는 행동, 곧 거룩한 혼인계약을 파기하는 행동이라는 지적이다. 이러한 견해 역시 미갈의 분노를 개인적인 것으로 해석하는 데 일조한다.

그러나 로빈슨은 다윗의 행동을 가나안의 풍습과 연결 지음으로써, 다른 해석의 가능성을 열어준다.[175] 잘 알려져 있다시피, 이스라엘 율법은 사제들이 성소에서 벗은 몸을 드러내는 것을 금지한다.(출애굽기 20:26) 심지어 일반인이라도 공공연히 자기 알몸을 드러내는 것은 금기사항이었다.(창세기 9:22 ; 레위기 18:6 참고) 이를 미루어보면, 다윗이 무아지경에서 춤을 춘 것은 전형적인 가나안의 풍습이었기에 미갈이 다윗의 행동을 비난했다는 것이다.

성경은 "이런 일 때문에 사울의 딸 미갈은 죽는 날까지 자식을 낳지 못하였다"(사무엘기하 6:23)고 보도한다. 전통적으로 독자들과 해석자들은 '이런 일'의 실체를, 미갈이 다윗을 마음속으로 업신여기고 또 입으로 책망한 일이라고 여겨, 미갈의 불임은 하나님의 저주였다고 받아들이는 경우가 많다. 그러나 미갈의 분노를 사적인 것으로 풀이하는 갈런드 부부조차 그녀의 불임을 하나님의 저주로 보지는 않는다. 미갈이 죽는 날까지 자식을 낳지 못한 이유는 다윗이 발디로부터 그녀를 데려온 이후에 한 번도 잠자리를 같이하지 않았기 때문이라는 것이다.[176]

역사에 가정법은 없다지만, 만약에 미갈에게 아들이 있었다면 어땠을까를 상상하기란 별로 어렵지 않다. 새 왕조를 창건하려는 유다 지파와 기존의 왕조를 이어가려는 베냐민 지파 사이의 전쟁이 더욱 치열했을 것이다. 사무엘기 하편을 보면 왕위를 쟁탈하기 위한 왕자들의 난이 피 비린내 나게 전개된다.

특히 다윗의 셋째 아들인 압살롬은 어머니가 공주 출신(그술 왕 달매의 딸)이라는 후광을 등에 업고 아버지에 맞서 대대적인 반란을 일으킨다. 여동생 다말이 장남인 암논에게 강간당한 일도 그에게는 일종의 호재였다. 이로써 암논을 제거할 빌미가 생겼기 때문이다. 압살롬은 다윗이 궁에 남겨 놓고 간 후궁들을 백성이 보는 앞에서 강간하는 파렴치한 짓도 서슴지 않는다.

이렇게 진흙탕 같은 정치판의 생리를 생각하면, 미갈에게 아들이 없었던 게 차라리 잘된 일인지도 모른다. 강조하건대 불임을 저주로 보는 시각은 교정될 필요가 있다. 성경 저자가 이 말을 하는 대목에서 미갈을 다시 한 번 "사울의 딸"이라고 지칭하고 있음을 상기하자. 미갈은 끝내 "다윗의 아내"라고 불리지 않는다. 그녀는 사울의 딸로 태어나 권력에 굶주린 남성들의 야망이 넘실대는 정치판에 홀로 던져져 줄곧 이용당했다. 그러나 성경은 그녀를 희생자로만 기록하고 있는 것 같지는 않다.

다윗왕조에서 녹祿을 먹는 왕실 사관史官이 노골적으로 다윗왕을 비판할 수는 없을 것이다. 다만 등장인물의 입을 빌어 다윗을 비판하는 식으로 우회 전략을 취하는 건 가능하다. 이렇게 보면 역사가는 미갈의 입을 통해 다윗을 비판하고 있는지도 모른다. 예언자의 권위가 무시되고 제사장의 역할이 제한된 시대에, 다윗의 권력이 점점 절대화됨에 따라 이른바 언론통제가 심화되는 상황에서 미갈이 바로 '입 바른 소리'를 하는 지식인의 역할을 담당한 건 아닐까.

미갈은 천하의 다윗을 감히 '건달'에 비유한다. 이러한 시각은 점점 강화되어가는 왕권 아래서 비례적으로 높아지는 세금과 징집과 강제 노역에 시달리는 기층 민중이 다윗 왕을 바라보던 일반적인 관점을 대변하는 것일지도 모른다. 혹은 출애굽과 광야 전통에 따라 절대로 이스라엘에서는 파라오 같은 왕이 태어나면 안 된다고 믿는 예언자의 시각을 대언하는 것일 수도 있다.

사실상 미갈만큼 다윗의 일생을 속속들이 알고 있는 산 증인도 드물 것이다. 드러난 삶의 궤적뿐만 아니라, 드러나지 않은 속생각과 그의 은밀한 욕망까지도 훤히 꿰뚫고 있는 그녀다. 그래서 대놓고 그를 조롱하며 능멸한다. 다윗 성의 근거지가 되는 아라우나의 타작마당을 사유화하듯이(사무엘기하 24장 참고) 신앙을 사유화하여 하나님을 소유하고, 특히 하나님이 내려주시는 축복을 죄다 독점하려는 탐욕스런 망상이 미갈은 끝내 역정스럽다. 가나안 사람들이 그러하듯이 신전을 세워서 신을 한 곳에 묶어두는 짓은 오히려 어디든지 자유롭게 움직이며 제약 없이 활동하시는 야훼 하나님에 대한 반역이라고, 미갈은 강변하고 싶었는지도 모른다.[177]

다윗에게 얽힌 죄로 인생이 그만큼 꼬였으면, 그래서 권력 앞에 머리 조아리지 않는 대가가 얼마나 크고 뼈아픈지를 알 만큼 알았으면, 기가 죽을 대로 죽어서 한 세월 목숨 부지하는 것만도 다행이라 여긴 채 조용히 살 것 같은데, 미갈은 절대 그러지 않는다. 오히려 한 술 더 떠서 다윗한테 감히 '맞장'을 뜬다.

그 불가해한 힘의 원천은 무엇일까. 사적 분노일 수도 있고, 공적 분노일 수도 있다. 어차피 우리네 일상이라는 게 공사의 분리가 그리 엄격하지는 않으니까. 미갈이라는 이름은 '미가엘Michael'의 줄임말로, '하나님과 같으신 이가 어디에 있느냐'는 뜻이다. 그렇다면 그녀는, 사적으로는 비록 불행하고 비극적인 인생을 살았을망정,

공적으로는 누구도 하나님과 같이 되려는 헛된 야망을 품어서는 안 된다는 교훈의 산 증인이 아닐까.

　무시당하고 억압당하고 감금당하고 고문당할지언정, 올곧은 소리를 내고야 마는 사람들 틈에서 오늘도 미갈은 힘차게 부활한다. 목에 칼이 들어와도 할 말은 하고야 마는 사람들 틈에 미갈이 있다. 그녀의 이름은 권력이 노골화되는 지점에서 끈질기게 살아남으며, 그럼으로써 그 권력의 부당성을 온몸으로 증거하고, 끝까지 자기 소신을 굽히지 않는 자존심의 다른 표현이다.

　자신의 말이 개인적 원한 때문이라고 폄하되는 것도 고스란히 감당하면서, 끝내 할 말은 하고 본다. 그 말의 알짬은 아무리 승승장구 잘 나가는 사람도 자신의 성공을 과장하지 말라는 것이다. 그의 성공 때문에 누군가는 피눈물을 흘리고 있다. 벼가 익을수록 고개를 숙이는 이치를 보라. 겸손이 빠진 성공은 개인에게나 이웃에게, 그리고 하나님에게 오히려 해가 되고 독이 될 뿐이다.

　보신주의保身主義에 길들여져 스스로 입에 재갈을 물리는 사람들에게 미갈은 오늘도 도전한다. 침묵이 능사가 아니라고. 사람들이 잠잠하면, 돌들이 소리 지를 것이라고.(누가복음서 19:40)

8 장

요시야 종교개혁을 이끈 신학자

훌다

종교개혁의 단초를 제공하다

왕정 시대는 왕에게 권력이 집중되어 있었던 탓에 여성의 활동 반경이 매우 제한적이었다. 그래서 성경에 등장하는 왕정 시대의 여성들은 주로 공주, 왕비, 후궁, 왕후 등 왕 주변의 배역이 많았다. 이는 당시 여성은 그저 권력자 주변을 맴도는 딸이나 아내 또는 어머니로서, 주요 역사적 사건의 조력자 내지 희생자로 기능한다는 뜻이다. 그런 시대적 배경을 감안하면, 남성에 의해 정의되지 않은 여성을 만나는 일은 거의 기적이나 다름없을 것이다.

때는 바야흐로 다윗왕조 말기, 요시야 왕이 집권하던 시절(기원전 640-609년)이다. 요시야는 이른바 '종교개혁'을 단행한 왕으로, 다윗 이후 가장 훌륭한 왕이라는 칭송을 받는 인물이다. 사실 왕에 대한 성경 저자들의 평가는 아주 각박해서, 히스기야와 요시야 말고는 후한 점수를 받은 이가 없을 정도다.

이를테면 히스기야에 대해서는 "그는 하나님의 성전을 관리하는 일이나, 율법을 지키는 일이나, 하나님을 섬기는 일이나, 하는 일마다 최선을 다하였으므로, 하는 일마다 잘 되었다"(역대지하 31:21)라고 평가한다. 그런가 하면 요시야에 대해서는 "그는, 주님께서 보시기에 옳은 일을 하였고, 그의 조상 다윗의 길을 본받아서, 오른쪽으로나 왼쪽으로 곁길로 벗어나지 않았다"(역대지하 34:2)라고 덧붙인다.[178] 이들이 칭찬받는 이유는 단 한 가지인데, 다름 아니라 두 왕 모두 종교개혁을 단행했기 때문이다.

특히 요시야 왕은 오랜 세월 야훼 신앙을 오염시키고 더럽혀온 이방제의를 뿌리째 소탕하는 대대적인 종교개혁을 벌였다. 그는 우선 성전에서 바알과 아세라, 그 밖의 일월성신을 숭배하려고 만든 제의 기구들을 모조리 끄집어내어 예루살렘 성 바깥 기드론 골짜기에서 불태워버린다.(열왕기하 23:4)

또 유다의 역대 왕들이 산당 제사를 드리기 위해 고용한 제사장들을 내쫓고, 바알과 일월성신에게 제사 지낸 사람들도 모조리 추방한다. 더 나아가 바알 숭배를 위해 존재하던 성전 창기娼妓의 집도 폐쇄하고, 인간을 희생 제물로 바치는 몰록 제의와 그모스 제의도 금한다. 게다가 유다 땅과 예루살렘에서 신접한 자와 박수와 드라빔과 우상과 모든 혐오스러운 것들을 눈에 보이는 대로 다 없애고, 히브리인들의 이집트 탈출을 기념하는 유월절도 살려낸다.[179]

그 결과 그는 "이와 같이 마음을 다 기울이고 생명을 다하고 힘을 다 기울여 모세의 율법을 지키며 주께로 돌이킨 왕은, 이전에도 없었고 그 뒤로도 다시 나타나지 않았다"(열왕기하 23:25)는 엄청나게 후한 평가를 받는다.

바로 이 대목, 그러니까 요시야 왕이 종교개혁을 하는 장면에서 우리는 한 여성을 만나게 된다. 그녀의 이름은 훌다! 요시야 종교개혁의 견인차 역할을 담당한 인물이다. 성경 저자는 그녀에게 *네비아*nebia, 곧 예언자라는 칭호를 붙이기를 주저하지 않는다. 그 당시 유다왕국에 *나비*nabi, 곧 남성 예언자가 전혀 없던 것도 아닌데, 그녀는 어쩌다가 이토록 막중한 일을 떠맡게 되었을까. 요시야 왕은 어째서 나비를 제쳐두고 네비아에게 자문을 구했을까.

이 정도 물음으로도 그녀의 이름에는 어마어마한 무게감이 실린다. 그러나 눈덩이 같은 독자의 궁금증에 비하면 성경이 풀어놓는 정보는 손톱만큼밖에 되지 않는다. 훌다에 할당된 성경기록은 열왕기하 22장 14절부터 20절과 역대지하 34장 22절부터 28절이 전부다.[180] 그나마 두 기록도 서로 똑같다 싶을 만큼 겹친다. 이렇게 정보가 빈약하면, 훌다를 재구성하기 위한 우리의 노력에도 상상력이 몇 곱절 더 요구되기 마련이다.

일단 두 화자 모두 훌다를 "살룸의 아내"라고 소개한다는 점부터 짚어보자.(열왕기하 22:14 ; 역대지하 34:22) 살룸은 할하스의 손자요 디과의 아들로, 궁중 예복을 관리하는 사람이었다. 그러니까 훌다가 제사장과 서기관, 그 밖에 왕의 측근들과 더불어 나라의 앞날을 논의하고 있을 때, 그녀의 남편은 왕의 예복을 손질하고 있었던 것이다. 요즘 식으로 말하면 성역할이 전도된 부부인 셈인데, 왕의 시종이라는 남편의 지위가 예언자로서의 훌다의 권위를 전혀 손상하지 않았다는 점이 새삼 눈길을 끈다.

훌다는 마치 다윗 왕 시절의 예언자 나단이 그랬듯이, 요시야 왕 곁에서 때로는 협력자로, 또 때로는 비판자로 활동했을 것이다. 요시야로 하여금 종교개혁을 일으키도록 강력한 동기부여를 제공한 것도 그녀의 몫이었다. 그 사연을 차근차근 따라가보자.

왜 하필 그녀인가

요시야는 아몬 왕의 아들이다. 아몬은 스물두 살에 왕이 되어 고작 두 해밖에 다스리지 못하고 살해된 비운의 왕이다.(열왕기하 21:19-26 ; 역대지하 33:21-25 참고) 그는 선왕先王 므낫세처럼 산당山堂 제사를 즐기며 아세라 여신을 숭배하는 등, 가나안 토착종교에 빠졌다. 그래서 신하들이 반란을 일으켜 왕을 제거한 것이다. 그러니 아몬의 후계자로 왕위에 오른 요시야가 고작 여덟 살인 것도 무리는 아니다.

어린 나이에 왕이 된 요시야는 즉위 8년째 되던 해에 "조상 다윗의 하나님을 찾기 시작하였다"(역대지하 34:3)고 한다. 다시 말해 자신의 아버지나 할아버지와는 다른 길을 걷기 시작한다. 아직은 십대 중반이니 여전히 어리다고 하겠지만, 그래도 인생의 가치관을 세우기에는 충분히 성숙한 때가 아닌가. 그가 무려 31년 동안이나 통치자의 자리를 지킬 수 있었던 것은 이때 다져진 신앙의 기초 덕분이리라.

재위한 지 18년이 지나자, 요시야는 대대적인 성전 수리를 기획한다.(열왕기하 22:3-7 ; 역대지하 34:8-9 참고) 아마도 솔로몬이 지은 예루살렘 성전이 오랜 세월이 지나면서 크게 낙후돼 있었던 모양이다. 그는 이 일의 책임자로 사반 서기관을 지명하여 힐기야 대

제사장에게 보낸다. 보수공사에 필요한 재정 일체를 지원하겠다는 왕실의 뜻을 전달하기 위해서다.

그런데 사반이 성전에 당도하니 힐기야가 낯선 율법책 한 권을 내미는 것이다. 성전을 수리하다가 우연히 발견했는데 예사 책이 아닌 것 같다면서 말이다. 사반은 그 책을 읽어본 후에 즉시 왕에게 가져가서 왕 앞에서 큰 소리로 읽어준다. 그러자 왕이 그 율법책의 말씀을 듣고는,애통해하며 자기 옷을 찢더라는 것이다.

왕은 그 책에 적힌 메시지가 무슨 뜻인지 상세히 알아보기로 마음먹는다. 이 일을 위해 특별대사로 선발된 사람은 모두 다섯 명. 힐기야 대제사장과 사반의 아들 아히감과 미가야의 아들 악볼과 사반 서기관과 왕의 시종 아사야가 그들이다. "그대들은 주님께로 나아가서, 나를 대신하여, 그리고 아직 이스라엘과 유다에 살아남아 있는 백성을 대신하여, 이번에 발견된 이 두루마리의 말씀에 관하여 주님의 뜻을 여쭈어 보도록 하시오. 우리의 조상이 주님의 책의 말씀을 지키지 않고, 이 두루마리에 기록된 모든 것을 지켜 따르지 않았으므로, 주님께서 우리에게 쏟으신 진노가 크오."(역대지하 34:21 ; 열왕기하 22:13)

그래서 이들 다섯 명의 특사 요원이 곧바로 찾아간 사람이 바로 훌다다. 훌다는 그들에게 이런 무시무시한 신탁의 말씀을 전한다.

주 이스라엘의 하나님께서 이렇게 말씀하시니, 그대들을 나에게 보내어 주님의 뜻을 물어보라고 한 그분에게 가서 전하시오. "나 주가 이렇게 말한다. 유다 왕 앞에서 낭독한 책에 기록된 모든 저주대로, 내가 이 곳과 여기에 사는 주민에게 재앙을 내리겠다. 그들이 나를 버리고 다른 신들에게 분향하고, 그들이 한 모든 일이 나를 노엽게 하였기 때문이다. 그러므로 내 분노를 여기에다 쏟을 것이니, 아무도 끄지 못할 것이다." 하셨소.

주님의 뜻을 주님께 여쭈어 보려고 그대들을 나에게로 보낸 유다 왕에게는 이렇게 전하시오. "주 이스라엘의 하나님이 이렇게 말한다. 네가 들은 말씀을 설명하겠다. 내가 이 곳과 이 곳에 사는 주민을 두고 말한 것을 네가 듣고, 마음에 느낀 바 있어서, 하나님 앞, 곧 내 앞에서 겸손해져서, 네가 옷을 찢으며 통곡하였으므로, 내가 네 기도를 들어주었다. 나 주가 말

율리우스 슈노어 폰 카롤스펠트의 '요시야'

한다. 그러므로 이 곳과 이 곳 주민에게 내리기로 한 모든 재앙을, 네가 죽을 때까지는 내리지 않겠다. 내가 너를 네 조상에게로 보낼 때에는, 네가 평안히 무덤에 안장되게 하겠다." 하였습니다.

역대지하 34:23-28 ; 열왕기하 22:15-20

요컨대 나라가 망할 거라는 예언이다. 구체적으로는 예루살렘 성전의 파괴와 유다 백성들이 바빌론 제국의 포로가 되어 잡혀가는 식민지 시대(기원전 587~538년)의 도래를 암시한다. 이러한 멸망은 유다 백성들의 우상숭배에 대한 심판이므로, 도저히 피할 수 없다는 말이다. 하지만 요시야 왕은 야훼 하나님 앞에 겸손히 무릎 꿇고 옷을 찢으며 회개했으므로, 그가 살아 있는 한 재앙이 연기될 것이다.

훌다의 예언은 나라와 민족의 운명에 대한 예언豫言이었지만, 그것은 훌다에게 있는 어떤 예지력이나 신통력에서 나온 것이 아니라 하나님이 그에게 말씀을 맡기셨기에 가능한 예언預言이었다.[181] 즉, 예언자는 장래에 벌어질 일을 미리 알아맞히는 사람이 아니라 하나님의 뜻을 대신 전하는 대언자代言者로 이해해야 옳다.[182]

다시 강조하지만, 이 대목에서 궁중 특사들이 하필 훌다를 찾아간 이유가 무엇일까. 그 시대에는 '눈물의 예언자'라는 별명을 가진 예언자 예레미야도 있었다.[183] 그는 구약성경에서 예레미야서와 예레미야애가의 저자로도 유명하다. 성경 전체에 걸쳐 고작해야 한두 차례밖에 이름이 등장하지 않는 훌다에 비하면, 단독 저서까지 갖고 있는 예레미야의 이름값이 얼마나 높은가.[184] 그 무렵 예레미야는 소명을 받고 활동한 지 5년이 지나, 이미 유명세를 타고 있었다.(예레미야서 1:2 참고) 그런데도 궁중 관리들이 훌다를 찾아갔다면, 거기에는 분명 그럴 만한 이유가 있었을 것이다.

율법책에 적힌 말씀이 아무래도 낙관적이기보다는 비관적인 심판 쪽으로 흐를 것 같으니까, 혹시 여성 예언자를 찾아가면 좀 더 부드럽게 해석해주지 않을까 하는 기대가 작용했을지도 모른다. 만약에 그랬다면 그 계산은 완전히 착각이었다. 훌다의 예언 또한 어느 남성 예언자 못지않게 멸망과 저주를 선포하고 있지 않은가.

비슷한 시기에 활동했다고는 하나, 예레미야와 훌다는 서로 맡은 영역이 달라서 훌다를 찾아갔을 수도 있다. 예레미야는 베냐민 땅 아나돗 마을의 제사장 출신인 힐기야의 아들이다.(예레미야서 1:1) 여기서 아나돗이라는 지명에 주목할 필요가 있는데, 이 땅은 다윗의 아들 솔로몬 왕 때 파직당한 아비아달 제사장의 고향이기 때문이다.(열왕기상 2:26)

일찍이 다윗 왕은 통일왕국의 면모를 갖추기 위해 북부 지파 출신으로 아비아달을, 남부 지파 출신으로는 사독을 제사장으로 임명했다.[185] 그러나 다윗의 후계자 다툼이 일어났을 때, 아비아달은 솔로몬 대신 아도니야를 지지하는 바람에 솔로몬이 즉위하자 숙청 대상이 되고 만다. 그러니 다윗왕조 내내 아비아달 가문이 어떤 대접을 받았을지는 충분히 짐작하고도 남는다. 하여 아비아달 계보에 속하는 예레미야 역시 주변부에서 자유롭게 발언하는 재야 예언자였을 가능성이 높다.

그렇다면 훌다는 중앙에서 왕의 자문 역할을 도맡아 하는 궁중 예언자로 보아야 할까. 만약에 이 추측이 맞는다면, 궁중 관리들이 어째서 일말의 주저 없이 훌다를 찾아갔는지가 쉽게 풀린다. 평소 습관대로 찾아갔다고 보면 된다.

하지만 훌다가 정말로 공식적인 궁중 예언자였는지는 정확히 알 수 없다. 성경은 이 부분에 대해서 침묵으로 일관한다. 그리고 만약 그녀가 궁중 예언자였다면, 적어도 그녀의 가계家系에 대한 기본 정보쯤은 왕실사가의 기록 어딘가에 반드시 남아 있어야 하는데, 흔적조차 없다. 그러므로 독자로서는 남성 중심적인, 심지어 반反여성적인 역사서 편집자들마저도 무시할 수 없을 정도로 훌다의 영향력이 지대했으리라는 선에서 추측을 갈무리하는 것이 적절할 듯싶다.

예루살렘 제 2구역의 비밀

훌다에 관한 성경 기록은 그 분량이 매우 적지만, 유대 문헌들에서는 제법 많은 정보를 찾아낼 수 있다.[186] 이를테면 예루살렘 성의 다섯 개의 문 가운데 두 개가 '훌다의 문'으로 불렸다 한다. 이것은 그녀의 위상을 새삼 가늠하게 해주는 단서다. 한편 아람어 성경인 탈굼Targum은 훌다가 거주했던 곳을 벨 울파나Bet-Ulpana, 곧 '공부하는 집'으로 번역함으로써, 훌다를 율법학자(요즘으로 치면 신학교수)로 소개한다. 랍비 라쉬Raschi에 따르면, 훌다가 그 시대의 장로들에게 토라를 가르쳤다는 것이다.

이쯤 되면 훌다에 대한 유대인들의 존경심이 얼마나 대단했는지 금방 알게 된다. 특히 그녀의 무덤에 대한 전승이 압권이다. 예루살렘에서는 정결법의 규정 때문에 성전 주변에는 어떤 무덤도 둘 수 없었다. 하지만 다윗 집안의 무덤과 훌다의 무덤만큼은 예외로 허용되었다고 한다. '이방인과 노예와 여자로 태어나지 않아서 감사하다'는 기도를 하루 다섯 번이나 드릴 정도로 가부장적인 유대 사회에서 이렇게 여예언자 훌다가 위대한 신학자로 칭송되고 있다는 것은 그 자체가 기적이다. 기록된 성경에서는 그녀에 대한 이야기가 별로 없지만, 구전을 통해서는 훨씬 더 많은 이야기들이 풍부하게 전해졌을 가능성이 높다.

요컨대 훌다는 남녀를 통틀어 성경에서 특정 기록물의 가치와 의미를 판독하는 일에 종사한 최초의 인물이었다. 따라서 기원전 621년까지는 어떤 문서도 '거룩한 책Holy Scripture'으로 지정된 적이 없었다. 요시야 왕의 종교개혁은 성전에서 발견된 두루마리, 곧 오늘날 신명기로 알려진 책의 핵심 장들이 야훼의 말씀을 포함하고 있다고 훌다가 선언함으로써 일어났다.[187] 그리고 이 개혁운동과 함께, 광야시절부터 북왕국과 남유다의 몰락에 이르기까지 이스라엘 고대 역사가 재구성되고, 기록되고, 편집되는 폭발적인 문서운동이 일어나게 된다. 즉, 훌다는 오늘날 우리가 가진 성경 속의 수많은 문서들이 만들어지고, 수집되고, 편집되는 길을 연 최초의 신학자였던 셈이다.[188]

그런데 그토록 중요한 훌다의 위상을 생각하면, 성경이 말해주는 정보가 너무나도 희박한 것이 오히려 이상할 정도다. '살룸의 아내'라는 틀에 박힌 소개 문구 말고는 아무 기록도 없다. 사사 시대의 드보라 또한 인적 정보가 빈약하기는 마찬가지지만, 그래도

'랍비돗의 아내'라는 수식어에 덧붙여 최소한 '에브라임 지파' 소속이라는 것까지는 드러나 있는데, 훌다는 그런 기본 정보가 전혀 노출되어 있지 않다.

다만 한 가지, 요시야 왕의 특사들이 훌다를 찾아가는 장면에서 이런 내용이 적혀 있기는 하다. "훌다는 예루살렘 제2구역에서 살고 있었는데, 그들이 그에게 가서 왕의 말을 전하였다."(열왕기하 22:14 ; 역대지하 34:22) 도대체 예루살렘 제2구역이 어떤 곳이기에 '굳이' 명시돼 있는 것일까.

만약에 훌다를 궁중 예언자로 본다면, 그곳은 귀족이나 고급 관료들이 거주하는 특화지구일 것이다. 아니 거꾸로, 정말 그런 곳이라면, 훌다를 궁중 예언자로 보는 데 강력한 증거자료가 될 것이다. 헌데 그러기에는 그 행정구역의 명칭이 상식적으로 납득이 가지 않는다. 중앙정부의 요직을 차지하고 있는 관리들과 궁중 예언자가 거주하는 곳이라면 "예루살렘 제1구역"이라 불려야지, 어째서 '제2구역'일까.

다윗 왕이 유다왕국의 수도를 정할 당시, 예루살렘은 작은 도성에 불과했다. 그런데 예루살렘이 점점 정치적·종교적 중심지로 자리를 잡게 되면서, 점점 인구가 늘어났다. 지리적으로 예루살렘은 동쪽과 남쪽 방향에 깊은 기드론 계곡이 있어서 그 방향으로 확장되기는 애당초 불가능했다. 자연히 서쪽으로 확장될 수밖에 없었는데, 그 지역이 바로 "미쉬네Mishneh"라고 불린 예루살렘 제2구역이 되었다는 것이다.[189]

한편 그러한 확장의 계기를 히스기야 왕 시절에 일어난 제1차 종교개혁운동으로 보는 이도 있다.[190] 히스기야가 단행한 종교개혁의 여파로 예루살렘 인구가 불어나서 대대적인 도시 확장을 하게 되었다는 것이다. 이러한 주장에 힘을 실어주는 것이 이른바 히스기야 터널이다. 히스기야는 기드론 골짜기 아래 강석회암 산을 뚫고 기혼샘의 물을 예루살렘 성 안으로 끌어들이는 난공사를 진행했는데, 오늘날까지도 그 수로가 여전히 존재한다는 것이다.

여기서 우리의 관심은 이렇게 새로이 확장된 지역에 누가, 혹은 어떤 부류의 사람들이 살았을까 하는 점이다. 전통적인 성경학자들은, 경사도 심하고 면적도 협소한 예루살렘 제1구역에 비해 새롭게 확장되어 나간 제2구역이 주거환경도 좋고 땅도 넓어서 부유층이 살았을 것으로 추정한다.[191]

반면에 전혀 다른 해석도 있다. 이를테면 지리적인 확장과 더불어 어쩔 수 없이 행정상의 이분화 작업이 이루어짐에 따라 제1구역은 '윗동네'로 부유층이, 제2구역은 '아랫동네'로 가난한 사람들이 살았다는 것이다.[192]

판단의 갈피를 잡기 위하여 고려해야 할 또 하나의 변수는 북이스라엘의 멸망이다.[193] 북이스라엘은 기원전 721년에 앗시리아(혹은 앗수르) 제국에 의해 멸망한다. 이와 관련하여 열왕기하 18장 9절부터 11절은 다음과 같은 흥미로운 정보를 제공한다. "(유다의) 히스기야 왕 제 사년, 곧 이스라엘의 엘라의 아들 호세아 왕 제 칠년에, 앗시리아의 살멘에셀 왕이 사마리아를 포위하여, 세 해 만에 그 도성을 함락시켰다. 곧 히스기야 제 육년과, 이스라엘의 호세아 왕 제 구년에 그들이 사마리아를 함락시킨 것이다. 앗시리아 왕은 이스라엘 사람들을 앗시리아로 사로잡아 가서, 그들을 할라와 고산 강 가의 하볼과 메대의 여러 성읍에 이주시켰다."

그렇다면 문제의 예루살렘 제2구역은 히스기야 왕 때, 유다로 내려온 이스라엘 피난민들을 수용하기 위해 마련된 정착촌일 가능성도 있지 않은가. 여러 이방 나라들로 강제이주를 당해서 치욕스럽게 사느니, 어차피 한 민족 같은 겨레의 그늘에서 더부살이하는 편이 낫다고 생각한 사람들이 왜 없었겠는가. 이러한 정황을 고려할 때, 이곳은 본래 예루살렘에 거주하고 있던 유다인들 중에서도 주로 가난한 사람들이 살았던 곳일 확률이 높다.

정리하면, 훌다는 북왕국 예언자의 계보를 잇는 인물로, 북이스라엘의 모세 전승을 보존하는 데 헌신하던 서기관들의 우두머리 역할을 하고 있었다고 볼 수 있다.[194] 모세 전승의 특징은 신명기 신학으로 압축된다. 다시 말해 하나님께 순종하면 복을 받고, 거역하면 벌을 받는다는 신학이다.[195] 이러한 관점은 유다왕국의 다윗 전승에 배치된다. 다윗 전승은 다윗의 후손에서 영원히 왕위가 나오고, 하나님이 시온에 거주하시므로 유다는 망하지 않으리라는 신념을 바탕으로 하기 때문이다.

훌다의 예언은 예루살렘 성전 수리 중 발견된 신명기 두루마리에 기초한다고 했다. 그 내용인즉, 유다의 멸망은 요시야 통치 때까지만 한시적으로 지연될지언정 결코 변개變改되지 않는다는 것, 나라의 멸망으로 땅이 황폐해지고 주민들은 저주를 받으리라는 것이었다.

이처럼 엄중한 메시지를 전해들은 요시야 왕은 다윗 신학을 검토하고 반성했을 것이 틀림없다. 어린 나이에 왕이 되어 사춘기 시절에 이미 다윗을 흠모하며 롤모델로 삼았던 그였기에 훌다의 예언이 불편하기도 했을 것이다. 그러나 그는 훌다의 권위를 100퍼센트 인정했다. 그녀의 예언으로 인해 요시야의 개혁이 엄청난 탄력을 받아 전국 규모의 총체적인 영적 대각성운동으로 번진 것을 보면 알 수 있다. 결국 훌다는 모세 신학과 다윗 신학 사이에 다리를 놓는 예언자 역할을 수행한 셈이다.

카프카는 훌다를 보았을까

유다의 멸망이 불과 20여 년 앞으로 다가온 급박한 역사의 변동기에, 권력의 요지를 장악하고 있던 남성 엘리트들은 하나님의 뜻을 몰라 우왕좌왕하고 있는데, 한 여성이 뚜렷한 종교적 신념과 역사적 혜안으로 당당하게 시대적 발언을 한다. 그녀의 이름은 철저히 남성 위주로 전개되고 또 기록되는 역사의 한복판에서 홀연히 등장했다가 이내 사라져버리지만, 그 일회적인 출현에 담긴 의미만큼은 너무나도 크고 깊다.

그런 훌다의 정체를 파악하는 또 하나의 단서가 아주 가까이에 있다. 그것은 바로 그녀의 이름이다. 기이하게도 '훌다Huldah'라는 이름은 '땅을 파다', '구멍을 파다', '기다' 등의 뜻을 지닌 히브리어 훌드hld에서 파생된 여성형 명사로 '족제비'를 가리킨다. 사람 이름에, 그것도 거룩한 예언자의 이름에 왜 하필 동물이 쓰였을까. 게다가 율법에서 부정하다고 간주된 동물이(레위기 11:29) 특정인의 이름으로 사용된 예언자는 훌다뿐이다.

별명이나 예명이라고 해도 끔찍할 판에, 만약에 그게 본명이라면, 홀다라는 이름 자체가 예언자에게는 천형이나 다름없었을 것이다. 어쩌면 그 이름은 남유다에 빌붙어 사는 북이스라엘 사람들의 처지를 빗댄 정치적 은유였을지도 모른다. 또는 남성 예언자와 남성 제사장이 주도하는 신학 담론의 장에서 어쩔 수 없이 주변화될 수밖에 없었던 여성 예언자 내지는 여성 신학자에 빗댄 종교적 은유였을 수도 있다.

이 대목에서 이른바 동물 소설로 유명한 프란츠 카프카의 통찰을 빌려보자. 체코에서 유대인 부부의 아들로 태어난 그는 이름부터가 예사롭지 않다. 체코어로 '카프카Kafka'는 '까마귀'를 뜻한다. 까마귀도 족제비처럼 부정한 동물이다.(레위기 11:15) 그 자신 유대인으로 태어났지만 히브리어를 전혀 모른 채 독일어를 사용해야 했던 실존의 고뇌가 그의 이름 속에 투영되어 있는 것만 같다. 사르트르와 까뮈에 의해 실존주의 문학의 선구자로 칭송받은 그는 《변신》이라는 작품의 작가로 널리 알려져 있는데, 이 소설 역시 동물 소설이다. 여기 등장하는 주인공의 이름인 잠자Samsa는 카프카에서 자음만 바꿔 만들었다고 한다. 이런 식으로 카프카는 여러 작품에서 '동물-되기'를 통해 자신의 내면세계를 드러냈다.[196]

그가 쓴 글 중에 《회당의 동물》이라는 단편소설이 있다.[197] "우리 교회에는 예를 들어 담비만한 크기의 짐승이 한 마리 살고 있다"로 시작하는 이 소설은, 조그만 산간 마을, 인구마저 해마다 줄어서 관리비조차 마련하기 어려운 회당에 몸 붙여 사는 동물에 관한 이야기다. 헌데 이 동물은 털 색깔이 회당 내부의 회칠 색깔과 거의 비슷한 데다가 겁이 많아 자기가 머무는 장소를 거의 바꾸지 않기 때문에 그 존재감이 미약하다. 그가 즐겨 머무는 장소는 부인들이 예배 보는 곳에 둘러쳐져 있는 격자. 발톱으로 격자에 매달려 몸을 쭉 펴고 기도실을 내려다볼 때 가장 행복해 보인다. 하지만 회당 관리인은 그 짐승이 격자에 매달리지 못하게 하라는 상부의 지시를 받는다. 여신도들이 그 동물을 무서워했기 때문이다.

물론 실제로는 여자들이 그 동물을 무서워할 이유가 별로 없다. 그 동물은 말하자면 교회의 '가축'으로 오랜 세월 그곳에 붙박이처럼 늘 있었기 때문에, 남자들은 일찌감치 무관심했고 아이들조차 더 이상 놀라지 않았다. 하지만 몇몇 여자들은 그 동물이 남자들 곁보다 자기네 곁으로 가까이 다가온다며 공포를 호소했다. 그건 그랬다. 그 동물은 남자들이 있는 곳으로는 내려갈 엄두를 내지 않았다.

그렇더라도 그 동물은 평소에는 회당 벽에 뚫린, 잘 보이지 않는 구멍 같은 곳에 들어가 있기 때문에 전혀 문제될 게 없다. 하지만 예배 시간만 되면 영락없이 그 모습을 드러낸다. 보통은 여자들 구역의 격자 위를 선호하지만, 가끔은 남자들 쪽을 향해 훨씬 더 아래로 내려갈 때도 있다. 율법이 담긴 언약궤 앞에 쳐져 있는 커튼을 지탱하는 놋쇠 막대기의 반짝거림이 그 동물을 유혹하는 모양이다. 물론 그곳으로 기어가서도 조용히 앉아 있을 뿐, 별다른 움직임은 없다. 반짝이는, 항상 떠져 있는 그 눈으로 그 동물은 거기 모여 있는 신도들을 응시한다. 이 응시는 자기를 위협한다고 느껴지는 위험에 대한 본능적인 반응이다. 따지고 보면, 남녀 신도들이나 그 동물이나 서로를 두려워할 이유는 전혀 없다. 그런데도 회당 안의 공포는 쉽게 사라지지 않는다. 왜일까.

이야기는 이 지점에서 갑자기 과거를 회상하는 형식으로 전환

된다. 전하는 바에 의하면 수년 전 실제로 그 동물을 회당에서 내쫓으려는 시도가 있었다고 한다. 율법이 규정한 불결한 동물을 회당 안에 둘 수 있는가를 두고 시비가 벌어졌다. 이름 있는 랍비들에게 의견을 물었으나, 그들의 답변은 서로 달랐다. 다수가 그 동물을 쫓아내고 회당을 새로 짓는 쪽으로 의견을 폈다지만, 관철되지 않았다. "실제로는 그 동물을 쫓아낸다는 것은 불가능한 일이었다."

이게 끝이다. 뭔가 더 있을 법한데, 카프카는 서둘러 이야기를 끝내버린다. 그래서 회당의 동물은 결국 어찌 되었을까, 이 소설은 독자의 궁금증을 불친절하게도 생략부호로 처리한다. 더 궁금한 건 카프카가 이 소설을 쓸 때 훌다를 염두에 두었을까 하는 점이다. 담비 역시 족제비과에 속하는 동물이고 보면, 그럴 개연성은 충분히 있다.

소설 속 회당, 그러니까 점점 낙후하고 쇠락해가는 회당은 요시야 왕 시대의 솔로몬 성전을 닮았다. 제사장이나 레위인이 아니기에, 게다가 북이스라엘의 난민 출신이기에 성전에서 지도력을 발휘할 수 없었던 훌다가 카프카의 눈에는 회당의 동물처럼 보였을지도 모를 일이다. 특정 구역에, 그것도 눈에 띄지 않는 자리에 웅크리고 있어서 평소에는 대수롭지 않은 존재로 치부되다가도, 가끔씩 모세의 율법이 담긴 언약궤 위로 내려오는 통에 남자들의 심기를 어지럽히는 회당의 동물이 바로 훌다의 운명이 아니겠냐고, 카프카는 묻고 싶었을지 모른다.

이 동물을 회당에서 몰아내려고 원로들과 랍비들과 회당지기가 공모하는 장면은 특히 작가의 상상력이 두드러지게 빛나는 대목이다. 카프카가 보기에 훌다의 존재, 혹은 예루살렘 성전의 파괴와 유다 나라의 멸망을 고지한 훌다의 메시지가 당시 기득권층에게는 눈엣가시처럼 여겨졌다는 뜻일까. 나라가 어지러울수록 기득권층은 용케도 더 부유해지고 어떻게 해서든지 수완 좋게 살 길을 모색한다. 그들이 바라는 것은 현상 유지이지 천지개벽이 아니다. 그러므로 현재의 질서가 깨지고 반드시 하나님의 심판이 임한다는 훌다의 예언은 그들에게 커다란 위협이 되었을 것이다.

카프카의 소설이 싱겁게 끝나듯이, 성경에서도 훌다는 싱겁게 사라진다. 그토록 중요한 역할을 담당한 예언자치고는 뚜렷한 '스토리' 없이 단지 '에피소드'로만 남은 게 여간 아쉽지 않다.[198] 그러나 곰곰 생각해보면, 이러한 훌다의 삶이 오늘날 이 땅에서 신학과 교회 관련 활동에 종사하는 수많은 여성신학자 및 여성목회자들의 처지를 대변하는 게 아닌가, 반추하게 된다.

장구한 남성신학의 계보에 비하면, 여성신학의 그것은 초라하기 짝이 없다. 1960년대에 밀어닥친 자유와 해방의 물결에 힘입어 겨우 여성신학이 출현했으니, 남성신학의 전통과 역사에 비하면 어린아이 수준이다. 힘으로는 도저히 당해낼 수 없는 구조적인 장벽들은 여성신학자들에게 종종 '통곡의 벽'이 되곤 한다. 여성목회자가 여성신도들에 의해 외면당하는 현실은 정확하게 카프카의 회당을 빼닮았다.

남성의 말은 권위 있는 진리로 받아들여지지만, 여성의 말은 한낱 수다로 폄하되는 가부장적 종교의 세계 안에서 여성이 경전을 읽고 해석하고 가르치고 쓰는 일에 종사한다는 것은 여전히 스캔들이다. 많은 경우 그녀들의 존재는 놀림감이 되기도 하고, 구경

감이 되기도 한다. 그럼에도 불굴의 의지로 떨쳐 일어나, '신을 말하기'(신학이라는 영어 단어 'theology'는 본래 헬라어 'theos'와 'logos'의 합성어로, 신에 관하여 말한다는 뜻이다) 위해 다시 경전을 펴드는 그녀들에게서 훌다의 부활을 본다. 마르틴 루터의 종교개혁운동에서 든든한 동반자로 활약한 카트리나 폰 보라처럼 말이다. 가톨릭 수녀 출신의 그녀는 무려 열여섯의 나이 차이를 뛰어넘어 루터와의 결혼을 강행할 정도로 신념에 찬 여성이었다(결혼 당시 루터는 42세, 카트리나는 26세였다). 심약한 루터가 우유부단에 빠질 때마다 그녀는 재기 넘치는 아이디어와 헌신적인 사랑으로 루터를 일으켜 세워 끝까지 종교개혁을 하도록 추동하였다.

여성을 폄훼하는 율법의 가르침이 곧 법이요 정치요 제도인 현실에서 훌다는 '달거리하는' '부정한' 여성의 몸으로 예언하고 설교하고 학문을 했다. 이는 그녀의 삶과 존재 자체가 파격적인 혁명임을 말한다. 그런 점에서 그녀의 이름을 성경에서 발견할 수 있다는 것만으로도 어쩌면 우리는 놀라운 은총을 경험하고 있는지도 모른다.

때로는 서슬 퍼런 예언자가 되어 심판을 고지하고, 또 때로는 연민 가득한 어머니의 눈으로 소수자를 보듬으며 훌다의 후예들이 신학을 한다. 남이 알아주거나 말거나, 오로지 신을 향한 신뢰와 인간에 대한 사랑으로 무장한 채, 곁눈질하지 않고 그 길을 간다. 주류의 계보학에 기대지 않은 이들의 올곧은 메시지로부터 종교개혁이 일어날 것이다. 오늘도 개혁과 변혁을 꿈꾸는 수많은 여성들에게 훌다는 영감과 용기를 나누어 주기 위해 되살아온다.

9장

제국의 박해에 종지부를 찍은 왕비

에스더

실화와 허구 사이

유다왕국은 바빌론 제국에 의해 멸망했다. 이 시기를 통상 "포로기"라고 부르는데, 이는 바빌론 제국이 몇 차례에 걸쳐 예루살렘 지배층, 곧 왕족, 귀족, 사제, 지식인뿐만 아니라 기술자와 대장장이까지 포로로 붙잡아갔기 때문이다.[199] 헌데 영원할 것 같던 바빌론도 더 강한 제국에 의해 망하고 말았는데, 그 무시무시한 강대국이 바로 페르시아다.

구약성경 에스더기의 무대는 페르시아 왕 아하수에로가 다스리던 시절이다. 그는 페르시아 제국의 제5대 왕으로 기원전 485년에서 465년까지 다스렸다. '위대하다'는 뜻의 이름대로, 당시 그가 다스린 땅은 인도에서 구스(에티오피아)까지 127도였다고 한다. 헬라식 이름인 '크세르크세스Xerxes'로 더 잘 알려진 그는, 이제부터 우리가 살펴볼 에스더기의 주요 등장인물 가운데 하나다.

사실 에스더기는 구약성경에서 그리 주목받는 책이 아니다. 설

렘브란트 작 '에스더의 연회에 참석한 아하수에로와 하만'에서의 에스더

교 본문으로 자주 채택되지도 않고, 성경공부나 가정예배 때도 찬밥 신세를 면치 못한다. 그럼에도 교회나 성당을 다닌 사람치고 이 책의 줄거리를 모르는 이가 거의 없다. 그런 유명세 때문인지 룻기의 룻보 다 에스더가 여신도회 명칭으로 훨씬 더 많이 사용되고 있다.

　이러한 기현상에 대해 어떤 학자는 에스더기의 '통속적 재미' 때 문이라고 분석한다. 이 책의 인기 비결은 "무엇보다도 줄거리가 간명 하면서도 구성이 치밀하고 흥미진진하게 전개되어, 대충 읽더라도 대번에 내용에 빠져버릴 만큼"[200] 재미가 있다는 게 결정적이라고 한다. 맞는 말이다. 에스더기는 모든 종류의 통속적인 역사소설이 그러하듯이 흡인력이 있다.[201]

그런데 에스더기가 대중적인 인기가 있으면서도 정경으로서의 대접을 제대로 못 받는 상황은 정경화 과정에서도 마찬가지였던 것 같다. 현존하는 가장 오래된, 유대교 전통을 생생하게 보전하고 있는 쿰란 문서들에는 에스더기가 빠져 있다.[202] 또 이 책이 정경에 포함된 근거로 알려진 '부림절' 축제는, 오늘날에는 이스라엘의 주요 명절 중 하나지만, 정작 구약성경이 규정하는 유대의 주요 명절은 아니다.[203] 구약 정경이 확정된 기원후 90년경의 얌니아 회의에서도 이 책은 정경에 포함되지 않았다. 에스더기가 정경에 포함된 시기는 기원후 2세기 중반이나 3세기, 심지어는 4세기까지로 늦춰진다.[204]

종교개혁자 마르틴 루터 역시 이 책을 맹렬히 거부했다고 한다. 그 이유로 루터는 "에스더기가 너무나도 유대인 중심이고, 그 안에 너무 많은 이교적 무례함을 담고 있기 때문"[205]이라고 밝힌 바 있다. 그 밖에도 에스더기에 묘사된 역사 서술이 치밀하지 않다는 점과 전체 내용에서 하나님에 대한 언급이 거의 나오지 않는 점 등이 에스더기의 약점으로 자주 거론되는 항목들이다.

예를 들어 주요 등장인물이자 이 책의 저자로 지목되는 모르드개의 경우, 유다의 왕 여고냐(일명 '여호야긴')와 함께 바빌론으로 끌려온 포로라고 나오는데, 그렇다면 그의 나이는 적어도 130세가 넘어야 맞다.[206] 게다가 만약에 그렇다면, 모르드개와 사촌지간인 에스더는 도대체 몇 살이냐는 것이다.

하지만 특정 문헌이 성경에 포함되기 위한 기준은 오직 역사성 하나로만 규정되지 않는다.[207] 이 점을 감안할 때, 에스더기의 정경성 자체에 논의를 집중하는 것은 소모적이 된다. 아마도 에스더기는 유대인들의 비공식 축제인 부림절의 기원을 설명하는 책이기 때문에 정경으로 채택되었을 것이다. 독자로서는 에스더기의 소설적 과장에 지나치게 현혹되기보다는 오히려 에스더라는 인물의 매력과 이 책이 주는 문학적·종교적 교훈에 초점을 맞추는 게 좋다.

왕의 명령을 거부한 왕후 와스디

에스더기의 첫 장면은 잔치다. 잔치는 에스더기를 이끌어가는 주요 요소다. 다시 말해 잔치가 벌어지는 대목에서는 반드시 사건이 일어나기 때문에, 잔치 장면이 나오면 바짝 긴장하고 읽어야 한다.

첫 번째 잔치는 페르시아 제국의 수도인 수산의 궁전에서 벌어지는 초대형 국가 잔치다. 왕위에 오른 지 3년, 아하수에로 왕은 페르시아-메디아의 장수들과 귀족들과 모든 지방 총독들을 다 불러놓고 잔치를 벌인다.[208] 왕국의 부요와 위엄을 과시하기 위해 벌인 잔치인 만큼, 장장 180일 동안이나 계속되었다고 한다.(에스더기 1:4)

일종의 단합대회 형식이었을 이 잔치의 속내는 아무래도 전쟁 준비였을 가능성이 크다. 그리스 역사가인 헤로도토스에 의하면, 아하수에로 왕은 전쟁을 그다지 좋아하는 인물이 아니었다고 한다.[209] 그러나 부왕 다리우스가 그리스 정벌에 나섰다가 유명한 '마라톤 전투'[210]에서 패배한 이후로, 그리스 정벌의 숙제는 아하수에로 왕의 몫으로 남았다. 전쟁론자들의 압력에 못 이긴 그는 몇 년에 걸쳐 철저하게 그리스 원정을 준비한 다음, 드디어 기원전 480년 봄에 대군을 이끌고 그리스 원정에 나선다. 이는 페르시아에 의한 제3차 침공으로, 마라톤 전투가 끝난 지 꼭 10년 만의 일이다.

그러니까 즉위 3년, 곧 기원전 482년에 벌인 이 잔치는 곧 있을 전쟁에 대비하여 페르시아-메디아 제국령에 파견된 일곱 명의 총독과 127도 지방관들을 다 모아놓고 충성을 다짐받는 서약식의 의미였을 것이다. 모든 영토에서 병사를 징발하고 전쟁 자금을 거두어들이는 등 원활한 전시행정이 돌아가기 위해서는 이들의 충성심이 절대적으로 필요했기 때문이다.

그렇게 180일간의 초호화 잔치가 끝나자, 이번에는 수산에 있는 백성을 위한 7일간의 잔치가 벌어진다. 왕은 빈부귀천 가리지 않고 수산의 주민을 모두 불러 왕궁 정원 안뜰에 판을 벌였다.

> 정원에는 흰 실과 붉은 빛 털실로 짠 휘장을 쳤는데, 그 휘장은, 대리석 기둥의 은고리에 흰 실과 보랏빛 실로 꼰 끈으로 매달았다. 화반석과 백석과 운모석과 흑석으로 덮인 바닥에는, 금과 은으로 입힌 의자들이 놓여 있었다. 술잔은 모두 금잔이었는데, 모양이 저마다 달랐다. 왕이 내리는 술은 풍성하였다.   에스더기 1:6-7

그야말로 페르시아 제국의 사치스럽고 화려한 면모를 약간이나마 들여다볼 수 있는 대목이다. 세 번째는 왕후의 잔치다. 왕후

역시 장수들과 귀족들과 각 지방 총독들의 부인들을 초대하여 궁궐 안에서 잔치를 베풀었다. 이 왕후의 이름은 와스디. 이 잔치로 인해 폐위당할 운명에 처한 비운의 왕후다.

이레째 되는 날, 거나하게 취한 왕은 기분이 좋아져서 궁전 내시들을 불러 와스디 왕후를 데려오라고 명한다. 무슨 정사를 의논한다든가 급히 처리할 일이 있어서 부르는 건 당연히 아니다. "왕후가 미인이므로, 왕은 왕후의 아름다움을 백성과 대신들 앞에서 자랑하고 싶었던 것이다."(에스더기 1:11)

하지만 와스디 왕후는 "내시들에게 왕의 명령을 전하여 듣고도, 왕 앞에 나오기를 거절하였다."(에스더기 1:12) 앞서 에스더기의 화자가 아하수에로 왕의 속내를 소상히 밝혀준 것처럼, 이 부분에서도 동일한 친절을 베풀어주면 좋으련만, 그런 기대는 일찌감치 무너진다. 우리는 성경에서 와스디의 말과 생각을 읽을 수 없다. 다만 아하수에로 왕의 그것만 세세히 전해받을 뿐이다. "이 소식을 들은 왕은 화가 몹시 났다. 마음속에서 분노가 불같이 치밀어 올랐다."(에스더기 1:12)

화자는 왕이 왕후를 부른 이유가 '그녀의 미모를 신하들에게 자랑하려는 것'이었다고 언급했다. 곧 와스디로서는 거절할 이유가 충분했던 부름이었다. 술 취한 남자들이 가득 찬 방에 여자 혼자 들어간다는 것도 불편할 판에, 하물며 제국의 지엄한 왕후로서 어떻게 신하들의 눈요깃감이 되겠는가.

랍비 문헌의 일종인 미드라쉬에 보면, 와스디는 바빌론 제국 느부갓네살 왕의 손녀이자 벨사살 왕의 딸이었다고 한다.[211] 벨사살 왕이 페르시아 제국의 기습 공격으로 살해되자, 페르시아의 다리우스 왕은 와스디를 잡아다가 자기 아들 아하수에로에게 주어버렸다는 것이다. 여기까지만 보면 그녀의 인생도 참 가여운데, 바빌론 제국에 의해 유다왕국이 멸망하고 예루살렘 성전이 파괴당한 기억을 지니고 있는 유대 랍비들은 와스디의 운명을 전혀 동정하지 않는다. 미드라쉬는 와스디를 사악하고 자만심 많은 여인으로 묘사한다. 그녀가 여인네들과 더불어 '따로' 잔치를 벌인 것은 모종의 정치적 야욕 때문이라는 것이다. 게다가 와스디는 페르시아 제국에 남아 있던 유대 여인들을 데려다가 노예로 쓰면서 안식일에도 일을 하도록 부렸다. 이렇게 고약하고 못된 여성이니, 남편 말에 불순종하여 벌을 받는 건 정당하다는 논리다.

한편 페미니스트들은 와스디를 영웅시하는 견해가 지배적이다. 술 취한 남편의 호출에 불응한 행위는 그녀의 자존감의 표현이라고 말한다. 이를테면 초기 페미니스트인 엘리자베스 캐디 스텐턴은 와스디가 "폭군에게 저항한 것은 곧 하나님께 순종한 것"이라고 칭찬한다.[212] 해리엇 비처 스토우는 와스디의 불복종을 "최초의 여성 인권 옹호"라고 추켜세운다.[213] 그런가 하면 최근 페미니스트인 미첼 랜즈버그는 와스디의 성격과 에스더의 성격을 비교하여 흥미로운 해석을 내놓았다. "유대인을 구한 것도 중요하지만, 동시에 전반적으로 순종적이고 비밀스런 에스더의 존재 방식은 1950년대식 여자다움의 절대적인 원형이다. 그 점이 나는 혐오스럽다. 내 생각을 말로 옮겨보면 이렇다. '이봐요, 와스디에게 무슨 잘못이 있냐고요? 와스디는 위엄을 지녔어요. 자기를 존중할 줄 아는 여자예요. 그녀는 '너나 네 친구들하고는 춤추지 않을 거야.'라고 당당히 말했거든요."[214]

헤로도토스가 전하는 유사 이야기 중에는 루디아(소아시아의 서머나 동부 지역에 위치한 성읍국가)의 군주 칸타울레스가 신하들에게 왕후를 자랑하려고 그녀를 벌거벗게 했다는 일화가 있다. 비슷한 맥락에서 유대교의 한 랍비는 "와스디 왕후가 왕후의 관을 쓰고, 왕 앞으로 나오게 하라"(에스더기 1:11)는 왕의 명령을 주해하면서, 이 상황은 그야말로 왕이 그녀에게 벌거벗은 채 '관만 쓰고' 나오라고 명령한 것이라 풀이하기도 했다.[215]

그러나 성경 본문은 그러한 해석의 근거를 뒷받침할 만큼 뚜렷한 증거 자료를 제공하지 않는다. 그리고 페미니스트들은 서운하겠지만, 화자는 왕의 무리한 요구보다도 왕후의 거절을 더 문제 삼는 눈치다. 이것을 가부장제에 경도된 화자의 이데올로기적 편견이라고 몰아세우면, 정치적으로는 소득이 좀 있을지 몰라도, 이야기의 힘은 그만큼 약해진다. 여기 나오는 화자의 태도는 단지 앞으로 전개될 에스더 이야기를 위한 문학적 복선쯤으로 이해하고 넘어가는 게 좋다.

와스디의 불응에 분노한 왕은 법에 밝은 측근 전문가들을 소집하여 이 일을 의논하기에 이른다. 그리고 그 나라에서 가장 높은 지위에 있는 일곱 대신들과도 의견을 교류한다.

내시들을 시켜서 전달한 나 아하수에로의 왕명을 와스디 왕후가 따르지 않았으니, 이를 법대로 하면 어떻게 처리해야 하오?　　**에스더기 1:15**

'법대로' 한다는 표현은 인간관계에서 신뢰와 애정이 소멸된 지점에 자리한다. 아하수에로 왕의 마음이 와스디한테서 완전히 떠나버린 것이다. 이러한 왕의 의중을 눈치챘는지, 므무간이라는 간신배가 입을 연다.

와스디 왕후는 임금님께만 잘못을 저지른 것이 아니라, 아하수에로 왕께서 다스리시는 각 지방에 있는 모든 신하와 백성들에게도 잘못을 저질렀습니다. 왕후가 한 이 일은 이제 곧 모든 여인에게 알려질 것입니다. 그렇게 되면, 여인들은 아하수에로 왕이 와스디 왕후에게 어전에 나오라고 하였는데도, 왕후가 나가지 않았다고 하면서, 남편들을 업신여기게 될 것입니다. 페르시아와 메대의 귀부인들이 왕후가 한 일을 알게 되면, 오늘 당장 임금님의 모든 대신에게도 같은 식으로 대할 것입니다. 그러면 멸시와 분노가 걷잡을 수 없이 되풀이될 것입니다. 그러니 임금님만 좋으시다면, 와스디 왕후가 다시는 아하수에로 임금님의 어전에 나오지 못하도록 어명을 내리시고, 그것을 페르시아와 메대의 법으로 정하여, 고치지 못하도록 하셔야 할 줄 압니다. 그리고 왕후의 자리는 그 여인보다 더 훌륭한 다른 사람에게 주시는 것이 마땅하다고 생각합니다. 왕의 칙령이 이 큰 나라 방방곡곡에 선포되면, 낮은 사람이고 높은 사람이고 할 것 없이, 모든 여인이 저마다 자기 남편에게 정중하게 대할 것입니다. 에스더기 1:16-20

므무간의 견해로 등장하는 이 성경 구절들이 에스더기의 진정한 저술 동기라고 보는 입장도 있다. 즉 에스더 이야기는 이스라엘

고위층 여성들 사이에서 전통적인 성역할에 대한 거부가 일기 시작하던 무렵에 그런 움직임을 잠재우기 위해 만들어졌다는 지적이다. 이러한 주장의 선봉에 선 앨리스 라페이에 따르면, 남성의 성적 대상 혹은 남편의 장난감이 되는 것을 거부한 와스디와 달리, 에스더는 남성들의 세계에서 전형적인 여성상을 구현한다는 것이다.[216]

물론 그런 면이 전혀 없지는 않다. 하지만 그 주장이 성립하려면 에스더가 끝까지 고분고분하고 수동적인 인물이어야 한다. 헌데 에스더 이야기의 백미는 소극적이던 에스더가 적극적으로 민족의 구원자가 되는 '반전'에 있지 않은가. 에스더기를 읽는 여성 독자들이 '에스더처럼 되고 싶은' 동일시의 욕망을 갖는다면, 그건 바로 이 부분일 것이다. 자신의 모든 인간적 한계와 결함을 극복하고 민족을 살리는 일에 용감하게 자기를 내던지는 희생정신 말이다.

아무튼 아하수에로 왕은 므무간의 말을 수렴하여, 곧바로 각 지방에 조서를 내려 보낸다. 조서의 내용은 이렇게 요약된다. "남편이 자기 집을 주관하여야 하며, 남편이 쓰는 말이 그 가정에서 쓰는 일상 언어가 되어야 한다."(에스더기 1:22) 한마디로 남편이 각 가정의 우두머리이므로, 그의 말이 곧 법이라는 말이다.

이렇게 해서 와스디는 괘씸죄로 추방당한다. 너그럽게 덮으려고 하면 충분히 덮을 수 있는 해프닝이건만 이를 '사건'으로 확대재생산하여 선동죄까지 뒤집어씌운 간신배들에 의해 축출된다. 우유부단하고 교활한 왕이 귀가 얇은 척하면서 사실은 남의 손으로 코를 풀고자 획책한 것도 와스디를 출궁出宮시키는 데 한몫했으리라. 말하자면 와스디는 가부장적 질서의 수호자인 양, 자기네 입맛대로 법과 도덕을 주무르는 권력자들에 의해 희생당한 것이다.

페르시아의 왕후가 되다

운명의 장난인지, 신의 계획인지(물론 유대인들은 신의 계획으로 확실히 믿을 테지만) 와스디의 불운이 에스더에게는 행운으로 작용한다. "이러한 일이 있은 지 얼마 뒤에, 아하수에로 왕은 와스디 왕후가 생각나고, 왕후가 저지른 일과 그리고 그것 때문에 자기가 조서까지 내린 일이 마음에 걸렸다."(에스더기 2:1)

'이러한 일'이란 아마도 그리스 원정을 염두에 둔 표현일 것이다. 기원전 480년 여름, 페르시아 군은 중부 그리스의 요충지인 테르모필레에서 그리스 연합군과 전투를 벌인다. 이 지역을 잃으면 아테네는 물론 남부 지역 도시국가들도 모두 잿더미가 될 것이기에, 그리스 남부의 31개 도시국가들은 동맹을 맺어 맞서 싸운다. 그리고 이 연합군의 리더는 스파르타의 왕 레오디나스가 맡는다.

페르시아의 패인은 그 때문이다. 페르시아 군은 그리스 연합군보다 무려 20배나 많은 병력을 가지고도 고작 300명의 용맹한 스파르타 군인들을 당해내지 못한다.[217] 연이은 살라미스 해전에서도 폭풍 때문에 배와 군인들을 잃어, 결국 이 전쟁은 기원전 478년 그리스 연합군의 승리로 끝난다.[218]

'이러한 일'을 겪었으니, 왕후 생각이 간절했던 것도 이해가 간다. 게다가 특히 와스디는 미모가 출중한 여인이 아니었던가. 그 이름 자체가 페르시아어로 '아름다운 여인'이라는 뜻이다. 하지만 폐위된 왕후가 아무리 그립기로, 환궁시킬 수는 없다. 만일 그랬다가는 므무간 같은 대신들이 가만히 있겠는가. 아니나 다를까, 이번에도 대신들이 선수를 친다.

에르트 드 겔더의 '모르드개와 에스더'

임금님을 모실 아리땁고 젊은 처녀들을 찾아보게 하시는 것이 좋겠습니다. 임금님께서 다스리시는 각 지방에 관리들을 임명하시고, 아리땁고 젊은 처녀들을 뽑아서, 도성 수산으로 데려오게 하시고, 후궁에 불러다가, 궁녀를 돌보는 내시 헤개에게 맡기시고, 그들이 몸을 가꿀 화장품을 내리십시오. 그리 하신 뒤에 임금님 마음에 드는 처녀를 와스디 대신에 왕후로 삼으심이 좋을 듯합니다.   **에스더기 2:2-4**

이에 왕은 "그 제안이 마음에 들어서 그대로 하였다."(에스더기 2:4) 이 대목에서 모르드개가 등장한다. 화자는 모르드개가 얼마나 '정통' 유대인인가를 힘주어 말한다. 그는 베냐민 지파 사람으로 아버지는 야일이고, 할아버지는 시므이이고, 증조부는 기스다.(에스더기 2:5) 기스는 사울의 아버지 기스와 동명이인인 것으로 보인다. 탈무드와 탈굼 성경에서는 모르드개가 사울 가문의 후예라고 나온다.[219] 그렇게 지체 높은 귀족 집안의 자제이므로 바빌론 제국의 느부갓네살 왕이 예루살렘에서 전쟁 포로들을 끌고 올 때 함께 잡혀온 것으로 본다.

> 모르드개에게는 하닷사라고 하는 사촌 누이동생이 있었다. 이름을 에스더라고도 하는데, 일찍 부모를 여의었으므로, 모르드개가 데려다가 길렀다. 에스더는 몸매도 아름답고 얼굴도 예뻤다. 에스더가 부모를 여의었을 때에, 모르드개가 그를 딸로 삼았다. **에스더기 2:7**

드디어 에스더가 등장한다. 여기서 화자가 굳이 에스더의 이름 앞에 '하닷사라고도 하는'이라는 수식어를 갖다 붙인 이유는 뭘까. 본래 이름은 히브리어로 '하닷사Hadassah'인데, 바빌론식으로 개명한 것이 아닐까. '에스더Esther'라는 이름은 바빌론 여신 '이슈타르Ishtar'와 발음이 비슷하다. 마치 '모르드개Mordecai'라는 이름에서 바빌론 제국이 섬기는 '말둑Marduk' 신의 흔적이 엿보이듯이 말이다.[220]

만약 이 가설이 맞다면, 모르드개는 대단히 권력지향적인 인물일 가능성이 높다. 그는 자신의 출신성분을 숨긴 채 기회를 엿보고 있다가 적당한 때에 권력을 장악할 속셈이었는지도 모른다. 당시 권력의 2인자는 하만이었다. 에스더기의 전체 이야기의 핵심 구성이 모르드개와 하만의 권력 다툼인 것을 생각하면, 모르드개는 일찌감치 하만과 힘겨루기를 하고 있었을 터이다. 헌데 모르드개에게는, "재산도 많고, 아들도 많"(에스더기 5:11)아서 왕이 180일 동안이나 흥청망청 잔치를 벌이고 놀도록 돈줄을 대는 방식으로 세도를 부리는 하만을 대적할 방도가 없었다. 유일한 '히든카드'라면 "몸매도 아름답고 얼굴도 예쁜" 에스더만 있을 뿐이었다.

그때 왕이 내린 조서가 공포된 것이다. "아리땁고 젊은 처녀"들을 입궁시키라고. 모르드개가 가만히 있을 리 없다. 그는 에스더를 궁으로 들여보낸다. 그러면서 에스더에게 당부하기를, 민족과 혈통을 밝히지 말라고 한다. 다소 황당한 설정이지만, 아하수에로 왕의 왕후 선발 기준이 가문보다도 외모만 따지는 일천한 것이었기에 가능한 시나리오였을 것이다.

수산 궁전은 각 지방에서 뽑힌 처녀들로 가득 찼다. 그들은 "정해진 미용법에 따라서 열두 달 동안 몸을 가꾸었다. 처음 여섯 달 동안은 몰약 기름으로, 다음 여섯 달 동안은 향유와 여러 가지 여성용 화장품으로 몸을 가꾸었다."(에스더기 2:12) 몰약은 감람과식물의 일종으로, 오래 전부터 방부제나 소염·진통제로 사용된 약재다. 특히 여성에게는 월경 장애를 개선하는 데 좋고, 어혈을 푸는 효능이 있다고 한다. 그러니까 여섯 달은 건강에, 나머지 여섯 달은 미용에 공을 들이며 몸단장을 하는 것이 페르시아의 궁중 전례였던 모양이다.

몸단장이 끝나면 드디어 왕과 합방을 한다. 이때 궁녀는 그동안 머물던 별궁에서 나와 저녁에 대궐로 들어가고, '왕과의 하룻밤'[221]이 끝나는 대로 이튿날 아침 별궁으로 되돌아가서 왕의 명령을 기다린다. 만약 "왕이 그를 좋아하여 특별히 지명하여 부르지 않으면, 다시는 왕 앞에 나아갈 수 없었다."(에스더기 2:14) 꽃다운 나이의 수많은 처녀가 왕의 하룻밤 노리개로 쓰이고 버려졌음을 알 수 있는 대목이다.

마침내 에스더의 차례가 되었다. 아하수에로 왕이 다스린 지 7년 째 되는 해의 열째 달, 곧 데벳월의 일이다.(에스더기 2:16) 그녀는 특별히 요란스럽게 치장을 하지 않아도 "누가 보아도, 아리따웠다."(에스더기 2:15) 그리고 예상대로 "모든 처녀들을 제치고 왕의 귀여움과 사랑을 독차지"(에스더기 2:17)하기에 이른다. 그리하여 마침내 왕은 "에스더의 머리에 관을 씌우고, 와스디를 대신하여 왕후로 삼았다."(에스더기 2:18) 이 대목에서 등장하는 잔치는 에스더를 위하여 왕이 베푸는 잔치다. 그는 대신들과 신하들을 모두 초대하여 큰 잔치를 벌이고, 전국 각 지방에 세금을 면제해주며, 왕의 이름으로 여러 가지 상을 푸짐하게 내리는 것으로 새 왕후를 맞이한 기쁨을 표현한다.

만약에 에스더 이야기가 여기서 끝났다면 전형적인 신데렐라 이야기의 아류로 남았을 것이다. 그러나 에스더기가 정작 하려는 이야기는 그게 아니다. 페르시아 제국에서 소수민족으로 살던 유대인 고아 소녀가 페르시아의 왕후가 되어 인생 역전을 이루었다는 것이 에스더기의 주제는 아니라는 말이다. 오히려 이야기는 이제부터가 시작이다. 그녀가 기이하게도 그 자리에 앉게 된 데는 숨겨진 신의 뜻이 있었다.

모르드개는 "대궐 문에서 근무"(에스더기 2:21)하고 있었다는 기록으로 보아, 그리 높은 벼슬아치는 아니었던 것 같다. 어느 날 그는 대궐 문을 지키는 왕의 내시 빅단과 데레스가 왕을 죽이려는 음모를 꾸미고 있는 것을 알게 된다. 그가 에스더에게 귀띔하니, 에스더는 왕에게 이 일을 고하면서 모르드개가 일러주었다는 말을 덧붙인다. 결국 두 사람의 내시는 나무에 매달아 처형당한다.

그런데 모르드개에게 돌아가야 마땅한 공로가 어쩐 일인지 하만에게 돌아간다. "이런 일들이 있은 지 얼마 뒤에 아하수에로 왕은 아각 사람 함므다다의 아들 하만을 등용하여, 큰 벼슬을 주고, 다른 대신들보다 더 높은 자리에 앉혔다."(에스더기 3:1) 왜 그랬을까. 그동안 막대한 정치자금을 후원한 하만의 노고에 대한 보상이었을까. 그렇다면 타이밍이 왜 하필 그때였을까.

어쩌면 아하수에로 왕은 모르드개와 하만 사이의 힘겨루기를 일찌감치 간파하고 있었을지도 모른다. 겉으로는 잔치나 즐기고 여색이나 탐하는 호방한 왕인 척하지만, 속으로는 강대국의 통치자로서 전형적인 '분할-지배' 방식을 구사했을 것이다.[222] 피정복민인 소수민족들을 서로 이간질시켜서 상호비방·상호견제를 통해 충성 경쟁을 하도록 부추기는 전략 말이다.

심지어 왕은 하만이 대궐 문을 드나들 때마다 모두 꿇어 엎드러 절을 하라고 명령했다. "그러나 모르드개는 무릎을 꿇지도 않고, 절을 하지도 않았다."(에스더기 3:2) 이에 하만은 화가 잔뜩 치밀어 올랐는데, "더욱이 모르드개가 어느 민족인지를 알고서는, 모르드개 한 사람만을 죽이는 것은 너무 가볍다고 생각하였다."(에스더기 3:6) 그래서 페르시아 온 나라에서 모르드개와 같은 겨레인 유다 사람들을 모두 없애기 위해, 어느 달 어느 날에 죽일지, 그 날을 받고자 주사위의 일종인 '부르'를 던지게 된다.

그러면 하만은 도대체 왜 그렇게 유다 민족을 깡그리 몰살하고 싶을 만큼 미워했을까. 유일한 단서는 그가 '아각 사람 함므다다의 아들'이라는 사실뿐이다. 아각이라는 이름은 사무엘기상 15장에 나오는데, 이스라엘의 초대 왕 사울이 맞서 싸운 아말렉의 왕이었다.(사무엘기상 15:8) 아말렉은 모세와 여호수아 시대부터 이스라엘 백성을 못살게 군 족속이다. 그래서 사울 왕은 아말렉과 전쟁을 벌이게 된다.

　　당시 이스라엘의 전쟁은 전리품을 얻는 데 목적이 있는 게 아니고, 신앙을 지키는 것과 연관되었기 때문에, 원수를 진멸할 적에는 남녀노소 할 것 없이 모두 죽이되, 특히 그들의 소유를 하나도 남기지 말아야 했다. 그러나 사울은 아각 왕을 죽이는 대신에 사로잡고, "그의 양과 소의 가장 좋은 것 또는 기름진 것과 어린 양과 모든 좋은 것을 남기고 …… 가치 없고 하찮은 것은 진멸"(사무엘기상 15:9)하는 잔꾀를 부렸다. 이에 화가 난 사무엘이 직접 아각을 처형했는데, 이미 아각은 부인과 동침하여 자손을 잉태한 뒤였다는 것이다. 그 결과 아각의 후손들이 생겨났고, 하만에 이르렀다는 설명이다.

　　그러므로 하만이 모르드개가 유다 사람이라는 것을 알게 된 뒤에 유다 민족 전체를 몰살하고자 획책한 것은 자기 조상이 당한 일에 대한 복수심의 발로라고 보는 게 타당할 것이다.

　　하만은 자기 금고에서 은화 1만 달란트를 풀어 왕에게 바치는 대가로, "열두째 달인 아달월 십삼일 하루 동안에 유다 사람들을 남녀노소 할 것 없이 모두 죽이고 도륙하고 진멸하고 그들의 재산을 빼앗으라"(에스더기 3:13)는 조서를 받아낸다. 그야말로 검은 거래가 아닐 수 없다. 1달란트는 대략 6,000데나리온에 해당하는데, 1데나리온이 성인 남성 노동자의 하루 품삯이었다고 하니, 1만 달란트면 대체 어느 정도의 돈인지 상상하기도 힘들다. 왕은 손가락에 끼고 있던 자신의 인장 반지까지 빼서 하만에게 맡기며 "그 백성도 경에게 맡길 터이니, 알아서 좋을 대로 하시오"(에스더기 3:11)라고 말한다.

127도 각 지방에 각 민족의 말로 조서가 하달되어 법령으로 공포된 날, 왕과 하만은 함께 술잔을 기울이며 축하연을 즐긴다. 이제 정해진 날에 대량 학살이 벌어질 것이다. 다양한 민족과 인종이 섞여 사는 나라에서 특정 민족을 골라 학살하는 이런 행위를 '인종청소ethnic cleansing'라고 한다. 이렇게 끔찍한 만행을 결정해놓고 잔치를 즐기고 있으니, 이 잔치는 기쁨의 잔치라기보다는 애곡의 잔치다. 피에 굶주린 하만과 돈이 궁한 아하수에로 왕 사이의 정치적 타협의 결과로 유대인 전체가 몰살당할 위험에 처한다.

이 일을 알게 된 모르드개는 옷을 찢고, 굵은 베로 짠 옷을 걸치고, 재를 뒤집어쓴 채, 대궐 문밖에 주저앉아 대성통곡을 한다.(에스더기 4:1) 왕이 내린 조서가 하달된 지방마다 유다 사람들도 모두 모르드개처럼 굵은 베옷을 걸치고 재 위에 누워 금식하고 탄식하며 울부짖는 의식을 치른다.(에스더기 4:2) 공권력에 의한 민족 말살이라니, 얼마나 기막힌 일인가. 게다가 그 공권력이란 것이 한 개인의 사적 원한을 풀기 위한 보복 수단으로 행사되고 있으니, 그 얼마나 가관인가.

동포를 살린 에스더의 용기

에스더는 자기 수하의 내시 하닥을 통해 이 모든 일을 전해 듣고 충격에 빠진다. 그런데 모르드개가 에스더에게 직접 어전에 나아가서 왕에게 탄원할 것을 부탁했다는 말을 듣자, 아연실색하며 몸을 사린다. 에스더가 하닥을 통해 모르드개에게 전한 말은 이랬다. "임금님이 부르시지 않는데, 안뜰로 들어가서 왕에게 다가가는 자는, 남자든지 여자든지 모두 사형으로 다스리도록 되어 있습니다. 이러한 법은, 모든 신하들과 왕이 다스리는 모든 지방 백성들이 다 알고 있습니다. 다만 임금님이, 금으로 만든 홀을 내밀어서, 목숨을 살려 주실 수는 있습니다. 그런데 임금님이 나를 부르지 않으신 지가 벌써 삼십 일이나 되었습니다."(에스더기 4:11)

왕이 부르지 않았는데 왕 앞에 가면 사형을 당한다는 말은, 왕이 불렀는데 가지 않은 와스디의 운명을 짐작케 하는 단서다. 미드라쉬에 따르면, 므무간은 와스디의 목을 참수하여 쟁반에 올려놓도록 왕에게 건의했다고 한다. 왕은 그의 제안을 받아들여 그대로 했다.[223]

폐위된 왕후의 뒤를 잇는 자리는 어쨌든 불안을 내면화하기 마련이다. 이런저런 떠도는 풍문들과 므무간 같은 대신들의 눈초리가 항상 에스더를 위축시켰을 것이다. 게다가 왕이 에스더의 침소를 찾지 않은 지가 벌써 30일이나 되었다지 않은가. 하필 이런 때 이런 큰 일이 터졌으니, 에스더가 소극적으로 대응하는 것도 이해가 간다. 그녀는 성격 자체가 본래 소심하지 않았나 싶다. 모르드개의 슬하에 있으면서 "그가 하는 말은 늘 그대로 따랐다"(에스더기 2:20)는 것으로 보아, 와스디처럼 왕의 명령을 거역한다든가 자기 소신대로 밀고 나가는 일을 할 그릇이 애당초 못 되는 것처럼 보인다.

이러한 에스더의 반응에 모르드개는 당황했을 것이다. 그동안 어떻게 키워서 왕후의 자리에 올려놓았는데, 자기의 부탁을 거절한단 말인가. 그는 에스더의 말을 전하러 온 하닥 일행을 시켜 에스더에게 다음과 같은 전갈을 보낸다. "왕후께서는 궁궐에 계시다고 하여, 모든 유다 사람이 겪는 재난을 피할 수 있다고 생각하십니까? 이런 때에, 왕후께서 입을 다물고 계시면, 유다 사람들은 다른 곳에서라도 도움을 얻어서, 마침내는 구원을 받고 살아날 것이지만, 왕후와 왕후의 집안은 멸망할 것입니다. 왕후께서 이처럼 왕후의 자리에 오르신 것이 바로 이런 일 때문인지를 누가 압니까?"(에스더기 4:13-14)

이 정도면 건의나 요청이라기보다는 일종의 협박이고 도전이다. 에스더가 곧 하닷사라는 사실을 아는 사람이 있다. 이름을 바꾸었다고 해서 뿌리마저 숨길 수는 없다는 것이다. 물론 왕이 왕후를 사랑해서 자기가 내린 칙령을 스스로 위반하고 에스더의 목숨만 살려줄 가능성도 없지는 않다. 하지만 그렇게 살아난들, 민족의 지지를 잃은 왕후의 정치적 수명이 얼마나 길 것인가. 그러니 아직 권력이 있을 때, 그리고 유다 민족의 지지를 회복할 기회가 있을 때 잘하라는 암시다. 이에 에스더가 드디어 결단을 내린다.

어서, 수산에 있는 유다 사람들을 한 곳에 모으시고, 나를 위하여 금식하게 하십시오. 사흘 동안은 밤낮 먹지도 마시지도 말게 하십시오. 나와 내

조반니 안드레아 시라니의 '아하수에로 왕 앞의 에스더'

시녀들도 그렇게 금식하겠습니다. 그렇게 하고 난 다음에는, 법을 어기고 서라도, 내가 임금님께 나아가겠습니다. 그러다가 죽으면, 죽으렵니다.

에스더기 4:16

와스디의 전례를 알고 있는 그녀로서는 정말 '죽을 결심'을 했을 것이다. 이러한 에스더의 말에 모르드개가 순종한다. "모르드개는 나가서 에스더가 일러준 대로 하였다."(에스더기 4:17) 여태까지는 에스더가 모르드개의 말에 순종했다면, 이제는 거꾸로 모르드개가 에스더의 말을 따를 차례다.

금식한 지 사흘째 되는 날, "에스더는 왕후의 예복을 차려 입고, 대궐 안뜰로 들어가서 대궐을 마주 보고" 선다.(에스더기 5:1) 그런데 이게 웬일인가. 어전 안의 왕좌에서 문 쪽을 바라보고 앉아 있던 왕이 에스더를 보자마자 갑자기 사랑스러운 마음이 들어, 쥐고 있던 금홀을 내미는 것이 아닌가. 왕의 마음에 에스더에 대한 사랑이 시나브로 되살아나기라도 했다는 표시일까.

평소의 충동적인 기질대로 아하수에로 왕은 "당신에게라면 나라의 절반이라도 떼어주겠다"(에스더기 5:3, 6, 7:2)며 나선다. 꾸미지 않은 자연 상태에서도 아리따운 그녀인데, 예복까지 갖춰 입고 최대한 몸치장에 공을 들였으니 어찌 그의 마음이 녹지 않았겠는가. 무슨 생각에선지 에스더는 당장 속엣 말을 털어놓지 않고 이드거니 대응한다. 반전의 기회를 노리려면 무엇보다도 때를 살피는 지혜가 필요하다.

이제 이야기가 막바지로 치닫는 만큼, 에스더의 잔치가 등장할 차례다. 이 잔치는 전쟁을 획책하는 잔치도 아니고, 인종청소를 모의하는 잔치도 아니다. 무엇보다도 민족을 살리는 잔치, 이미 죽은 거나 진배없는 사람의 목숨을 살리는 잔치가 될 것이다.

에스더는 왕을 위한 특별 잔치를 차리고 싶으니 하만과 함께 오면 좋겠다고 청한다. 왕도 왕이지만 하만의 기분이 얼마나 좋았을지 상상이 간다. 왕후마저 자신을 명실공히 제국의 2인자로 인정해준 셈이 아닌가. 두 사람이 잔칫상에서 흥겹게 술을 마시던 중에 왕이 에스더에게 무엇이든 다 들어주겠다며 소원을 묻는다. 그러자 에스더는 시치미를 뗀 채 "내일도 잔치를 차리고 두 분을 모시고 싶습니다, 그때 임금님의 분부대로 나의 소원을 임금님께 아뢰겠습니다."(에스더기 5:8)라고 다소곳이 아뢴다.

하만의 기분은 하늘을 찌를 듯했다. 퇴청하자마자 아내와 친구들 앞에서 자랑을 늘어놓기에 여념이 없다. "에스더 왕후께서 차린 잔치에 임금님과 함께 초대받은 사람은 나밖에 없다네. 왕후께서는 내일도 임금님과 함께 오라고 나를 초대하셨다네."(에스더기 5:12) 이렇게 기분이 좋은데 딱 하나 목에 가시처럼 걸리는 게 있다. 바로 "대궐 문에서 근무하는 모르드개라는 유다 녀석"(에스더기 5:13)이다. 대궐을 드나들 때마다 모든 사람들이 자신을 향해 절을 해도 그 놈만큼은 자리에서 일어나지도 않고 인사도 하지 않으니 이 수모를 어찌 갚을 것인가. 그 놈만 사라진다면 앓던 이 빠진 것처럼 속이 시원할 텐데. 아니 페르시아 땅에 몸 붙여 사는 유다 민족 전체가 사라진다면 조상 대대로 맺힌 원한이 말끔히 씻길 텐데.

그러자 아내와 친구들이 조언한다. "높이 쉰 자짜리 장대를 세우고, 내일 아침에 그 자를 거기에 달도록 임금님께 말씀을 드리십시오. 그런 다음에 임금님을 모시고 잔치에 가서 즐기십시오."(에스더기 5:14)[224]

한편 그날 밤, 이상하게 잠을 못 이루던 왕은 궁중실록을 뒤적거린다. 그러다가 대궐 문을 지키던 내시들이 자기를 죽이려고 한 음모를, 모르드개가 먼저 알고서 고발한 사건 기록을 우연히 읽게 된다. 그러고는 정작 모르드개에게는 아무 상도 내리지 않았음을 기억해낸다. 마침 궁전 뜰에는, 밤새 장대 세우는 일을 마치고 일찌감치 입궁한 하만이 서 있었다. 왕은 하만에게 묻는다. "내가 특별히 대우하고 싶은 사람이 있는데, 그에게 어떻게 하면 좋을지 말하여 보시오."(에스더기 6:6)

하만은 그 '특별히 대우하고 싶은 사람'이 자기라고 믿어 의심치 않는다. 그래서 허영심 많고 허세 부리기 좋아하는 성격 그대로, 임금님께서 높이고 싶은 사람에게 임금님의 옷과 말을 하사하여 거리 퍼레이드를 하게 하시라고 권한다. 그랬더니 임금이 말하기를, 모르드개에게 그리 해주라는 것이 아닌가.

그 다음은 보지 않아도 알 만하다. 자기가 낸 제안대로 퍼레이드를 주관하는 하만의 심정이 어땠을지. 그는 왕의 옷을 모르드개에게 입히고 왕의 말에 그를 태우고는 성 안 거리를 돌며 "임금님께서는 높이고 싶어 하시는 사람에게 이렇게까지 대우하신다!"고 외치고 다녔다.(에스더기 6:11) 얼마나 수치스럽던지 "근심이 가득한 얼굴을 하고서 달아나듯이 자기 집으로"(에스더기 6:12) 돌아왔는데, 친구들과 아내가 한 목소리로 속을 긁는다. "당신이 유다 사람 모르드개 앞에서 무릎을 꿇었으니 이제 그에게 맞설 수 없소. 당신은 틀림없이 망할 것이오."(에스더기 6:13) 그가 승승장구할 때는 함께 부화뇌동하던 사람들이 이제 그의 몰락이 눈앞으로 다가오자 언제 그랬냐는 듯이 외면한다.

이들의 말이 채 끝나기도 전에 궁궐에서 내시들이 들이닥쳐 왕후의 잔치에 빨리 참여하라고 한다. 하만은 끌려가듯이 그들을 따라 에스더의 잔치 자리에 앉는다. "에스더 왕후, 당신의 간청이 무엇이오? 내가 다 들어주겠소. 당신의 소청이 무엇이오? 나라의 절반이라도 떼어 주겠소."(에스더기 7:2) 하만의 타는 속도 모르고 아하수에로 왕이 입을 연다. 에스더의 반전은 이 장면이다.

임금님, 내가 임금님께 은혜를 입었고, 임금님께서 나를 어여삐 여기시면, 나의 목숨을 살려 주십시오. 이것이 나의 간청입니다. 나의 겨레를 살려 주십시오. 이것이 나의 소청입니다. 나와 내 겨레가 팔려서 망하게 되었습니다. 살육당하게 되었습니다. 다 죽게 되었습니다. 우리가 남종이나 여종으로 팔려가기만 하여도, 내가 이런 말씀을 드리지 않을 것입니다. 그만한 일로 임금님께 걱정을 끼쳐 드리지는 않을 것입니다.　　　　**에스더기 7:3-4**

감히 그런 일을 하려고 마음먹은 자가 누구냐는 왕의 물음에 에스더가 대답한다. "그 대적, 그 원수는 바로 이 흉악한 하만입니다."(에스더기 7:6) 화가 머리끝까지 치밀어 오른 왕이 술잔을 탁 내려놓고 자리를 박차고 왕궁 안뜰로 나간다. 하만은 에스더 왕후에게 목숨만 살려달라고 애걸복걸한다. 잠시 찬바람을 쐰 뒤에 자리로 돌아온 왕은 "하만이 에스더가 눕는 침상에 엎드려"(에스더기 7:8) 있는 광경을 본다. 성질 급한 아하수에로 왕이 오해하기 딱 쉬운 자세다. 아나나 다를까 왕은 "내가 집안에 왕후와 함께 있는데도, 저 놈이 왕후를 범하려고 하는구나"(에스더기 7:8) 하며 흥분하여 소리친다.

이렇게 해서 하만은 결국 모르드개를 매달려고 세운 장대에 자기가 매달리는 신세가 되고 만다. 사필귀정事必歸正! 악을 악으로 갚으려고 하다가는 제 꾀에 제가 넘어가는 법이다! 왕은 하만의 재산을 몰수하여 에스더에게 넘겨준다. 그리고 에스더와 모르드개의 관계를 알고 나서는, 자기가 하만에게 주었던 인장 반지를 모르드개에게 넘겨주어 그의 신분을 격상시킨다.(에스더기 8:7-8)

더 나아가 왕은 "나의 겨레가 화를 당하는 것을 내가 어찌 나의 눈으로 볼 수 있겠으며, 나의 가족이 망하는 것을 어찌 눈뜨고 볼 수 있겠습니까?"(에스더기 8:6)라며 읍소하는 에스더를 위해, 유대인에게 유리한 내용으로 조서를 만들어 당장 시행에 옮긴다. 그 내용인즉, "어느 성읍에서든지, 다른 민족들이 유다 사람들을 공격하면, 거기에 맞서서, 공격하여 오는 자들뿐만 아니라, 그들의 자식과 아내까지도 모두 죽이고 도륙하고 진멸하고, 재산까지 **빼앗**을 수 있게 한 것"(에스더기 8:11)인데, 유다 사람들이 이런 일을 할 수 있는 날은, 열두째 날인 아달월 십삼일 하루 동안으로 규정되었다.(에스더기 8:12)

공교롭게도 하만이 '부르'를 던져 유다 민족을 멸절시킬 날로 뽑은 그 날이 유대인들에게 역전의 날이 되었다. 슬픔이 변하여 기쁨이 되고, 한숨이 변하여 웃음이 되었다. 그리하여 이 일을 기념하여 축제의 날로 제정한 것이 바로 '부림절'이다.

성경 기록에 의하면, 잔인하게도 13일 하루 동안에 수산 도성에서만 유다 사람들이 하만의 열 아들을 포함하여 자기의 원수들을 모조리 살육한 수가 500명이었다고 한다. 그러고도 더 죽이고 싶은 사람들이 있어서, 14일 하루를 특별히 허락받아 300명을 더 죽였다. 그래서 다른 지역에서는 14일에 쉬면서 잔치를 벌였지만, 수산에 사는 유대인들은 15일을 잔칫날로 삼았다. 또 왕이 다스리는 각 지방에 있는 유다 사람들도 모두 지방별로 모여서 조직을 정비하여 원수들을 죽였는데, 그 수가 무려 7만 5,000명에 이르렀다고 한다.

나라 잃고 떠도는 유대인들에게는 이 장면이 카타르시스를 가져다주었을 것이다. 그러나 지나친 유대중심주의와 민족주의는 읽는 이를 불편하게 한다. 에스더기가 과연 정경으로서의 지위를 갖는 게 타당하냐는 물음이 제기되는 대목도 이 부분이다. 룻기가 표방하는 보편적 구원론이 에스더기에서는 완전히 퇴행한 느낌이다. 그래서 이 폭력적인 장면을 미화하거나 강조해서는 안 될 일이다. 다만 에스더기는 페르시아 시대 디아스포라 유대인들에 의해 도입된 부림절의 기원을 밝히는 문학작품으로, 식민지 시대의 유대인들이 역사의 어느 한 순간만이라도 마음껏 기를 펴고 해방을 맛보기를 바라는 마음을 투영한 책이라는 선에서 읽으면 족할 것이다.[225]

성경은 모르드개가 이 모든 사건을 다 기록하여 두되, 해마다 아달월 14일과 15일을 부림절로 지킬 것을 지시했다고 덧붙인다. 그 이틀 동안은 잔치를 벌이면서 서로 음식을 나누어 먹고, 가난한 사람들에게 선물을 주는 날로 지키라고 지시했다는 것이다. 이 두 날은, "유다 사람이면, 어느 지방 어느 성읍에 살든지, 모든 집안마다 대대로 기억하고 지켜야 하는 날이다. 이틀 동안 계속되는 부림절은 유다 사람들로서는 거를 수 없는 명절이 되고, 자손에게도 잊어서는 안 되는 날이 되었다."(에스더기 9:28)

모르드개가 이렇게 전권을 휘두를 수 있게 된 데는 당연히 에스더라는 든든한 배경이 있었기 때문이다. 그리하여 성경은 에스더가 모르드개와 함께 전권을 가지고 "위로와 격려의 말이 담긴" 편지를 써서 부림절을 확정하였다고 명시한다.(에스더기 9:29-30)

그렇더라도 에스더기가 전반적으로 에스더보다는 모르드개를 더 비중 있게 다룬다는 인상을 지울 수가 없다. 특히 사족처럼 붙은 10장에 가면, 에스더는 아예 이름조차 거론되지 않고, 모든 공이 아하수에로 왕과 모르드개에게 돌아가고 있어서, 에스더기의 실제 주인공이 과연 누구인가를 되짚어보게 한다.

에스더는 일부 남녀 페미니스트들이 지적하듯이, 문제해결 방식으로 자신의 성적 매력에 기댄 것이 맞기는 하다. 하지만 가만히 생각해보면, 여성에게 기대되는 가치라고는 오로지 그것밖에 없던 사회에서 가난한 소수민족의 고아 출신 에스더가 달리 기댈만한 것이 뭐가 있었겠나 싶다. 물론 이 책이 로마 제국에 맞서 마카베오 항쟁이 한창 벌어지던 시절, 곧 부림절이 널리 준수되기 시작할 무렵에, "민족을 위해서 봉사하는 성만이 의미가 있다는 규율"[226]을 내면화하도록 유대 여성을 충동질하는 데 이용되었을 가능성도 배제하기는 어렵다. 그러나 그러한 시대적 배경 및 한계와 무관하게 에스더 이야기가 살아남은 데는 분명 다른 이유가 있을 것이다.

이쯤에서 에스더에 대한 또 하나의 정보를 짚어보자. 그녀는 "아비하일의 딸"(에스더기 2:13)로 언급된다. 아비하일은 누구인가 궁금한데, 그조차 "모르드개의 삼촌"이라고밖에는 나오지 않는다. 완전히 순환오류인 셈이다.

'아비하일'이라는 이름은 '내 아버지는 전능하다'는 뜻이다. 하지만 그 이름과 달리, 에스더에게 그 아버지는 무력하기만 했다. 고통받는 딸을 내버려둔 채 덜커덕 죽어버린 무능한 아버지였다. 그러나 그녀에게는 또 다른 아버지가 있었다. 고통받는 자식을 끝내 홀로 버려두지 않고 돌봐준 아버지, 초상날을 잔칫날로 바꾸신 분, 힘없고 억눌린 포로들에게 해방을 선물하신 분, 그 하늘 아버지가 에스더의 참된 아버지다.

페르시아어로 '별'을 뜻하는 에스더의 히브리식 이름은 하닷사라고 했다. 하닷사는 화석류化石榴나무라는 뜻이다. 석류나무가 상처를 받으면 화석류나무가 된다고 한다. 스가랴 1장 8절과 10절에 나오는 "화석류나무 사이에 선 자"라는 표현이 메시아를 암시하는 건 그 때문이다. 십자가에 달린 메시아 그리스도는 화려하고 웅장한 백향목 사이가 아니라, 상처 입고 볼품없는 화석류나무 사이에 계시다. 그렇다면 하닷사로 불린 에스더야말로 유다 민족에게는 메시아적 존재로 각인되어 있다고도 볼 수 있지 않을까.

에스더가 남긴 유명한 어록, "죽으면 죽으리라"를 곱씹어 본다. 그 말을 할 때의 에스더는 더 이상 그 이전의 소심하고 나약한 고아 소녀가 아니었다. 어쩌면 왕의 부름이 없는데도 왕 앞에 나아갈 때의 에스더는 죽은 와스디에게 도움을 요청했을지도 모른다. 그대의 용기를 나에게도 좀 나누어달라고.

아름다움을 개인의 성공과 안위를 위한 자산으로밖에 여기지 않는 요즘 세태를 생각하면, 와스디와 에스더는 적어도 이를 극복했다는 점에서 모범이 된다고 할 수 있다. 자기 안에서 민족의 뿌리를 발견하고 개인의 운명을 겨레의 운명과 동일시한 에스더는 오늘도 많은 여성들에게 아름다운 별이 되어 반짝인다. 살면서 우리는 한번이라도 무언가를 위해 목숨을 건 기억이 있는가. '죽으면 죽으리라'는 결기를 가지고 누가 뭐라 하든 소신 있게 밀어붙인 경험이 있는가. 여성에게 가혹한 시대의 강을 건너기 위해서는 에스더의 지혜와 와스디의 용기가 다 필요한 것 아닐까.

10 장

제국의 수장을 처단한 과부

유딧

일부러 혼동시키기

유딧서는 공동번역 성경에 포함된 외경의 하나다.[227] 유딧이라는 이름은 '유대인 여자'라는 뜻으로, 고유명사라기보다는 보통명사에 가깝다. 어쩌면 성경 저자는 그런 평범한 이름을 주인공으로 내세움으로써 유대인 여자 일반의 자긍심을 북돋아주고 싶었는지도 모른다. 강대국들 틈새에 끼여 세력 판도가 바뀔 때마다 이리저리 휘둘리는 약소국의 처지에서는 평범한 한 사람의 위대한 행동이 역사를 변혁하는 힘이 되는 법이다.

유딧서가 언제 기록되었는지는 정확하지 않다. 다만 화환을 쓴다거나(유딧서 3:7) 올리브로 관을 만들어 쓴다는(유딧서 15:13) 표현이 나온다거나, 자리를 깔고 비스듬히 기대서 식사하는(유딧서 12:15) 풍습이 나오는 것을 보면, 헬라문화의 영향을 받았음이 분명하다. 특히 예루살렘과 예루살렘 성전, 그리고 그 성전에서 드려지는 희생제사와 제물에 대한 언급이 많고(유딧서 4:14), 대제사장이 정치력과 군사력을 장악하고 있을 뿐만 아니라(유딧서 4:6), 예루살렘 원로들이 다른 지역에 대해 영향력을 행사한다거나(유딧서 4:6, 8 ; 11:14), 신앙생활에서 기도와 금식이 강조되는 것을 보면(유딧서 4:13 ; 8:6 ; 9:2-14), 바리새주의가 형성되던 마카베오 시대의 특징들을 발견할 수 있다. 그래서 마카베오서에 나오는 안티오쿠스 에피파네스 4세(기원전 175~163년)가 유딧서에 나오는 느부갓네살이 아니냐고 보는 설이 가장 유력하다.[228]

유딧은 자기가 살던 성읍이 앗시리아 군에게 포위당해 전멸 위기에 놓인 일촉즉발의 상황에서 적장에게 미인계로 접근, 살해하여 성읍 전체를 구원하는 데 결정적인 역할을 한 유대인 과부다. 여기서도 이스라엘을 구원하기 위해 하나님이 선택하신 도구가 거대한 군대가 아니라 '여자의 손'이라는 성경의 주요 주제가 거듭 강조된다.[229] 유딧서는 바로 그처럼 영웅적인 유딧의 행동을 드라마틱하게 그리고 있어서, 여성이 주인공인 그 어느 책보다도 스케일 면에서나 캐릭터 면에서 단연 웅장미가 돋보이는 책이다.

또한 바로 이런 이유 때문에 유딧은 화가들의 상상력을 한껏 자극하는 매력적인 인물이기도 하다. 그런데 우리나라의 경우에 가톨릭과 달리 개신교에서는 유딧서를 성경에서 제외시킨 까닭에, 개신교인들 가운데 유딧을 아는 이가 거의 없다. 그래서 여기서는 가급적 본문 소개에 중점을 두고 이야기를 풀어갈까 한다.

헌데 첫 문장부터가 이상하다. "대도시 니느웨에서 앗시리아를 통치하고 있던 느부갓네살 왕 제12년에 있었던 일"(유딧서 1:1)이라고 한다. 니느웨는 앗시리아 제국의 수도가 맞다. 하지만 느부갓네살이라면 바빌론 제국의 왕이 아닌가. 그는 유다를 정복하고 예루살렘을 함락시킨 악명 높은 왕이다. 그렇다면 유딧서의 저자가 이 사실을 혼동한 것일까.[230] 선조들로부터 "북이스라엘을 멸망시킨 건 앗시리아, 남유다를 멸망시킨 건 바빌론"이라고 귀에 못이 박히도록 듣고 또 들었을 텐데, 설마 모르고 그랬을 리가 없다. 이런 기본적인 정보조차 파악하지 않고 글을 쓸 정도라면, 그는 대단히 게으른 저자다.

그렇다면 저자가 일부러 뒤섞어놓았다고 볼 수도 있을 것이다. 그 정도 뻔한 역사적 정보야 독자들이 이미 다 안다고 치고, 일부러 시치미를 뗀 채 딴청을 부리는 것이다. 첫 문장에서 역사적 신빙성을 떨어뜨릴 요량으로, 나름 치밀한 계산 아래 글을 쓴 거라면, 좀 납득이 될 법도 하다. 그럼으로써 저자는 이 글이 역사책이라기보다는 소설책임을 밝히려고 했을 것이다. 소설이야 얼마든지 사실을 각색하고 가공하여 새롭게 창작할 여지가 있지 않은가.

요컨대 유딧서는 역사소설로, 성경에 나오는 옛 사건들에 상상력을 가미한 문학작품으로 보는 게 가장 타당하다.[231] 여기서 이 책의 원천이 된 옛 사건들이란 가나안의 시스라 장군을 처단한 야엘 이야기[232]나 훌다에 의해 명료화된 신명기 신학,[233] 그리고 홍해를 건넌 뒤에 하나님을 찬양하는 노래를 부른 미리암 이야기[234] 등을 들 수 있다. 저자는 이런 이야기들을 끌어 모아 창조적으로 재구성함으로써 유딧이라는 매력적이고도 경건한 여성 영웅을 탄생시킬 수 있었다.

유딧서의 시대 배경은 앗시리아 제국이 맹위를 떨치던 무렵이다. 당시 앗시리아 제국과 경쟁하던 메디아(혹은 메대)의 왕 아르박삿이 엑바타나에서 백성을 다스리고 있었는데, 그가 도시 주변으로 엄청난 높이의 성을 쌓으며, 성문마다 또 거대한 탑을 세우기 시작했다는 것이다. 이러한 대규모 건축 사업은 주변 나라들을 향해 자기네는 언제든지 막강한 규모의 군대를 한꺼번에 출동시킬 수 있음을 과시하는 무언의 선전포고와도 같았다. 이에 앗시리아의 느부갓네살 왕이 메디아의 아르박삿 왕에게 본때를 보이기로 결심한다.

그리하여 라가오 지방의 대평야에서 전쟁이 일어나자, 인근 나라들의 이합집산이 벌어진다. 이 나라 저 나라들이 아르박삿 왕의 휘하에 모여드니, 느부갓네살 왕도 이 나라 저 나라에 사신을 보내어 자기를 도와서 전쟁에 가담할 것을 종용한다. 그중에는 갈릴래아도 있고, 사마리아도 있고, 예루살렘도 있다. 문제는 "이 온 지방의 여러 주민들은 모두가 앗시리아의 왕 느부갓네살의 명령을 우습게 여기고 그 전쟁에 가담하지 않았다"(유딧서 1:11)는 사실이다.

약소국의 주민들조차 그를 우습게 여긴 이유가 참으로 궁금한데, 유딧서의 저자는 재치 있게도 그 이유를 밝히는 데 인색하지 않다. "그들은 왕을 한낱 하나의 인간으로밖에 취급하지 않았기 때문에 그를 무서워하지 않고 그 사신들에게 치욕을 주어 빈손으로 돌려보냈다"(유딧서 1:11)는 것이다. 참으로 슬기로운 백성들이 아닌가. 이로써 그들은 서서히 발아하기 시작한 황제숭배사상에 쐐기를 박았다.

자고로 백성과 겨루어 이기는 왕이 없다고 했건만, 불행히도 느부갓네살에게는 이 진리를 깨달을 지혜가 없었다. 그의 노여움은 극으로 치닫는다. 제국의 통치자의 말을 하늘같이 떠받들어야 할 힘없는 민족들이 감히 자기를 우습게 여기고 능멸하다니. 느부갓네살은 이들을 "한 칼로 무찔러 복수하겠다고 자기 왕위와 왕국을 걸어 맹세"(유딧서 1:12)한다. 여기서 말하는 '이들'은 유다 민족 전체다.

결국 느부갓네살은 아르박삿을 맞아 단번에 굴복시킨다. 아르박삿의 모든 군대와 모든 기병대와 모든 전차대가 분쇄되었다. 느부갓네살은 그 여세를 몰아 메디아 여러 도시를 점령하고, 급기야 엑바타나까지 집어삼킨다. 라가오산으로 도망가 있던 아르박삿이 생포되자, 그를 창으로 찔러 완전히 없애버림으로써(유딧서 1:15), 마침내 느부갓네살의 세상이 열린다. 그의 재위 17년의 일이었다.

전쟁 영웅 홀로페르네스

느부갓네살 왕은 위풍당당하게 자기 군대와 자기에게 합세했던 여러 민족의 군대를 거느리고 니느웨로 개선한다. 그러고는 120일 동안이나 잔치를 벌인다. 그렇게 충분히 휴식을 취하자, 다시금 몸이 근질거리기 시작한다.

재위 18년 1월 22일, 왕은 자기 명령을 거역했던 전 지역에 대한 복수를 논의하기 위해 궁전회의를 소집한다. 이 비밀 회담에서 왕의 명령을 거역한 자들을 모조리 없애버리자는 안건이 통과된다. 이 전쟁을 총지휘하도록 위임받은 인물이 바로 홀로페르네스. 그는 군대 총사령관이자 왕 다음가는 지위에 있었다. 왕은 그에게 다음과 같이 이른다.

경은 이 자리를 물러가서 용감무쌍한 보병 12만 명과 기병 1만 2천기를 거느리고, 내 입에서 떨어진 명령을 감히 불복한 자들이 사는 서방의 전 지역을 치러 가시오. 그들에게 무조건 항복하라고 전하시오. 경은 나보다 먼저 가서 그들의 땅을 점령하시오. 그들이 항복하거든 내가 가서 처벌하 는 날까지 붙들어 두시오. 경이 점령한 땅에서 경에게 불복하는 자가 있거 든 가차 없이 죽이고 그 재산을 몰수하시오. 나는 내 목숨과 왕권을 걸고 한 번 말한 것은 내 손으로 이루고야 마오. 경은, 경의 상전인 나의 명령을 한마디도 어기지 말고 내가 명령한 대로 지체 없이 완수하시오.

유딧서 2:5-13

또다시 전쟁이다. 군인들이 소집되고, 짐을 나르기 위한 수단 으로 엄청난 수의 낙타와 노새와 나귀가 징발되며, 군량으로 쓰일 무수한 양과 소와 염소가 징발되었다. 홀로페르네스를 따라간 잡 다한 군대의 수가 "메뚜기 떼나 땅의 모래알처럼"(유딧서 2:20) 이루 헤아릴 수 없을 만큼 많았다고 한다. 전투력이 이리 강하니, 승리 는 따놓은 당상이 아니겠는가.

홀로페르네스는 가는 곳마다 승승장구를 거듭한다. 저 멀리 산악지대부터 평야지대까지 모조리 침략하고 약탈해 내려오는데, 어느 누구도 이 살인부대를 막을 방도가 없었다. 그의 승전 소식에 "지중해 연안 시돈과 띠로(혹은 두로)의 해안지방에 사는 모든 사람들과 …… 사람들은 그를 무서워하며 덜덜 떨었다."(유딧서 2:28)라고 한다.

그래서 그들은 홀로페르네스에게 사신들을 보내어 화친을 청한다. "우리는 느부갓네살 왕의 종입니다. 이렇게 장군 앞에 엎드렸으니 처분대로 하십시오. …… 오셔서 좋으실 대로 처분하십시오."(유딧서 3:2-4) 자존심이고 뭐고 없이 완전 백기를 들고 투항한 것이다. 심지어 그가 진군하자, 그 곳 주민들은 "화환을 쓰고 북치고 춤추면서 그를 환영"(유딧서 3:7)하기까지 했다. 그런데도 홀로페르네스는 잔인하게 그들을 응징한다. "그들의 모든 영토를 짓밟고 신들을 모시던 숲을 베어버린 다음, 모든 백성들로 하여금 느부갓네살만을 예배하게 하고 언어와 종족을 가리지 않고 누구나 대왕을 신으로 받들게 하였다."(유딧서 3:8)

그러니까 이 전쟁은 단순히 패전국의 주민들을 노예로 삼고 재물을 확보하는 데 목적이 있는 게 아닌 셈이다. '신들을 모시던 숲'을 초토화하고, 느부갓네살을 신격화하는 홀로페르네스의 행위는 로마제국의 황제 숭배와 궤를 나란히 하는 것으로, 이스라엘이 결코 양보할 수 없는 '신학적' 문제를 내포한다. 다시 말하면 야훼와 느부갓네살 가운데 누가 참 하나님이냐는 물음이다.[235]

그래서 이 대목에서 홀로페르네스와 유다 민족과의 대결이 불가피해진다. 그는 유다 민족이 둥지를 틀고 있는 산악지대 맞은편 도다인 근처 에스드렐론을 향해 진격하여 게바와 스키토폴리스 사이에 진을 친다. 그러고는 군량을 확보하기 위해 옹근 한 달을 머문다. 그 사이, 유다 사람들은 홀로페르네스를 눈앞에 보면서 무서워 떨었다. 더욱이 그가 다른 민족들의 신전을 약탈하고 파괴했다는 소식에 기가 막혀 안절부절못했다.

이에 예루살렘의 대사제 요아킴과 원로들이 나섰다. 이들은 전쟁에 대비하기 위해 작전을 세우는 한편, 온 이스라엘 사람들이 하나님께 기도하도록 독려했다. 남자와 여자, 어린이와 노인, 가축과 노예 등 모든 이스라엘 거류민들이 한결같이 베옷을 몸에 걸쳤다. 예루살렘에 사는 사람들은 남녀를 가리지 않고 성전 앞에 엎드려 머리에 재를 뿌리고 기도하기 시작했다. 자녀들이 원수의 밥이 되지 않게 해달라고, 아내들이 포로로 끌려가지 않게 해달라고, 조상이 물려준 도시들이 파괴되지 않게 해달라고, 성전이 이방인들의 손에 더럽혀지거나 치욕거리가 되거나 웃음거리가 되지 않게 해달라고 빌고 또 빌었다.(유딧서 4:12) 여러 날 단식과 기도가 이어졌다. 대사제 요아킴과 다른 모든 사제들도 날마다 번제를 드리며, 제물과 예물을 바쳤다.

홀로페르네스는 이스라엘 사람들이 전쟁 준비를 하면서 산악지대의 통로를 막을 뿐 아니라 높은 산봉우리마다 성을 쌓고 평지에는 방책을 쳤다는 정보를 입수했다. 화가 잔뜩 난 그는 모압의 모든 영주들과 암몬의 지휘관들, 그리고 해안지방의 장관들을 불러놓고 작전회의에 들어갔다. "가나안의 주민 여러분, …… 그들이 어떤 사람들이오? …… 서방의 주민들 중에 그들만이 나를 거역하고 환영하러 나오지 않았는데 어찌 된 셈이오?"(유딧서 5:3-4)

그러자 암몬의 총지휘관인 아키오르가 나서서 대답한다. 암몬으로 말하면, 모압과 더불어 롯과 그 두 딸의 후예인 바, 아브라함의 후손들에 대해서는 역사를 줄줄 꿰고 있을 것이 아닌가. 아니나 다를까 아키오르의 해석은 정확했다. 그의 입에서 흘러나온 이스라엘의 역사는 그야말로 세상 민족들의 역사와 달리 철저히 신앙의 관점에서 이어져온 특이한 역사였다.

본디 갈대아인의 후손인 그들은 보통 사람들이 아니라는 것이다. 그들은 갈대아인들이 섬기던 신들을 섬기기가 싫어서 메소포타미아로 옮겨간 아브라함의 후손이다. 어찌어찌 이집트로 내려가서 살게 되었을 때에도 자기들의 하나님을 예배하고 싶어서 출애굽을 감행하였다. 그들의 하나님이 홍해 물을 말려서 그들이 가는 길을 터주었다. 그들의 하나님은 불의를 미워하는 분이어서, 그들이 그분께 죄를 짓지 않는 동안에는 번영하게 하신다. 그러나 그분이 정해준 길에서 벗어나면 그들의 삶이 피폐해지고 파괴된다.

그런데 지금은 그들이 예루살렘을 중심으로 하나님을 믿으며 잘 지내고 있다. "그러니 상전 되시는 주인님, 만일 이 백성이 잘못을 저질러 하나님에게 죄를 짓는다면, 그것이 그들의 멸망의 원인이 될 터이니, 우리는 그 때를 잘 살폈다가 올라가서 그들을 쳐부숩시다. 그러나 그 백성이 율법을 어기는 일이 없다면, 그들의 주님인 하나님이 그들을 잘 지켜 줄 터이니 주인님은 그들을 내버려 두십시오. 잘못하다가는 우리가 세상의 웃음거리가 될 것입니다."(유딧서 5:20-21)

아키오르는 비록 암몬 사람이었지만, 이스라엘 사람 못지않게 하나님을 알고 또 두려워했다. 그의 말에 나타난 하나님은 '인과응보'의 하나님이다. 독자는 아키오르의 입을 통해 이른바 신명기 신학의 핵심, 곧 '하나님 앞에서 죄를 짓지 않으면 번영하고, 죄를 지으면 멸망한다'는 내용을 전해 듣는 셈이다.

아키오르가 말을 마치자, 작전회의에 참가한 사람들이 모두 웅성거리기 시작한다. 그의 말은 요컨대 이미 신격화된 느부갓네살 왕의 권위를 전면 부정하는 것이었기 때문이다. 이번 기회에 홀로페르네스에게 잘 보이고 싶어 안달인 사람들이 아키오르를 사형에 처하라고 목청을 높인다. "우리는 이스라엘 사람들을 조금도 무서워할 필요가 없습니다. 그들은 격렬한 전쟁을 버텨 나갈 만한 힘이 없는 무력한 백성입니다. 그러니 홀로페르네스 각하, 빨리 올라갑시다. 각하의 대군은 그들을 휩쓸고 말 것입니다."(유딧서 5:23)

이미 영웅심에 사로잡힌 홀로페르네스가 어느 쪽 말에 귀를 기울였을지는 안 봐도 뻔하다. 홀로페르네스가 아키오르를 향해 입을 연다. "아키오르, 네가 뭔데 암몬의 용병들을 데리고 와서 오늘 이렇게 우리에게 예언을 하느냐? 이스라엘 사람들이 신의 가호를 받고 있으니 싸움을 하지 말라고? 느부갓네살 외에 또 신이 어디 있단 말이냐? …… 이 암몬의 품팔이꾼 아키오르야, 네가 오늘 이따위 수작을 했으니 너는 나에게 큰 죄를 범했다. …… "(유딧서 6:2-9)

결국 홀로페르네스는 부하들에게 아키오르를 붙잡아 베툴리아로 끌고 가서 이스라엘 사람들에게 넘겨주라고 명령한다. 자기가 베툴리아를 정벌하러 가는 날, 이스라엘 사람들과 함께 죽여버리겠다는 으름장과 함께. 그래서 아키오르는 결박당한 채 베툴리아 성까지 끌려갔는데, 거기서 이스라엘 사람들에게 사로잡혀 지도자들 앞에 서게 된다. 당시 원로 지도자들은 시므온 지파 미가의 아들 우찌야와 고토니엘의 아들 카브리스, 그리고 멜키엘의 아들 카루미스였다.(유딧서 6:15) 그들은 아키오르의 신변 처리를 위해 원로 회의를 소집한다. 이 회의에 젊은이들과 여자들까지도 모두 몰려나와 참가했다는 것으로 보아, 그야말로 다급한 비상시국임을 한 눈에 알 수 있다.

군중 한가운데 선 아키오르가 그간의 정황을 설명한다. 홀로페르네스의 전략회의에 불려가서 자기가 아는 대로 조언했는데, 홀로페르네스가 귀담아 듣기는커녕 도리어 거만하게 이스라엘의 하나님을 능멸하더라고. 이야기를 듣고 난 이스라엘 사람들은 아키오르를 크게 칭찬한다. 암몬 족속과의 오랜 반목이 해소되는 순간이었다. 심지어 우찌야는 아키오르를 자기 집으로 데려가 잔치까지 베푼다.

다음 날 홀로페르네스는 전의戰意에 불타서 베툴리아 쪽으로 진격 명령을 내린다. 정예병들이 일거에 움직이는데, 보병이 17만 명, 기병이 1만 2,000명이다. 그 사이 병력이 증강된 모양이다. 이스라엘의 오랜 숙적인 모압과 암몬, 그리고 에돔 사람들이 다 홀로페르네스 편에 붙었다. 그들이 베툴리아 근처에 진을 쳤는데, 진지의 길이며 너비가 상상을 초월하였다. 그야말로 대군大軍이 몰려오는 것을 본 이스라엘 사람들은 두려워 떨기 시작했다. 베툴리아가 산악지대에 위치해 있다는 지리적 특성을 살려, 그렇지 않아도 두 사람이 겨우 지나다닐 수 있을 정도로 비좁은 통로들을 모두 봉쇄하고 촌락마다 성을 쌓으며 식량을 넉넉히 비축하도록 조치해 놓았건만, 홀로페르네스의 막강한 군세軍勢 앞에서는 기가 죽었던 것이다.

이튿날 홀로페르네스는 베툴리아의 이스라엘 사람들이 보는 앞에서, 마치 전력을 과시하기라도 하듯, 자신의 온 기병대를 이끌고 도성으로 올라가는 길을 살핀 뒤, 물줄기마다 보초병을 세운

다음 진영으로 돌아왔다. 때마침 참모들이 기막힌 작전을 제안한다. 베툴리아 주민들이 지형지물을 이용하여 수비책을 세워놨으니, 자기편에서도 똑같이 지형지물을 이용하여 역공세를 펼치자는 것이다. 이른바 고사枯死작전이라고 이름 붙일 수 있는 이 제안이 홀로페르네스의 마음에 쏙 들었다.

눈물의 고사작전과 잔 다르크의 등장

고사작전이 무엇인가. 말 그대로 말려 죽이자는 것이다. 가만 보아하니, 이스라엘 사람들은 창으로 싸우지 않고 지리적 조건을 활용해서 싸울 심산이다. 산꼭대기로 올라가는 통로들이 원천 봉쇄된 상황에서 괜히 맞붙어 싸우다가는 이쪽이 불리할 수 있다. 그러니 병력 손실을 최소화하면서, 저들이 스스로 도성을 포기하게 만들어야 한다. 어떻게 하면 그렇게 될까.

그렇다, 산기슭에서 흘러나오는 물줄기를 장악하면 된다! 베툴리아의 주민들은 모두 그 물을 먹고 산다. 그러니 물줄기만 확보하면, 그들은 목이 말라 죽게 되어 있다. 그리 되면, "칼이 그들에게 가 닿기도 전에 자기들이 살고 있는 거리에 죽어 쓰러져 있게 될 것입니다. 이렇게 해서 그들이 당신을 순순히 맞아들이지 않고 거역한 죄에 대한 호된 벌을 내릴 수 있게 될 것입니다."(유딧서 7:14-15)

홀로페르네스는 그 제안을 받아들여 그대로 시행한다. 우선 암몬 군이 앗시리아 군과 함께 골짜기로 이동, 이스라엘 사람들의 수로와 수원지를 점령한다. 에돔 사람들과 암몬 사람들은 도다인 맞은편 고지로 올라가서 진을 친다. 혹시라도 베툴리아 성에서 빠져 나오는 이스라엘 사람들을 처치하기 위해서다.

베툴리아 성 안에 고립된 이스라엘 사람들은 독 안에 든 쥐나 다름없었다. 앗시리아의 보병, 기병, 전차들이 성을 에워싸고 있었다. 그러기를 어언 34일! 물독마다 물이 동이 났다. 저수지도 모두 허옇게 바닥을 드러냈다. 어린이들은 기력을 잃고 쓰러지고, 부녀들은 목말라 지쳐서 도성 거리마다 축 늘어졌다. 급기야 아직 힘이 남아 있는 백성들이 지도자들을 찾아갔다. 따지기 위해서였다. 내부 분열이 일어난 것이다. "…… 당신들이 앗시리아 사람들과 진작 화평을 청하지 않아서 우리에게 큰 손해를 끼쳤습니다. …… 그러니 어서 그들을 불러들여 온 도성을 그들에게 내어 주시오. …… 차라리 우리가 그들에게 붙잡히는 것이 나을 것입니다. 노예가 된다 하더라도 목숨은 건지게 될 것이니 말입니다……."(유딧서 7:24-28)

약해질 대로 약해져서 분별력을 잃은 백성들을 우찌야가 타이른다. 닷새만 더 참아보자고. 그 사이에 하나님께서 반드시 자비를 베풀어주실 거라고. 하나님이 우리를 완전히 버리시지는 않을 거라고……. 그는 도대체 뭘 믿고 그런 약속을 했단 말인가. 성난 군중들을 간신히 설득해서 돌려보내기는 했지만, 만약에 5일 안에 아무 일도 일어나지 않으면 베툴리아의 운명은 어찌 될 것인가. "온 도성은 침통한 분위기에 휩싸였다."(유딧서 7:32)

유딧서를 반으로 접는다면, 정확히 이 지점을 기준으로 삼아야 할 것 같다. 홀로페르네스의 일방적인 승리로 끝날 것 같던 전쟁 이야기가 한 여성의 등장으로 완전히 새로운 국면에 접어들기 때문이다. 위기에 처한 베툴리아를 바로 이 여성이 구해낸다. 게다가 그녀는 과부다. 우찌야를 비롯한 원로 지도자들도 있고, 요아킴 같은 예루살렘의 대제사장도 있는데, 어째서 이 여성에게 그토록 중요한 배역을 맡기셨을까.

유딧은 혈통 좋은 유다 가문에 속한 여인인 것 같다. 유딧서 저자가 유딧을 소개하는 첫마디가 "므라리의 딸"(유딧서 8:1)이다. 그리고 그 므라리를 소개하기 위해 족보를 따지는데, 무려 14대까지 거슬러 올라간다.[236] 언뜻 보기로, 조상들의 이름에 하나님을 뜻하는 '엘'자가 다수 붙어 있는 것으로 보아, 신실한 집안임을 알 수 있다. 이 정도면 한마디로 뼈대 있는 집안이다.

유딧은 본래 같은 부족, 같은 가문에 속해 있던 므나쎄라는 이와 혼인해 살았는데, 그 남편이 보리 추수 때 죽어서 과부가 되었다. 그는 밭에서 보릿단을 묶고 있는 사람들을 '감독'하던 중에 일사병에 걸려서 죽었다고 한다.(유딧서 8:3) 유딧은 남편으로부터 금과 은, 남녀 종들, 가축과 토지 등을 물려받아, 그것으로 살았다.(유딧서 8:7) 그녀가 과부로 지낸 지는 어언 3년하고도 4개월이 되었다.

유딧은 자기 집 옥상에 천막을 치고 과부의 옷차림인 베옷을 입고 지냈다. 그리고 안식일 전날과 안식일 날, 그믐날과 초하룻날, 그 밖에 축제일과 경축일을 빼고는 하루도 빠짐없이 단식했다고 한다. 그 단식 덕분인지, "그 여자는 매력 있고 용모가 대단히 아름다웠다."(유딧서 8:7) 또 과부가 재산이 많은 데다가 인물까지 좋으면 사람들 입방아에 오르내리기 마련이건만, "그 여자는 하나님을

무척 공경하는 사람이었기 때문에, 그 여자를 비난하는 사람은 아무도 없었다."(유딧서 8:8)

유딧은 사람들이 식수 부족으로 절망한 나머지 우찌야를 원망한다는 소리를 들었다. 이에 덧붙여 우찌야가 그 도성을 닷새 후에 앗시리아 군에게 넘겨주겠다고 약속한 것도 듣게 되었다. 유딧은 자신의 전 재산을 관리하는 여자 하나를 다급히 보내어, 그 도성의 지도자들을 모셔오게 한다. 우찌야와 카브리스와 카르미스가 도착한다. 그들에게 유딧은 "여러분이 오늘 백성들에게 한 말씀은 옳지 않다"고 말한다. 사실 듣기에 따라서는 일개 평범한 과부가 도성의 최고 원로급 인사들을 앞에 놓고 야단을 치는 형국이다. 내용인즉, 만일 하나님이 우리를 며칠 내로 돕지 않으면 이 도시를 원수들에게 넘겨주겠다는 식의 맹세는 완전히 불신앙의 표현이라는 것이다.

도대체 여러분이 무엇인데 이렇게 오늘 하나님을 시험하는 것입니까? 어째서 여러분은 인간이면서 하나님의 자리에 올라 선 것입니까? …… 여러분은 사람의 마음 속 깊은 곳을 알아내거나 그의 생각을 파악하지도 못하면서 어떻게 이 모든 것을 만드신 하나님을 알 수 있으며, 또 어떻게 그분의 생각을 이해하고 그분의 이치를 깨달을 수 있겠습니까? …… 비록 하나님께서 꼭 닷새 안으로 우리를 도우실 생각이 없으시더라도 당신께서 원하시는 때에 우리를 보호해 주시기도 하며 그렇지 않으면 우리를 원수 앞에서 멸하게도 하실 수 있는 권능을 가지고 계십니다. 여러분은 주 우리 하나님께서 계획하신 일에 대하여 이렇다 저렇다 말하지 마시오. 하나님은 사람과는 달리 으르거나 달랜다고 해서 움직이시는 분은 아니십니다.

그야말로 폭풍 같은 권세다. 훌다가 요시야 왕이 보낸 지체 높은 특사들 앞에서 두루마리를 해석해줄 때의 그 권위가 유딧에게서도 느껴진다. 무엇이 이 여자들을 이토록 담대하게 만들었을까. 그것은 자신이 믿는 바, 올곧은 진리에 대한 확신이다. 서릿발 같은 유딧의 발언을 듣자 하니, 구구절절 고개가 끄덕여진다. 사사였던 입다도 암몬과의 전쟁을 앞두고 섣불리 서원하는 바람에 애꿎은 딸의 목숨만 희생되지 않았던가. 어차피 하나님이 이끄시는 전쟁인 것을, 굳이 '이기게 해주시면, 개선하고 돌아올 때 제일 먼저 맞이하는 사람을 번제로 바쳐 올리겠다'고 맹세할 게 무언가. 그런 식으로 하나님의 마음을 '으르거나 달래려고' 시도하는 것 자체가 믿음 없음의 방증이 아닌가.

유딧의 말은 하나님을 도깨비 방망이로 착각하지 말라는 훈계다. 인간이 하나님의 형상으로 만들어졌지, 그 반대가 아님을 명심하라는 말이다. 인간이 하나님의 뜻에 따라 사는 게 순리이지, 하나님을 인간의 뜻에 따르시도록 조종하려 들면 안 되는 것이다. 이렇게 건강한 하나님 이해는 그야말로 '하나님이 내 안에, 내가 하나님 안에' 있는 경지가 아니고서는 생겨나기 어렵다.

팜므파탈 대 전사

유딧의 믿음은 한마디로 '진인사대천명盡人事待天命', 그것이었다. 사람이 할 수 있는 만큼 최선을 다해 노력하기는 하되, 그 결과는 철저히 하늘의 뜻에 맡긴다는 태도다. 유딧은 "이런 모든 사정에도 불구하고" 하나님께 감사를 드리자고 말한다.(유딧서 8:25) 아브라함과 이삭과 야곱이 당한 "불과 같은 시련"(유딧서 8:27)에 비하면, 우리 것은 오히려 가볍지 않겠냐고 다독인다. 사람이란 본디 남이야 손가락이 잘리든 말든, 제 손톱에 박힌 가시 하나 때문에 펄펄 뛰며 죽는 소리를 하게 마련인데, 고난을 대하는 유딧의 태도는 그렇지가 않다. 믿음의 선조들이 겪은 고난의 무게에 비하면 내 것은 아무것도 아니라고 겸손해한다.

이에 우찌야가 입을 연다. 듣자 하니 모두 옳은 말이라 "반박할 것이 하나도 없지만"(유딧서 8:28), 자기 사정도 좀 알아달라고 변명한다. 백성들의 원성이 너무 높아, 어쩔 수 없이 그런 약조를 하게 되었다고. 지도자란 본디 위기의 순간에 그 지도력이 빛을 발해야 하거늘, 베툴리아의 최고 원로라는 사람이 그리 발뺌하고 만다. 얼마나 무능하면 백성에게 그렇게 책임을 떠넘기는가 말이다.

더 나아가 그는 아예 유딧의 치맛자락을 붙잡고 늘어진다. "당신은 경건한 부인입니다. 우리를 대신해서 주님께 기도해 주십시오. 그러면 주님께서 비를 내리셔서 우리 저수지를 가득 차게 해 주실 것입니다."(유딧서 8:31)

상황은 참으로 절박했다. 체면 불구하고 젊은 과부에게 이렇게 매달릴 정도라면 상상이 되지 않는가. 이제 베툴리아의 운명은 한 여인의 손에 달린다. 유딧은 결연한 자세로 대꾸한다. "내 말을 들으시오. 우리 후손 대에 길이 남을 만한 한 가지 일을 이루어 놓겠습니다. …… 우리 도성을 원수들에게 내어 주겠다던 그 날짜 안으로 주님께서는 내 손을 통하여 이스라엘을 구원하실 것입니다."(유딧서 8:32-33) '한 가지 일'이란 혈혈단신 적진으로 가 홀로페르네스의 목을 베어오는 것이었다. 유딧은 이 일을 철저히 비밀에 붙이고는, 사람들이 모두 돌아간 뒤에 홀로 하나님께 기도를 올린다.

유딧의 기도는 "내 조상 시므온의 주 하나님"(유딧서 9:2)을 부르는 것으로 시작한다. 시므온은 야곱과 레아 사이에 태어난 둘째 아들로, 자신의 누이 디나가 이방족인 히위 사람 세겜에게 강간을 당하자, 동생 레위와 함께 칼을 들고 쳐들어가 세겜을 포함, 그 일가족과 그 성의 남자들을 모조리 몰살하고 재산을 약탈한 '복수'의 대명사다.(창세기 34장 참고) 물론 시므온의 복수는 잔인하고 가혹했지만, 세겜의 행위는 "처녀의 치마를 벗겨 욕을 보이고 아랫도리를 드러나게 하여 모욕을 주고 태를 범하여 수치를 보게 한"(유딧서 9:2) 것으로, 참으로 끔찍한 짓이었다. 이어지는 기도를 보면 유딧이 어째서 시므온을 호명하였는지가 더욱 확연히 드러난다. 그녀가 믿기로, 하나님은 '군주의 기도'를 들으시는 분이 아니라 '과부의 기도'를 들으시는 분이다.(유딧서 9:34 참고) 그런데 지금 이 과부가 엄청난 병력을 앞세워 무소불위를 뽐내는 앗시리아 군의 교만을 꺾고자 하나님께 청원한다.(유딧서 9:7 참고)

당신의 능력으로 그들의 강한 힘을 쳐부수시고 당신의 분노를 일으키시어 그들의 세력을 꺾어 주소서. …… 그들의 거만한 자세를 보시고 당신의 분노를 그들 머리 위에 퍼부어 주소서. 이 과부에게 뜻하는 일을 이룰 수 있는 힘을 주소서. 간계를 꾸미는 이 입술을 이용하여 원수들을 넘어뜨리소서. …… 여자의 손을 이용하여 그들의 콧대를 꺾으소서.　　**유딧서 9:8-10**

구스타프 클림트의 '유딧'

시므온을 호명하는 것으로 시작된 유딧의 기도는 하나님을 "보잘 것 없는 사람들의 하나님", "불쌍한 사람들을 도우시는 분", "약한 자를 붙들어 주시는 분", "버림받은 사람들의 보호자", "희망 없는 사람들의 구조자"(유딧서 9:11)로 고백하는 데서 주제의식을 명료히 드러낸다. 통칭 "작은 자들의 하나님"이 "하늘과 땅을 다스리시는 분"(유딧서 9:12)이라면 앗시리아의 압제 아래 신음하는 이들을 구원해주셔야 마땅하지 않겠느냐는 논리다.

여기서 우리는 유딧의 신앙고백이 라합의 그것과 공명함을 발견할 수 있다. "당신들의 하나님"

이야말로 "위로는 하늘에서 아래로는 땅 위에서 참 하나님"(여호수아기 2:11, 개역성경에서는 '상천하지의 하나님'으로 번역했다)이라고 고백한 라합의 경우에도 그렇게 말할 수 있었던 근거는 하나님이 자기처럼 '작은 자들'과 스스로 연대하신다는 믿음이 깔려 있었다.[237]

유딧은 과부의 상복을 벗고 목욕재계를 한 다음, 향수를 바르고, 처네(여자가 나들이를 할 때 머리에 쓰던 쓰개)를 쓰고, 남편 므나쎄가 살아 있을 때 입던 옷 가운데 가장 화려한 것으로 차려입고는

아르테미시아 젠텔레스키의 '홀로페르네스의 목을 베는 유딧'

길을 나선다. 발에는 발찌를, 손에는 팔찌를 차고, 반지를 끼고, 귀걸이를 하고, 그 밖의 가진 모든 장식을 이용해 "남자들의 눈을 홀릴 만큼 요란하게 꾸몄다."(유딧서 10:4) 그런 차림새로 홀로페르네스의 진영으로 가기 위해 베툴리아 성문에 갔는데, 우찌야가 보기에도 "그 미모에 넋을 잃"(유딧서 10:7)을 정도였다고 한다.

유딧의 이야기는 그림으로도 설명이 가능하다.[238] 이탈리아의 사실주의 화가로 유명한 미켈란젤로 다 카라바조Michelangelo da Caravaggio와 서양미술사에서 근대 최초의 여성 화가로 불리는 아르테미시아 젠틸레스키Artemisia Gentileschi, 그리고 그들에 비하면 비교적 최근 화가인 구스타프 클림트Gustav Klimt까지 수많은 예술가들이 유딧 이야기의 하이라이트를 화폭에 담았다.

나는 클림트의 '유딧'은 지나치게 몽환적이라고 생각한다.[239]

카라바조의 '홀로페르네스의 목을 베는 유딧'

클림트는 황금의 화가다. '황금빛 유혹'이라는 컨셉에 걸맞게 전체적으로 강렬한 황금빛이 눈길을 사로잡는다. 반쯤 감은 눈, 살짝 벌어진 입술, 풀어헤쳐진 가슴……, 비록 왼손에 홀로페르네스의 머리를 들고 있기는 하지만, 워낙에 그림 아래로 밀려나 있어 눈여겨보지 않으면 잘 모를 정도다. 클림트의 '유딧'은 전형적인 '팜므파탈'의 모습을 하고 있다. 심지어 어떤 미술책은 살로메와 유딧을 나란히 팜므파탈의 대명사로 소개한다. 팜므파탈이라 하면 거부할 수 없는 치명적인 매력으로 남자를 파멸에 이르게 하는 요부妖婦를 가리키는 것인데, 유딧을 살로메와 나란히 요부 명단에 올린 것은 역사의식의 결여 탓으로 보인다. 또한 남성 위주의 미천한 평가이다.

그래서 개인적으로 나는 강한 전사의 이미지를 부각시킨 젠텔레스키의 '유딧'에 애착이 간다. 이 비운의 여류화가는 자기보다 앞서 카라바조가 그린 '유딧'을 보았을 것이다. 바로크의 거장이라는 칭호가 무색하지 않게 카라바조의 '유딧'에서는 불의의 습격을 당한 홀로페르네스의 표정이 압권이다. 허공을 향한 눈에는 벌겋게 핏발이라도 서 있을 것만 같다. 공포와 고통으로 일그러진 얼굴은 사실 묘사의 극치다. 이마에 선 핏대하며 붉은 커튼의 주름까지, 모든 게 선명하다. 마음에 걸리는 부분은 우리의 주인공 유딧이다. 너무 어리게, 그리고 너무 여리게 묘사되어 있다. 소녀처럼 가녀린 몸 안에 과연 적장의 목을 벨 힘이 들어있을까 싶다. 표정도 마뜩찮다. '어머, 어쩜 좋아, 난 못해' 하는 암시가 역력하다. 피 한 방울 튀지 않은 그녀의 하얀 블라우스는 또 얼마나 비현실적인가. 순결한 처녀에 대한 남성의 판타지가 투영된 것만 같다. 그런가 하면 유딧 옆의 몸종은 나이 많은 노파로 그려져 있어서, 화가의 성性 고정 관념이 그대로 투영되어 있는 것을 보게 된다.

반면에 젠틸레스키의 '유딧'을 보라. 일단 건강미가 넘친다. 후 덕한 몸매가 일품이다. 카라바조의 그림에서 '늙은 몸종'이 적장의 목을 담을 자루를 들고 가만히 서 있는 것과 달리, 젠틸레스키가 그린 '젊은 몸종'은 적장 살해에 적극 가담한다. 허드렛일로 단련된 강한 두 팔로 홀로페르네스가 움직이지 못하도록 위에서 내리누르 고 있다. 마치 대의大義를 구하는 일에는 계급이 따로 없다는 듯이. 이 그림에서 두 여자는 주인마님과 하녀의 사이가 아니라, 동지요 자매로 묘사되어 있다. 표정 역시 카라바조의 여인들과 사뭇 다르 다. 연민이나 동정심 따위는 찾아볼 수가 없다.

이 그림을 보고 있으면, 유딧의 통쾌한 복수에 아마도 젠틸레 스키 자신의 심리가 투영된 것이 아닌가 생각하게 된다.[240] 젠틸레 스키의 아버지 오라치오 젠틸레스키 역시 이름 있는 화가로, 당대 를 풍미한 카라바조의 친구이기도 했다. 열여덟, 꽃다운 나이에 그 녀는 아버지의 화실에서 아버지의 동료 아고스티노 타시에게 강간 을 당한다.

그런데 유부남에다 딸까지 있던 범인은 법정에서 오히려 젠틸 레스키에게 죄를 뒤집어씌운다. 함께 잔 건 맞는데, 저 어린 계집 이 꼬여서 그랬다고. 처녀가 아니었던 걸 보면, 평소 남자관계가 문 란한 애 같다고. 길고 지루하며 모멸스러운 법정 공방이 끝도 없이 이어졌다. 거짓말 탐지기가 있을 턱이 없는 시절이었으므로, 젠틸 레스키는 손가락 차꼬를 차고, 말할 때마다 손가락을 조이는 고문 까지 당하며 증언대에 서야 했다. 증거를 찾는다는 구실로, 남들이 보는 앞에서 산파에게 주요 신체부위를 내보이는 치욕을 당했음은 물론이다.

결국 젠틸레스키는 무죄처분을 받지만, 아버지는 그녀가 가문의 명예를 더럽혔다며 서둘러 피렌체의 3류 화가한테 시집을 보내 버린다. 그것도 그녀의 재능을 아낀 한 후원자가 결혼 지참금을 지불해주겠다고 보증하여 겨우 이루어진 결혼이었다. 젠틸레스키의 '유딧'은 이 모든 고통스러운 과정에서 태어났다. 그녀는 '유딧' 그림을 여러 장 그릴 정도로 그 이야기에 심취했는데, 아마도 그림 속 홀로페르네스의 얼굴이 강간범이나 아버지 혹은 남편을 닮지 않았을까 상상해본다. 그렇다면 성경 속 유딧은 이 세상에서 억울하게 모욕당하고 약탈당하고 착취당한 모든 약자들의 한恨을 대신 풀어주는 위대한 사제가 아닐까.

다시 본문으로 돌아가본다. 우선 유딧은 아름다운 용모로 홀로페르네스를 홀린 다음, 빼어난 말솜씨로 그를 완전히 속여 넘긴다. 어차피 자신의 민족은 이제 곧 망할 테니 장군님을 적극 돕겠다며, 유딧은 "느부갓네살 왕 만세!"(유딧서 11:7)를 외친다. 하나님이 이스라엘 민족을 치기 위해 장군님을 보내셨다는 말도 잊지 않는다. 그녀는 사흘 동안 앗시리아 진영에 머물며 홀로페르네스의 애간장을 태운다. 급기야 홀로페르네스가 잔치에 청하자 계획대로 그를 유혹하여 잔뜩 술을 먹여 만취하게 한 뒤, 곯아떨어진 틈에 거사를 단행한다.

야심한 밤, 두 여인이 앗시리아 진영을 빠져 나간다. 하녀의 손에는 홀로페르네스의 머리가 담긴 곡식자루가 들려 있다. 베툴리아 성으로 무사 귀환한 유딧은 자루에서 홀로페르네스의 머리를 꺼내

들고, 당당히 외친다. "자 보시오. 앗시리아 총사령관 홀로페르네스의 머리가 여기 있습니다. …… 주님께서는 여자의 손을 통하여 그를 치셨습니다."(유딧서 13:15) 이 장면에서 잔 다르크가 겹쳐 보이는 건 나만의 기시감은 아닐 것이다.

홀로페르네스의 머리를 본 이스라엘 사람들은 놀라서 꿇어 엎드려 하나님을 경배했다. 이윽고 사기충천한 이스라엘 용사들이 일어나 앗시리아를 치자, 총사령관을 잃은 군대는 우왕좌왕 도망가기에 바빴다. 마침내 그들 모두가 이스라엘 사람들의 칼에 전멸하는 것으로 이 전쟁은 끝이 난다.

이스라엘 사람들은 30일 동안이나 전리품을 거두어들였다고 한다. 사람들은 홀로페르네스가 쓰던 천막과 모든 은붙이와 침상과 그릇과 가구 등등을 유딧에게 가져다주었다. 대사제 요아킴과 원로들은 진심으로 유딧을 치하하며 고마워했다. 여자들도 유딧을 찬양하면서 춤과 노래로 축하했다. 유딧은 올리브 나뭇가지를 주워 여자들에게 하나씩 나누어 주었다. 그것으로 승리의 관을 쓴 여자들은 유딧의 인도에 따라 춤을 추었다. 남자들이 그 뒤를 따르며 노래를 불렀다. 모든 사람들이 하나님께 감사의 노래를 합창하는 것으로 유딧서는 대단원의 막을 내린다. 이 장면의 유딧은 영락없는 미리암이다.

말미에 있는 몇 구절은 사족이나 다름없다. 유딧은 홀로페르네스에게서 취한 전리품을 모두 하나님께 바쳤다. "자기를 탐내는 남자가 많았지만"(유딧 16:22) 끝내 혼자 살았고, 자기와 함께 큰일을 치른 여종에게는 자유를 주었다. 백다섯 살에 죽어 남편 무덤에 합장되니, 온 이스라엘 백성이 7일 동안 애곡하였다고 한다.

유딧의 도덕적 모호성, 곧 홀로페르네스에게 미인계를 써서 접근하는 대목이나 그의 품에 안겨 하룻밤을 보낸 일, 아첨, 뻔뻔한 거짓말, 무자비한 암살 등은 학자들 사이에서 종종 비판거리가 되어왔다.[241] 목적을 이루기 위한 수단의 정당성 여부는 윤리학의 고전적인 주제이므로 충분히 논의할 가치는 있을 것이다. 그러나 과연 전쟁이라는 예외적인 맥락에서 그렇게 엄격한 잣대를 들이댈 수 있는가는 쉽게 판단할 문제가 아니다.

흥미로운 것은, 여성이 성性을 매개로 애국 행위를 했을 때 설령 그 덕에 전쟁에서 승리한다 해도 여전히 그 행위에는 칭찬보다 비난이 따르는 현실에서,[242] 유딧서가 보이는 '일관된' 관점이다. 유딧서의 화자는 '정숙한 여인'이라는 최초의 평가를 끝까지 유지한다. 물론 그 평가에는 그녀가 전리품을 취하지 않았다는 점, 또 죽을 때까지 정절을 지켰다는 점 등이 반영되었을 것이다. 후자는 화자의 순결 이데올로기가 노골적으로 투사된 부분이기에 불편하다 쳐도, 전자는 매우 중요한 관찰이 아닐 수 없다. 본래 이스라엘 전통에서는 전리품을 모두 소각하는 것이 전쟁의 관례임을 생각하면, 오직 유딧만이 율법을 지키려고 애쓰는 인물로 그려졌기 때문이다. 전리품을 거두는 데 탐닉하는 이스라엘 사람들과 달리, 유딧은 사람들이 모아다 준 홀로페르네스의 소지품들을 모두 하나님께 바친다. 그리고 자신의 여종을 해방시켜 주는 것으로, 명실공히 최초의 노예 해방가가 된다.

그렇다면 유딧은 애국자일까, 팜므파탈일까. 판단은 독자 몫이겠지만, 두 정체성 모두 남성이 창조한 허구적 주체임은 분명하다. 그러한 편견의 안경을 벗지 않는 한, 우리는 끝내 유딧의 맨 얼굴을 볼 수 없을 것이다.

분명한 것은 모든 희망이 사라진 지점에서 한 여성이 희망으로 떠올랐다는 사실이다. 그녀는 분열된 공동체를 치유하고 무능한 지도자들을 일으켜 세웠다. 권력이나 재물, 혹은 명예에 대한 욕심 때문이 아니라, 그저 자신과 같은 평범한 과부를 통해서도 놀라운 일을 행하시는 하나님, 곧 '약하고 작은 자들의 하나님'을 증거하고 싶었기 때문에 말이다. 우리 안의 유딧은 오늘 누구를, 또는 무엇을 향해 칼을 겨누고 있는가, 곰곰 되새겨볼 일이다.

11 장

예수의 어머니가 된 동정녀

마리아

나사렛의 '순이'

예수의 어머니 마리아가 살던 시대는 이스라엘 역사상 그 어느 때보다도 절망적인 암흑기였다. 그 시대의 공기를 대충이나마 맛보기 위해서는 헬라 시대로 거슬러 올라가야 한다. 일명 알렉산더 대왕의 세계 제패로, 유대 땅에도 헬라 바람이 불어닥쳤다. 특히 알렉산더 사후에 등극한 셀류시드왕조의 안티오쿠스 에피파네스 4세(기원전 175~163년)는 유대 땅에도 급진적인 헬라화 정책을 실시했다.[243] 그래서 유대인과 이방인을 구분 짓는 중요한 표식의 일종인 할례가 금지되고, 유대인들이 부정한 동물로 혐오하는 돼지가 성전 제의에 사용됐으며, 성전 안에 제우스 신상이 세워지는 등 노골적인 종교·문화 말살이 행해졌다.[244]

이 무렵 반反헬라화의 기치를 부르짖으며 나선 이들이 바로 마카베오(또는 마카비) 가문 사람들이다.[245] 마카베오 가문은 유대 민중의 지지를 등에 업고 마카비 전쟁을 통해 드디어 독립을 쟁취함

틴토레토의 '수태고지'

으로써, 기원전 160년에 마카비왕조를 탄생시킨다. 하지만 하스모니아왕조(기원전 141~63년)로 이어지는 동안, 이들의 통치 역시 헬라화됨에 따라 유대교 안에서는 사두개파, 바리새파, 에세네파 등 각종 종파들이 일어났다. 헬레니즘에 맞서 유대교 신앙을 지키기 위해서였다.

그 사이 국제 정세는 또다시 바뀌어 거대한 헬라 제국이 무너지고 로마 제국이 들어섰다. 기원전 63년의 일이다. 로마는 내부의 철학 부재를 막강한 군사력으로 보충하고자 했기 때문에, 자연히 식민지령 곳곳에서 게릴라 전투와 무장 테러, 그리고 반란이 그치지 않았다. 신약성경에 '열심당', '젤롯당', 혹은 그냥 '강도떼'로 등장하는 유대 과격 단체가 바로 그러한 무력 항쟁 세력인데, 이를테면 갈릴리의 유다 같은 이가 대표적인 지도자였다. 그는 로마 제국에 '직접' 세금을 바치는 행위는 이스라엘의 유일신 사상에 위배된다며 민중을 선동했다.

헤롯 대왕 시절에는 그나마 세금을 '유대인의 왕'(이때의 왕은 로마의 하수인으로 세워진 '분봉왕分封王'이다)인 헤롯에게 바치는 형태였다. 그러면 헤롯이 얼마간의 '수수료'를 떼고 로마에게 전달하는 '간접세'의 형태였다. 유대인들이 종교적인 이유로 직접세를 거부하는 정서가 강해, 헤롯이 일종의 '세금 세탁업자' 역할을 담당했던 셈이다.[246] 그런데 기원후 6년 헤롯 대왕의 아들 아켈라오(기원전 4~기원후 6년)가 추방되면서 유대와 사마리아는 로마의 직접 통치 아래 놓이게 된다.[247] 그러니 갈릴리의 유다의 말도 어느 정도 일리가 있는 주장이었다.[248]

예수가 태어난 시대는 이렇게 시끄럽고 불안한 때였다. 우리는 흔히 서양의 연호가 예수의 탄생을 기점으로 기원전(BC, Before Christ)과 기원후(AD, Anno Domini)로 나뉜다고 알고 있지만, 학자들이 재구성한 바에 의하면 예수는 기원전 4년 헤롯 대왕이 죽기 직전에 태어났다.

그가 어린 시절을 보낸 시기는 헤롯 대왕의 아들인 헤롯 안티파스(기원전 4~기원후 39년, 갈릴리와 베레아의 분봉왕)가 파괴된 세포리스 의 재건공사를 하던 무렵이었다.[249] 워낙에 정치적 요충지이다 보니, 세포리스는 열심당의 본거지이기도 해서 자주 훼손되고 파괴되었다. 기원전 4년에 히스기야의 아들로 알려진 저항투사 유다의 저항이 있었던 데 이어, 기원후 6년에는 열심당의 창시자 갈릴리의 유다가 세포리스에서 대규모 봉기를 일으켰다.[250] 아마도 재건공사를 위한 강제 노역에 불만을 품었기 때문이었을 것이다. 이에 구레뇨 총독은 엄청난 로마 병력을 파병하여 진압에 나섰다. 요세푸스의 증언에 따르면, 세포리스로 들어가는 대로大路 양쪽에 죽음의 형틀인 십자가가 2,000개나 세워졌을 정도로 진압의 강도가 드셌다고 한다. 그 결과 유다의 반란은 허무하게 끝이 났다.

세포리스는 예수의 고향인 나사렛에서 불과 4.8킬로미터밖에 떨어져 있지 않은 성읍이었다. 예수의 아버지 요셉은 나사렛의 목수로 알려져 있다.[251] 그렇다면 요셉은 세포리스의 재건사업에 동원된 것은 물론이고, 십자가가 갑자기 2,000개나 필요하게 된 상황에서 십자가 제작에 참여해야 했을지도 모른다.[252] 소년 예수도 아버지를 따라 십자가를 운반하는 일을 도왔다면, 그 처참한 광경을 목격했을 것이다.

말라기 예언자 이후 400여 년 동안, 유대인들은 그야말로 야만의 시대를 절망스럽게 지나고 있었다. 예언도 그치고, 징조도 사라졌다. 난세亂世에는 본래 혹세무민하는 사이비 구원자들이 들끓는 법이라, 스스로 메시아를 자처하는 이들이 많았다. 유대인들에게 적어도 100년 동안의 독립을 보장해준 마카비–하스모니아왕조나 갈릴리의 유다가 그 좋은 보기다.

그런 한편, 세상은 꼼짝없이 로마 제국의 수중에 있는 것처럼 보였다. 그 누구도, 그 무엇도 로마에 대항하여 이긴다는 건 불가능했다. 로마 황제들은 제국의 신민들을 대상으로 자신들을 세상의 구원자로 끊임없이 이념화시켰다. 초대 황제인 옥타비아누스(기원전 63~기원후 14년)가 스스로를 "아우구스투스Augustus"라고 칭한 것도 이와 같은 맥락에서였다. 아우구스투스는 '법의 권한을 뛰어넘는 지존자·존엄자'라는 뜻이다. 황제의 지배권 아래 있는 모든 영토에서는 '아우구스투스의 승리VICTORIA AUGUSTA'라는 문구가 새겨진 로마 제국의 주화가 떠돌아다녔다.[253] 황제의 승리가 곧 제국의 평화라는 '팍스 로마나Pax Romana'의 이데올로기가 팽창한 것도 그 무렵이었다.

그런 세상 속에서 예수가 탄생한 것이다. 누가복음서는 그의 탄생을 감지하고 처음으로 경배하러 온 이들이 양떼를 지키던 목자들이라고 증언한다. 당시 목자는 낭만적인 직업이 결코 아니었다. 안식일법과 정결법을 지킬 수 없기에 죄인의 범주에 들던 하층민이었다. 그런 사람들이 천사의 고지告知를 받고 아기 예수를 경배하러 온 것이다. 이렇게 해서 이스라엘의 야훼는 '약하고 작은 자들의 하나님'이라는 주제가 또다시 변주된다.

로마 황제들은 스스로를 신의 아들, 아니 신으로 참칭했지만, 정작 하나님의 뜻은 달랐다. 하나님이 당신의 아들, 온 세상의 구원자로 낙점한 인물은 따로 있었다. 그가 바로 예수, '마리아의 아들'이다.[254] 로마 제국의 식민지인 유대 땅, 게다가 예루살렘도 아닌 갈릴리 변방의 나사렛 동네에 살던 여자, 하나님은 그녀를 통해 엄청난 일을 도모하신다. 눌린 자의 하나님으로 이 세상에 사랑과 자유와 정의와 평화를 가져오는 일, 그 일이 지금 한 여인을 통해 일어나고 있었다.

그녀의 정확한 신상 정보는 알 길이 없다. 그나마 마리아라는 이름이 거의 유일한 단서인데, 당시에 이 이름은 우리나라의 '순이'[255]만큼이나 흔했기에 중요한 단서는 못 된다. 다만 마리아라는 이름은 구약성서에 나오는 유명한 여선지자 '미리암'의 헬라식 표기라는 점만은 알아두는 것이 좋겠다. 그러니까 상징적으로 마리아는 이집트 제국의 노예살이에서 히브리 백성들을 해방시키는 데 온몸을 바친 미리암의 화신化身인 것이다. 적어도 신약성경에서 마리아라는 이름을 가진 수많은 여자들의 운명은 그래야 했다. 그 이름에 걸맞게 새로운 시대의 예언자 역할을 감당해야 했다.

성모의 맨 얼굴

가톨릭에서 마리아는 '성모'로 추앙받는다. 어거스틴 같은 초기 교부들의 영향으로 여성의 순결과 처녀성이 강조되면서 금욕주의 운동이 강하게 일어난 것을 고려하면, 4~5세기에 벌써 동정녀 마리아론이 형성되기 시작했음을 짐작할 수 있다.[256] 어찌 보면 이것은 기독교가 로마 제국의 국교가 되면서 일어난 부수적인 현상일지도 모른다. 그리스-로마의 민간신앙으로 남아 있던 여신숭배 전통을 어떻게든 되살려 자신의 입지를 굳히고 싶어한 로마 제국의 왕비들, 또는 왕후들의 욕심이 마리아론의 강화를 불렀기 때문이다.

이를테면 414년, 겨우 열다섯 살에 아우구스타Augusta(여섭정)가 되어 테오도시우스 황제에게 영향력을 행사하기 시작한 아일리아 풀케리아가 대표적인 인물이다.[257] 기독교 신앙에 심취했던 그녀는 황궁을 거의 수도원 분위기로 꾸밀 정도로 극성이었다. 431년의 에베소 공의회나 451년의 칼케돈 공의회가 열릴 수 있었던 것도 그녀의 종교적, 재정적 지원 덕분이었음은 잘 알려진 사실이다.

평생 독신을 서약할 만큼 자기 자신과 마리아를 동일시하여 일종의 '마리아 숭배'에 젖어 있던 풀케리아 황후는 마리아를 "하나님의 어머니"라고 부르는 민간신앙에 대단히 호의적이었다. 그것이 황제의 어머니인 자기 자신을 여신으로 드높이는 데 이념적 지지 기반이 된다고 여겼기 때문이다.

그런데 428년에 콘스탄티노플의 대주교로 새로 임명된 네스토리우스는 자꾸만 그 호칭에 제동을 걸고 나왔다. 마리아를 그저 '그리스도의 어머니'로만 깎아내리는 그가 풀케리아에게는 눈엣가시 같았다. 431년의 에베소 공의회는 그래서 열렸다. 알렉산드리아의 대주교 키릴이 주도한 이 회의에서 네스토리우스는 '새로운 (가롯) 유다'라는 불명예스러운 선고를 받고 이단으로 정죄되어 파면당했다.

마리아론이 끈질기게 살아남은 원동력은 어쩌면 예수의 신격화에 있는지도 모른다. 니케아-칼케돈 공의회가 예수의 인성人性을 부정하기는커녕 신성神性과 마찬가지로 확증했는데도, 민간신앙의 차원에서는 무게 중심이 자꾸만 신성 쪽으로 기울었다. 예수가 숭고한 존재로 높아질수록, 그래서 가까이 하기엔 너무 먼 존재로 격상될수록 사람들은 자신의 기도를 귀 담아들어줄 친근한 누군가를 그리워했다. 그 심리 공백의 틈새를 비집고 들어온 게 바로 마리아다. 영원한 모성성의 상징인 마리아는 그 자애로운 이미지 때문에 대중의 '기도 중보자仲保者'로 재빨리 자리 잡았다. 오늘날 가톨릭은 1852년에 교황 피우스가 선포한 성모의 무흠수태설Ineffabliis

*Deus*과 1950년에 교황 비오 12세가 선포한 성모승천설을 교리로 받아들이고 있다.

표면상 가톨릭과 개신교의 가장 두드러진 차이는 이 지점이다. 개신교는 마리아를 기도의 중보자로 보지 않는다. 성모 마리아상 앞에서 기도하는 풍경은 가톨릭교인의 전유물이지, 개신교인의 것은 아니다. 개신교는 성모의 무흠수태설이나 종신처녀설, 승천설에도 동의하지 않는다. 그럼에도 개신교인들 역시 마리아가 '동정녀'로 그리스도를 낳았다는 성경 기록을 글자 그대로 수용하려는 욕망 내지 유혹에서 자유롭지 못함을 보인다. 그럼으로써 개신교 신앙은 마리아에 관한 신성화에 암묵적으로 가담하는 것이다.[258]

이런 상황이다 보니, 온갖 기적 이야기와 도그마로 채색된 '그리스도' 이미지를 걷어내고 예수의 맨 얼굴을 보기가 쉽지 않은 것처럼, '성모'의 이미지를 걷어내고 마리아의 본 모습을 찾기도 쉽지 않다. 더 곤혹스러운 것은 공관복음서(마태복음서, 마가복음서, 누가복음서)가 재현하는 마리아의 모습조차 서로 다르다는 사실이다. 도대체 어디서 어떻게 길을 찾아야 할까.

우선은 복음서라는 문학 장르의 특징부터 이해할 필요가 있다. 복음서는 전기傳記처럼 보이지만, 정확하게 그 장르와 일치한다고 보기는 어렵다. 만약에 전기라면, 어째서 예수의 탄생 기록조차 서로 일치하지 않는 걸까.[259] 심지어 마가복음서에는 아예 탄생 기록이 없다. 그것은 복음서 저술의 목적이 예수가 태어나서 죽을 때까지의 그의 생애에 대한 정보를 가감 없이 정확하게 전달하는 데 있지 않기 때문이다. 오히려 복음서는 서로 다른 시기에 서로 다른 장소에서 서로 다른 독자층을 염두에 두고 예수의 가르침을 전달하기 위해 기록된 것으로 보아야 한다.

따라서 복음서에 대한 올바른 독법讀法은 거기에 기록된 내용들이 역사적 사실이냐 아니냐에 초점을 맞추기보다는, 그 말씀들이 지금 우리에게 어떤 메시지를 전하고 있고, 또 오늘을 사는 우리가 그 말씀을 어떻게 적용하며 살 것인지를 고민하며 읽는 것이라 할 수 있다.[260]

그렇다면 예수 탄생을 둘러싼 기이하고도 신비스런 이야기들은 어떻게 이해해야 할까. 특히 그리스도인이 가진 신앙의 고갱이를 형성하는 사도신경에 분명히 적혀 있는 내용, 곧 "동정녀 마리아에게 나시고"라는 문장은 어떻게 받아들여야 할까. 마리아를 이해하는 결정적 단서에 해당하는 이 동정녀라는 단어는 진짜 생물학적 처녀를 의미하는 것일까. 남자 없이 처녀의 몸으로 임신했다는 이 진술은 그야말로 진실일까.

먼저, 우리말 성경에서 '동정녀'는 오직 마태복음서에만 등장한다는 것부터 짚고 넘어가자. 화자가 마리아의 임신 사건을 설명하면서 이사야서 7장 14절의 예언을 그대로 인용하는 맥락에 그 단어가 나온다. 반면에 누가복음서는 다른 맥락에서 마리아를 소개할 때 "처녀"(1:27)라고 했다. 물론 번역만 다를 뿐, 의미는 같다.

이 모든 일이 일어난 것은, 주님께서 예언자를 시켜서 이르시기를, "보아라, 동정녀가 잉태하여 아들을 낳을 것이니, 그의 이름을 임마누엘이라고 할 것이다." 하신 말씀을 이루려고 하신 것이다.

마태복음서 1:22-23

…… 하나님께서 천사 가브리엘을 갈릴리 지방의 나사렛 동네로 보내시어, 다윗의 가문에 속한 요셉이라는 남자와 약혼한 처녀에게 가게 하셨다. 그 처녀의 이름은 마리아였다.

누가복음서 1:26-27

마태복음서에 사용된 '동정녀'라는 단어는 헬라어 성경 70인 역본에 나오는 _파르테소스partesos_를 번역한 것으로, 그야말로 '처녀'를 가리킨다. 문제는 파르테소스가 히브리어 성경의 _알마almah_를 헬라어로 옮긴 것인데, 이사야서 7장 14절에 나오는 알마는 '결혼 연령에 이른 방년의 젊은 여자'를 의미하는 폭넓은 단어로, 반드시 생물학적 처녀를 의미하지는 않는다는 사실이다.

이들 복음서 저자보다 훨씬 앞서 기록을 남긴 사도 바울의 경우, '처녀'라는 단어를 전혀 사용하지 않았다는 점이 이상하다. 예를 들어 바울은 갈라디아 교회에 보내는 편지글에서 "기한이 찼을 때에 하나님께서는 당신의 아들을 보내셔서 여인에게서 나게 하시고……"(갈라디아서 4:4)라고 썼다. 바울처럼 헬라어에 능통한 사람이 '처녀'를 뜻하는 '파르테소스' 대신에 단순히 '여자' 또는 '여인'을 뜻하는 _구네gune_를 사용한 이유가 무엇일까.

학자들은, 바울의 편지들이 복음서의 저작 연대보다 앞서고, 사도신경의 형성 시기 역시 훨씬 후대의 일임을 감안할 때, 기독교의 정통 교리로 되어 있는 예수의 '처녀' 탄생설은 후대의 발전이라고 본다.[261] 바울 자신은 예수의 처녀 탄생에 별 관심이 없어 보인다는 것이다. 그럼에도 복음서와 사도신경이 예수의 '처녀' 탄생을 굳이 강조하고 있다면, 거기에는 어떤 깊은 뜻이 담겨 있으리라. 그

힌트가 마태복음서 1장 20절과 누가복음서 1장 35절에 나온다.

> 요셉이 이렇게 (파혼을) 생각하고 있는데, 주님의 천사가 꿈에 그에게 나타나서 말하였다. "다윗의 자손 요셉아, 두려워하지 말고, 마리아를 네 아내로 맞아 들여라. 그 태중에 있는 아기는 성령으로 말미암은 것이다.
>
> **마태복음서 1:20**

> 천사가 마리아에게 대답하였다. "성령이 그대에게 임하시고, 더 없이 높으신 분의 능력이 그대를 감싸줄 것이다. 그러므로 태어날 아기는 거룩한 분이요, 하나님의 아들이라고 불릴 것이다."
>
> **누가복음서 1:35**

마리아의 몸에 잉태된 아기는 '성령으로 말미암은 것'이라는 설명이다. 복음서 저자들은 사실 예수의 탄생 사건과 관련하여 '처녀' 잉태보다는 '성령' 잉태에 더 관심이 있었던 것 같다.

조각난 마리아상 다시 짜 맞추기

마태와 누가의 기록에 따르면, 당시 마리아는 요셉과 약혼한 상태였다. 이스라엘의 혼인 풍습에서는 약혼이 결혼에 버금가는 효력을 가졌기 때문에, 실질적으로 둘은 이미 혼인생활을 시작했어도 상관없었다. 하지만 어떤 이유에서인지 요셉이 마리아와 동침하지 않고 있었다고 한다. 원래 베들레헴 출신인 요셉이 나사렛이라는 타지에 와서 살다 보니, 아내를 맞을 준비가 채 되어 있지 않아서 그랬을지도 모른다.[262]

그 무렵, 마리아가 임신을 한다. 뱃속의 아기는 당연히 요셉의 씨앗이 아니다. 율법에 의하면 이런 경우 마리아는 돌로 쳐 죽임을 당하게 되어 있다.(신명기 22:23-24 참고) 그런데 요셉이 잠을 자던 중 꿈에 천사가 나타나 마리아의 정조를 의심하지 말라고 한다. 왜냐하면 그녀의 임신은 '성령으로 말미암은 것'이기 때문이다.(마태복음서 1:21) 그래서 요셉은 "잠에서 깨어 일어나서, 주님의 천사가 말한 대로, 마리아를 아내로 맞아들였다."(마태복음서 1:24)

이 대목만 놓고 보면, 요셉은 틀림없이 백마 탄 왕자다. 마리아의 목숨뿐 아니라, 자기와 아무 상관도 없는 뱃속의 아들까지 살려주고 거두어주니 말이다. 아무리 믿음이 좋기로서니, 이토록 관대하고 너그러운 남자가 또 있을까 싶다. 그런데 마태가 이렇게 요셉의 존재를 비중 있게 다루면서 그의 인품과 역할을 소상히 그리는데 반해, 누가는 별로 그러지 않았다.

누가는 예수의 출생에 앞서 먼저 세례 요한의 출생 사건부터 다룬다. 사가랴와 엘리사벳은 제사장 부부로 둘 다 의로운 사람들인데, '늙도록' 자식이 없었다.(누가복음서 1:5-7 참고) 마치 아브라함과 사라(창세기 17-18장), 또는 엘가나와 한나(사무엘기상 1-2장) 부부를 연상케 하는 이런 설정으로 누가는 곧 태어날 세례 요한이 구약의 마지막 예언자임을 암시한다. 실제로 사람들은 요한을 구약의 인물 중 가장 위대한 예언자로 추앙받던 엘리야의 환생으로 여겼던 것 같다.(마태복음서 11:14 참고) 엘리야처럼 광야에서 주로 활동하며 금욕적인 생활을 했던 요한은 옷차림에 있어서도 '엘리야 스타일'을 고수했다.(마가복음서 1:6 참고) 이렇게 요한이 구약舊約의 결정판이라면, 예수는 신약新約의 산 모델이 될 터. 그런 만큼 예수는 요한과는 완전히 다른 식으로 태어났어야 마땅했다.

예수의 '처녀 잉태'는 그런 맥락에서 나왔다. 마태복음서와 누가복음서의 저자는 당시 지중해 세계에서 '신의 아들huios theou'로 불린 또 한 사람, 아우구스투스 황제의 족보를 누구보다도 잘 알고 있었을 것이다. 당대의 명망 높은 시인 베르길리우스가 쓴 서사시 《아이네이스》[263]를 보면, 아우구스투스 황제의 족보는 주피터의 딸 비너스와 이 여신의 인간 배우자였던 안키세스까지 거슬러 올라간다. 그들의 아들이 아이네이스인데, 그의 아들인 율루스를 통해 율리우스(혹은 줄리어스) 가문이 이어져왔다는 것이다.

한편 구약성경 전통에서는 초월적으로 미리 예정된 아기는 불임이거나 가임기를 훌쩍 넘긴 고령의 부모에게서 태어났다. 차라리 이런 경우가 '처녀 잉태'보다는 훨씬 더 기적적인 '신적 개입에 의한 잉태'로 보이기 쉽다. 왜냐하면 처녀가 잉태했다는 주장은 실수나 거짓말로 간주될 위험이 있기 때문이다.[264] 그럼에도 마태복음서와 마가복음서의 저자가 처녀 잉태의 모티브를 선택한 것은 예수의 '신적 잉태', 말하자면 '성령 잉태'를 다른 사람들, 특히 아우구스투스의 그것보다 더욱 기적적인 것으로 높이기 위한 의도로 볼 수 있다.

아우구스투스 황제의 잉태 이야기에는 신이 개입한 성관계가

'육체적인 형태'로 이루어졌다는 내용이 있다. 아티아가 한밤중에 아폴로 신의 예배에 참석했다가 신전 바닥에 깔개를 깔고 잠이 들었는데, 갑자기 뱀 한 마리가 그녀를 타고 올라왔다가 급히 사라졌다는 것이다. 그녀는 잠에서 깨어 몸을 씻었는데, 마치 '남편을 안은 후에 씻는 것처럼' 씻었다. 그 후 열 달이 지나 아우구스투스가 태어났고, 사람들은 그를 '아폴로의 아들'로 간주했다고 한다.[265] 여기서 신이 개입한 잉태는 '성관계를 통해' 이루어진 것으로 암시된다. 그래서 아티아는 임신 후에는 더 이상 처녀가 아니었다.

하지만 마태 이전과 누가 이전의 기독교가 주장하는 바는 마리아가 임신 전에도, 임신 중에도, 임신 후에도 계속 처녀로 남아 있었다는 것이다. 왜냐하면 "이것이 마리아의 신적인 잉태를 다른 모든 신적인 잉태들과 다르며 그들보다 더욱 위대하게 만들"[266]었기 때문이다. 결국 핵심은 어떤 임신 사건에서 불임이나 노령, 또는 처녀성 등이 강조된다는 것은 그 잉태가 전적으로 신적인 개입에 의한 것임을 입증하는 방식이라는 것이다. "관건이 되는 것은 그 태어날 아기의 신학이지, 그 어머니의 생물학이 아니다."[267]

이 대목에서 누가의 장점은 엘리사벳과 마리아를 전면에 내세운다는 점이다. 누가의 탄생 이야기들에 나오는 주인공은 대개가 여자들이다. 온통 남자들 이름뿐인 족보 이야기부터 장황하게 늘어놓으며 예수를 어떻게든 다윗 왕과 연결시키려고 애쓰는 마태와는 상황을 바라보고 해석하는 눈 자체가 다르다. 누가는 세례 요한의 어머니 엘리사벳과 예수의 어머니 마리아가 믿음이 얼마나 강한 여인들이었는지, 또 이 두 여인이 어떻게 서로 돕고 의지하면서 운명적인 연대감을 이루었는지에 방점을 찍는다.

반면에 엘리사벳의 남편 사가랴는 명색이 제사장임에도 불구하고, 아들을 점지해준 천사의 말을 믿지 않아 벙어리가 된다.[268] 오히려 자기들에게 일어난 불가해한 일들을 능동적으로 받아들이고 적극적으로 행동한 쪽은 여자들이었다.

누가복음서에서 전하는 예수 탄생 이야기의 백미는 뭐니 뭐니 해도 마리아의 용감한 '순종'이다. 이것은 마태복음서가 요셉의 '순종'을 강조한 것과 완전한 대비를 이룬다. 누가복음서에서는 천사가 말하는 상대도 요셉이 아니라 마리아다. 그것도 꿈이 아닌 생시에 천사가 마리아의 집을 직접 찾아와서 말한다. "두려워하지 말아라. 마리아야, 너는 하나님의 은혜를 입었다. 보아라, 네가 잉태하여 아들을 낳을 것이니, 너는 그의 이름을 예수라고 하여라."(누가복음서 1:30-31) 누가에 따르면 천사가 예수의 이름을 알려준 상대역시 요셉이 아니라 마리아다. 그뿐만 아니라 세례 요한의 경우에도, 이름을 짓는 사람이 아버지가 아니라 어머니다.[269]

그런데 오늘날 우리 눈으로 보면, 말이 좋아 '하나님의 은혜'지, 실은 '박복한 신세'로 전락한 것이 아닌가. 남자 없이 여자 홀로 자식을 낳으면, 우리 사회는 가차 없이 '미혼모'라는 꼬리표를 붙이고 '팔자 사나운 여자'로 분류해버린다. 평생토록 그 주홍글씨를 가슴에 달고 살아야 하니, 제 아무리 하나님의 뜻이라 해도 어지간해서는 수용하기가 어려웠을 것이다. 하지만 마리아는 순종한다. "보십시오, 나는 주의 여종입니다. 천사님의 말씀대로 나에게서 이루어지기를 바랍니다."(누가복음서 1:38)

하지만 이러한 마리아의 '순종'에서 '순종적'인 여성상을 유추하려 하면 곁길로 빠지는 격이다. 하나님의 뜻에 순종하겠다는 마리아의 결단은 오히려 순종적인 여자라면 결코 할 수 없는 종류의 것이다. 왜냐하면 그것은 세상의 기존 질서를 뛰어넘겠다는 결연한 의지의 표명이기 때문이다. 모범 답안처럼 미리 주어진 삶은 싫다. 편안하고 평범한 삶도 거부한다. 낯설고 새롭지만, 그래서 두렵고 떨리지만, 끝내 이 길을 가리라. 세상 사람들은 "애비 없는 자식"이라 손가락질할지 모르지만, 천만의 말씀이다. 내 태중에는 지금 '하나님의 아들'이 자라고 있다는.

누가복음서는 마리아를 대단히 주체적인 여성으로 그린다. 세상 사람들이 이해하지도 용납하지도 못할 임신을 하고 친척인 엘리사벳의 집으로 서둘러 도망가 있는 상황에서, 보통 사람이라면 하루 종일 신세 한탄이나 하며 눈물바람으로 지새워도 모자랄 판에, 마리아는 노래를 부른다. 구약성경에 나오는 미리암의 노래[270]와 한나의 노래[271]에 이어서, 성경 전반에 걸쳐 가장 아름답고 위대한 3대 명가名歌의 완결판이 여기서 탄생한다.

내 영혼이 주님을 찬양하며 내 마음이 내 구주 하나님을 좋아함은 그가

이 여종의 비천함을 보살펴 주셨기 때문입니다.

이제부터는 모든 세대가 나를 행복하다 할 것입니다.

힘센 분이 나에게 큰 일을 하셨기 때문입니다. ……

그는 그 팔로 권능을 행하시고, 마음이 교만한 사람들을 흩으셨으니,

제왕들을 왕좌에서 끌어내리시고 비천한 사람들을 높이셨습니다.

주린 사람들을 좋은 것으로 배부르게 하시고,

부한 사람들을 빈손으로 떠나보내셨습니다.

그는 자비를 기억하셔서, 당신의 종 이스라엘을 도우셨습니다.

누가복음서 1:46-56

노래 속에서 마리아는 자기 자신을 이스라엘과 동일시하고 있다. 로마 제국의 식민 지배 아래에서 주권을 잃고 강자들에 의해 이리저리 휘둘리는 이스라엘의 운명을 자기 자신의 비천함으로 인식한다. 그러므로 '힘센 분이 내게 행하신 큰 일'이란 단순히 불가해한 임신 자체만을 뜻하지 않는다. 제왕들을 왕좌에서 끌어내리시고, 비천한 사람들을 높이신 일, 주린 사람들은 좋은 것으로 배부르게 하시고, 부한 사람들은 빈손이 되게 하시는 일, 그것이 하나님이 행하시는 '큰 일'의 내용이라는 것이다. 이 얼마나 정치적인 노래인가.

아니, 좀 더 무섭게 말하면 이 얼마나 체제 전복적인 노래인가. 세도 부리는 강자들과 부자들을 대놓고 저주하고 조롱한다. 힘없는 약자들과 가난한 사람들은 한없이 편들고 옹호한다. 예수가 벌일 '큰 일'이 바로 그렇다는 것 아닌가. 예수의 하나님 나라 운동의 대의가 마리아의 노래 속에 오롯이 들어 있다.[272]

마리아는 하나님의 뜻이 곧 제 뜻이기를 바랐다. 뱃속의 아이를 통해서 내 한 몸 편안하고 호의호식하기를 꿈꾸는 일은 결코 하지 않으리라. 사랑이라는 미명 아래 자식을 자기 삶의 연장으로 이용하고 조종하려는 마음도 내려놓을 것이다. 이른바 모성이라는 이름으로 포장된 모든 어미의 근원적인 소망, 곧 제 자식만 잘 먹고 잘 살면 그만이라는 본능적인 생각도 일찌감치 접어야지. 마리아의 노래는 그러한 내적 투쟁과 고민의 산물이었다. 자기 태胎에 둥지를 튼 자식이 '하나님의 것'이라는 생각은 그녀에게 매순간 히드라의 머리처럼 자라나는 이기심과 욕망의 가지들을 잘라낼 것을 요구했다.

마리아의 노래에서 여지없이 속내를 드러낸 누가복음서의 '편파보도'는 이후에도 계속된다. 이를테면, 목자들이 아기 예수를 경배하러 와서 자기들의 신비 체험을 이야기하자 "사람들은 목자들이 그들에게 전하는 말을 듣고 모두 이상히 여겼으나, 마리아는 이 모든 말을 고이 간직하고 마음속에 곰곰이 되새겼다."(누가복음서 2:18)라고 되어 있다. 또 마리아와 요셉이 모세의 법대로 아기 예수의 정결예식을 행하러 예루살렘에 갔을 때, 마리아와 요셉이 나란히 있는데도 예언자인 "시므온은 …… 아기의 어머니 마리아에게 말하였다."(누가복음서 2:34)라고 전한다.

그런가 하면, 독특하게 누가복음서는 예수의 열두 살 때 일화 하나를 소개하는데, 그 일화는 다른 곳에는 없고 유독 여기에만 나온다. 예수의 부모는 해마다 유월절이 되면 예루살렘에 올라가 절기관습을 지키곤 했는데, 그때도 모든 행사를 마치고 나사렛으로 돌아가다가, 하룻길을 가서야 불현듯 예수가 사라진 것을 발견했다는 것이다. 부랴부랴 예루살렘으로 되돌아가 사흘을 찾아 헤맨 끝에야 예수를 예루살렘 성전에서 찾았는데, 소년 예수는 태연하게 선생들과 토론을 하고 있었다고 한다.

어머니가 "얘야, 이게 무슨 일이냐? 네 아버지와 내가 너를 찾느라고 얼마나 애를 태웠는지 모른다."라고 말하자 예수는, "어찌하여 나를 찾으셨습니까? 내가 내 아버지의 집에 있어야 할 줄을 알지 못하셨습니까?"(누가복음서 2:49)라고 당돌하게 대꾸한다.

성경에서 열둘은 특별한 의미가 있다. 열두지파니 열두제자니 열두 보석이니 열두 광주리니 하는 것만 보아도, 12라는 숫자가 매우 의미심장한 기호임을 알 수 있다. 그것은 다름 아니라 '완전함'을 가리킨다. 더 이상 부족하거나 모자라지 않고 가득하다는 뜻이다. 그렇게 보면 지금 열두 살 예수는 예루살렘 성전에서 비로소 완전한 자의식을 발견했다는 뜻으로 이해할 수 있다. 자기 존재의 뿌리를 확연히 깨달은 것이다.

흥미로운 것은 누가복음서가 이 대목에서 "예수의 어머니는 이 모든 일을 마음에 간직하였다."(누가복음서 2:51)라는 부연 설명을 잊지 않았다는 점이다. 자식이 자람에 따라 어머니도 자라고 있다. 자식이 다 자랄 때까지 그 자신은 미처 자라지 못해, 다 자란 자식을 둥지에서 떠나보내기는커녕 끝끝내 붙잡고 있는 어머니들이 허다한 세상에서, 예수의 어머니는 그렇지 않았다는 것이다. 그녀는 모든 일을 속속들이 다 이해할 수는 없었지만, 결코 제 뜻을 강요하지 않았다. 그저 자식이 자라는 모습을 지켜보며 예사롭지 않은 징표들을 마음에 새기면서 그 뜻을 헤아리려고 애쓸 따름이었다.

마리아의 이야기는 여기서 잠시 주춤한다. 출애굽 사건에서도 성경이 워낙 모세 위주로 이야기를 전개하다 보니 미리암의 흔적이 미약했던 것처럼, 복음서 역시 예수 이야기에 집중하기 때문에 마리아 삶의 궤적을 따라가기가 아주 어렵다. 이제 서른 살 예수의 공생애와 그의 죽음 및 부활에 많은 지면을 할애하는 본문 틈새에서 마리아의 흩어진 조각들을 찾는 일만 남았다. 그녀는 도대체 어떤 삶을 살았을까. 서른 셋 젊은 나이에 아들이 십자가에 달려 힘하게 죽어가는 모습을 똑똑히 지켜보기까지 그녀의 삶은 과연 어떠했을까.

영원한 처녀 마리아

요셉이라는 이름이 더 이상 등장하지 않는 것으로 보아, 학자들은 그가 죽었을 것이라고 짐작한다. 아마도 예수의 나이를 기준으로 하면, 열두 살에서 서른 살 사이에 일어난 일일 것이다. 예수의 공생애 이후 복음서에서 갑자기 요셉의 이름이 사라진 것은 그의 죽음 말고는 다른 해석의 여지가 별로 없다. 하지만 그의 나이를 도통 짐작할 수가 없으니, 그가 늙어서 죽은 것인지 젊어서 요절한 것인지까지는 알 수가 없다.

우선 이 단서에서 출발해보자. 마가복음서 6장 3절에 의하면 나사렛 사람들은 예수를 보고 이렇게 말한다. "그는 야고보와 요셉과 유다와 시몬의 형이 아닌가? 또 그의 누이들은 모두 우리와 같이 여기에 살고 있지 않은가?" 이 구절을 읽을 때 독자들은 마리아가 예수 아래로 적어도 여섯 명의 자녀를 더 낳았다고 이해하게 된다. 그런데 예수의 '처녀 잉태'를 강조하고 싶었던 복음서 저자들의 입장에서 그럴 의도로 적었을 리는 만무하다.

흥미로운 것은 위의 구절 바로 앞 문장이다. "이 사람은 마리아의 아들 목수가 아닌가?"(마가복음서 6:3) 여기서 위의 두 부분을 분리해서 생각하면, 다른 해석이 가능하다. 예수는 마리아가 낳은 아들이 맞다. 동네 사람들도 다 안다. 그런데 예수에게는 다른 형제들이 더 있었다. 그러면 그 형제들은 요셉의 자식이거나, 아니면 예수의 사촌일 것이라는 해석이 나온다. 만약 전자라면, 요셉은 나이가 많은 남자일지도 모른다. 이미 자식이 여럿 있는 홀아비인데 '흠 있는' 마리아를 거두었다는 설은 충분히 설득력 있는 설정이다.

하지만 이런 해석은 예수를 그들의 '형'으로 표현한 기록과 모순된다. 그래서 '야고보와 요셉과 유다와 시몬'을 예수의 사촌으로 보는 것이다. 이렇게 되면 십자가 아래서 예수의 죽음을 끝까지 지켜본 여인들 가운데 '야고보와 요세(혹은 요셉)의 어머니 마리아'가 있다는 기록은 예수의 어머니가 아니라 예수의 이모를 가리킬 수 있다. 그 장면에 대한 사복음서의 기록 중에서 다음 명단을 눈여겨보자.

거기에는 많은 여자들이 멀찍이 지켜보고 있었는데, …… 그들 가운데는 막달라 출신 마리아와 야고보와 요셉의 어머니 마리아와 세배대의 아들들의 어머니가 있었다. **마태복음서 27:55-56**

여자들도 멀찍이서 지켜보고 있었는데, 그들 가운데는 막달라 출신 마리아도 있고 작은 야고보와 요세의 어머니 마리아도 있고 살로메도 있었다. **마가복음서 15:40**

알렉산드르 이바노프의 '막달라 마리아에게 나타난 예수'

이 여자들은 막달라 마리아와 요안나와 야고보의 어머니인 마리아이다. 이 여자들과 함께 있던 다른 여자들도, 이 일을 사도들에게 말하였다.

누가복음서 24:10

예수의 십자가 곁에는 예수의 어머니와 이모와 글로바의 아내 마리아와 막달라 사람 마리아가 서 있었다.

요한복음서 19:25

이것은 예수의 십자가 처형이 확정되자 남성 제자들은 뿔뿔이 도망가버렸는데, 여성 제자들이 끝까지 의리를 저버리지 않고 그의 죽음을 지켜보았다는 내용이다. 이렇게 중요하고도 장엄한 장면을 보도하면서 기록상의 혼선이 있는 까닭은 무엇일까. 네 가지 복음서에서 서로 일치하는 이름은 막달라 마리아밖에 없다. 그것은 그녀의 존재가 대단히 비중이 높다는 뜻이다.

마가복음서에만 나오는 '세배대의 아들들의 어머니'는 예수의 제자단에 비교적 일찍 합류한 '야고보와 요한의 어머니'다. 누가복음서에만 나오는 요안나는 헤롯의 청지기였던 구사의 아내(누가복음서 8:3)로, 자신의 많은 재산을 예수 공동체에 후원한 인물이다. 또 요한복음서에만 나오는 '글로바의 아내 마리아'는, 글로바가 알패오와 동일인이라는 설에 근거하면 예수 제자단에 합류한 알패오의 아들 야고보와 레위(혹은 마태)의 어머니라는 뜻이다.[273] 그렇다면 남은 인물은 '야고보와 요셉의 어머니 마리아'뿐이다. 그녀를 예수의 어머니 마리아로 볼 것인지, 아니면 요한복음서에만 등장하는 예수의 이모로 볼 것인지가 관건이다.

예수의 이모에 대한 기록은 따로 없다. 하지만 마가복음서에 나오는 "작은 야고보와 요세의 어머니"라는 표현에서 '작은'을 '손아래'로 파악하면, 이것은 예수 어머니의 여동생을 가리키는 표현이 될 수 있다. 교회 전통이 예수의 이모를 통상 '살로메'로 간주해 온 것을 염두에 둘 때, 마가복음서의 표기는 오류인 셈이다.[274] '작은 야고보와 요세의 어머니 살로메와 마리아'로 해야 할 것이 뒤바뀌었다.

정리하자면, 예수의 십자가 아래 있던 여인들은 막달라 마리아, 예수의 어머니 마리아, 예수의 이모 살로메, 세배대의 아들들의 어머니, 글로바의 아내 마리아, 요안나 등이라고 볼 수 있다. 또 이를 기초로 판단하면, 마가복음서 6장 3절에 나오는 예수의 아우들 이름은 사촌 형제들이라고 봐도 무방할 것이다.

마태복음서와 마가복음서와 누가복음서가 그리는 마리아의 이미지 가운데 또 하나 중요한 조각그림이 있다. 마태복음서와 누가복음서에서는 단순히 예수의 어머니와 형제들이 예수를 만나러 왔지만, 사람들이 하도 많아서 집 밖에 서 있었다고 한다.(마태복음서 12:46 ; 누가복음서 8:19)

그러나 마가복음서의 정황은 아주 다급하다. "예수의 가족들이, 예수가 미쳤다는 소문을 듣고서 그를 붙잡으러 나섰다. …… 그 때에 예수의 어머니와 동생들이 찾아와, 바깥에 서서, 사람을 들여보내어 예수를 불렀다."(마가복음서 3:21, 31)[275] 가족들 눈에는 목수 일을 내팽개치고 떠돌아다니는 예수의 모습이 '미친 짓'처럼 보였던 모양이다. 그렇지 않아도 사사건건 예수의 행적을 의심의 눈초리로 감시하던 바리새인들과 율법학자들의 눈에는 정말로 예수가 사탄의 우두머리인 '바알세불'의 조종을 받은 것으로 보였다. 그래서 가족들이 예수를 붙잡으러 나선 것이다.

초조하게 집 밖에 서 있던 마리아의 귀에 예수의 쩌렁쩌렁한 음성이 들려온다. "누가 내 어머니이며 내 형제들이냐? …… 누구든지 하나님의 뜻을 행하는 사람이 곧 내 형제요 자매요 어머니다."(마태복음서 12:48-50 ; 마가복음서 3:33-35 ; 누가복음서 8:21 참고) 소위 혈육의 정을 매몰차게 거절당할 때, 예사 어머니의 마음은 인간적으로 노기怒氣가 충천하리라. 하지만 마리아가 누군가. 열두 살 소년 예수가 '아버지의 집' 운운할 때부터 그 뜻을 새기기 위해 마음을 다잡은 여인이 아닌가. 가슴에 피멍이 들도록 수도 없이 '생이

불유生而不有'를 다짐했던 그녀다.[276] 낳았으되 가지지 않겠다고, 하나님 뜻에 맡기겠다고, 다짐하고 또 다짐했던 어머니다.

정말 그랬다. 요한복음서를 보면, 특히 마리아의 생각과 입장이 잘 나와 있는 것 같다.[277] 다른 복음서들과 달리 형이상학적인 표현들로 첫 장을 시작하는 요한복음서는 예수의 생애를 묘사하는 방식에서도 다른 접근법을 취했다. 요컨대 다른 복음서들은 예수가 행한 첫 번째 기적으로 치유나 축귀逐鬼를 소개하고 있는데 반해, 요한복음서에는 생뚱맞게 물을 포도주로 바꾼 사건이 실려 있다.[278]

갈릴리 지방 가나라는 동네에서 혼인잔치가 열릴 때였다. 예수의 어머니는 물론, 예수와 그의 제자들도 그 잔치에 초대를 받았다. 그런데 잔치 중에 그만 포도주가 떨어져버린다. 잔치 자리에서 술이 떨어졌으니 자칫하면 흥이 깨질 것을 염려한 예수의 어머니가 예수에게 말한다. "포도주가 떨어졌다."(요한복음서 2:3)

이에 예수가 대답하기를, "여자여, 그것이 나와 당신에게 무슨 상관이 있습니까? 아직도 내 때가 오지 않았습니다."(요한복음서 2:4)라고 말한다.

선문답에 가까운 대화다. 요한복음서의 성격이 대체로 이렇다. 앞에서 예수는 이미 세례 요한에게 세례를 받고 제자들까지 불렀다. 그러니 예수의 '때'는 이미 도래한 셈이다. 그런데도 이 본문에서 예수는 아직 자신의 때가 오지 않았다고 주춤한다.

여기서 말하는 '때'의 의미를 유추하려면, "포도주가 떨어졌다"라고 한 마리아의 말을 새겨들어야 한다. 이것은 예수가 흘려야 하는 십자가의 보혈을 상징하는 말일 수 있다. 예수 사역 말기에 막달라 마리아가 예수의 머리에 향유를 부어 그의 장례를 미리 재현했다면, 여기 이 장면에서는 예수의 어머니 마리아가 그 역할을 하고 있다고 볼 수 있다. 예수의 공생애를 둘러싸고 두 여인이 한 뜻으로 예수와 연대하며 그의 길을 준비한 것이다. 예수가 어머니를 향해 "여자여"라고 부른 것은 이미 둘 사이의 관계가 혈연관계를 넘어 스승-제자 관계 또는 동역자 관계로 옮겨갔음을 암시한다.[279]

예수의 말과 상관없이 마리아는 일꾼들에게 지시부터 내린다. "무엇이든지, 그가 시키는 대로 하세요."(요한복음서 2:5) 그랬더니 방금 전까지도 미적거리던 예수가 언제 그랬냐는 듯이 일꾼들에게 여섯 개의 돌항아리에 물을 가득 채우라고 지시하는 것이다. 물론 그 물은 포도주로 변했고, 그래서 잔치는 계속될 수 있었다.

여섯 항아리 가득, 피처럼 붉게 넘실거리는 포도주를 바라보면서, 예수는 자신의 죽음을 예측했을 것이다. 일곱 번째 항아리는 자기 자신이 되리라는 것을. 온 세상 사람이 하나님의 다스림 안으로 들어가는 천국잔치의 그림이 완성되려면 자신의 피 흘림이 없고서는 안 된다는 것을.

십자가 외에 다른 길은 없다! 그러니 마리아의 부름은 곧 하나님의 부르심이나 다름없었던 것이다. 이 장면에서 마리아는 예수에게 메시아의 사명을 환기시켜준 예언자적 역할을 하고 있다. 그러기에 예수는 언젠가 일군의 무리를 가르치던 도중에 한 여자가 일어나 목소리를 높여서 "당신을 밴 태와 당신을 먹인 젖가슴은 참으로 복이 있습니다."(누가복음서 11:27)라고 외치자, 얼른 그 말을 시정했던 것이다. 우리 어머니가 복이 있다고 한다면, 그것은 아들을 잘 두어서가 아니라, 하나님의 말씀을 듣고 지켰기 때문이라고.

아들이 한 인간으로서의 평범한 삶을 거부하고 자기 안에서 발견한 신의 형상에 따라 살기로 결단했을 때, 어머니는 깨달았을 것이다. 물이 포도주로 변하듯, 우리 모자 관계도 질적인 변화를 이루어야 한다는 것을. '오상아吾喪我'[280], 곧 내가 나를 죽여 장사 지내는 일은 예수에게만 주어진 숙제가 아니라는 것을 말이다. 마리아 역시 한 생을 통해 그 숙제를 해내야만 했다.

위대한 소설가 니코스 카잔차키스는 《최후의 유혹》[281]에서, 남들과 똑같이 평범하게 사는 것, 시류에 대충 묻어가는 것이 예수의 '마지막 유혹'이었을 것이라고 기발하게 상상한다. 다시 말해 예수가 공생애公生涯를 시작할 때, 세 가지 유혹, 그러니까 재물과 권력과 명예에 대한 유혹은 뿌리칠 수 있었는지 몰라도, 십자가에 달린 그 순간까지 끝내 놓지 못했던 집착은 범부凡夫로서의 삶이었을 거라는 예측이다.

나는 왜 처자식 거느리고 남들처럼 알콩달콩 살면 안 되나, 내가 이렇게 십자가에 달려 죽는다고 세상이 바뀌나, 십자가에 달려 죽은 사람이 어디 한둘인가, 세상에 배반당하고 신에게 버림받은 실패자마냥 이렇게 초라한 몰골로 죽는 것이 정말로 신의 뜻일까…… 마지막 숨이 끊어지는 순간까지 번뇌했을 예수의 모습을 카잔차키스는 놀랍도록 생생하게 그려냈다.

그러나 그 '마지막 유혹'이 어찌 예수 자신의 것이기만 했을까. 마지막 한 방울의 피까지 죄다 쏟아내고 "다 이루었다"(요한복음서 19:30)라고 말하며 눈을 감는 순간까지, 아들의 장렬한 최후를 똑똑히 지켜보던 어머니인들 어찌 그런 유혹과 집착에서 자유로웠겠는가. 인간은 대개 엇비슷한 종자들이다. 누구나 '가늘고 길게' 살고 싶은 욕망이 본성 깊숙이 똬리를 틀고 있다. 그 본성을 얼마만큼 제어하느냐에 따라 인간과 짐승의 길이 갈릴 터이다.

예수도 마리아도 결국 본성을 넘어섰다. 삶의 집착이 어디서 생기는지 그 뿌리를 또렷이 보니, 어느 결에 스르르 집착의 굴레에서 벗어나 자유로워졌다. 자신의 모든 뜻을 접고 하나님의 뜻에 목숨마저 내맡긴 예수가 하나님과 온전히 하나가 되었듯이, 마리아도 그러했다. 여자로서, 어머니로서 당연히 가질 수 있는 모든 집착의 끈을 놓아버린 그 자리에서 마리아는 마침내 하늘의 자유를 얻을 수 있었다. 그것은 세상 어떤 보석보다 값진 선물이었다.

그래서 중세의 위대한 신비주의 사상가 마이스터 엑카르트의 표현을 빌면, 마리아는 정녕 그처럼 "자유롭고, 무엇에도 예속되지 않고, 아집을 벗어던진 사람"이라는 측면에서 영원한 '처녀'다.[282] 엑카르트가 이해하는 처녀라는 말은 "모든 그릇된 상像을 여읜 사람, 마치 자신이 존재하지도 않았다는 듯이 초연한 사람"[283]을 뜻한다. 이렇게 보면 예수도 '처녀'다. 하지만 엑카르트는 사람이 항상 처녀인 채 있으면, 아무 열매도 맺지 못한다고 말했다. 영적인 의미에서 처녀는 하나님에게서 오는 온갖 좋은 선물을 그대로 받아들이기는 하지만, 그 선물들을 다시 하나님께로 낳아드리지는 못한다. 그러므로 처녀는 다시 어머니가 되어야 한다. 엑카르트의 표현을 빌면, "하나님-아기를 낳는 자가 되어야 한다."[284]

예수의 어머니이자 동정녀인 마리아를 이토록 선명하게 해석해준 신학자가 또 있을까 싶다. 엑카르트식 이해의 틀 안에서 마리아는 그대로 '처녀'이자 '어머니'이다. 오고 오는 세대의 모든 여성들에게 매순간 하나님을 낳으며 살아야 할 숙제를 온몸으로 보여준 참 사람의 전형 말이다.

　높은 자도 낮은 자도 없고 부자도 가난한 자도 없이 모두가 하나님의 정의와 자유 안에서 신명나게 삶을 꾸리는 새 하늘과 새 땅을 향해 '처녀이자 어머니'인 마리아가 춤추듯이 걸어간다. 자기 안에 심겨진 하나님의 씨앗을 발견한 여자, 그 거룩한 씨앗에 물을 주고 양분을 주어 마침내 한 송이 꽃으로 피워낸 여자, 마리아가 우리를 손짓해 부른다. 수많은 마리아들이 그녀의 춤을 따라 춘다. 이 춤은 홍해를 건넌 미리암이 친구들과 함께 추던 해방춤의 연속이다. 미리암에서 마리아까지 끊이지 않고 이어져온 이 아름다운 원무에 동참할 이 누구인가.

12 장

하나님 나라를 꿈 꾼 예수의 길벗

마리아

예수의 활동 무대

예수는 갈릴리 나사렛 출신이었다. 인문학적 상상력을 발휘해 예수가 살았던 1세기 팔레스타인 지도와 한반도를 비교하면 지리적으로 갈릴리는 함경도나 평안도쯤 되겠다. 한반도에서는 북쪽이 춥고 척박한 땅이지만 팔레스타인의 경우는 다르다. 정치권력과 종교권력의 중심지인 남쪽 예루살렘에 견주어 북쪽 갈릴리가 더 비옥해서 로마의 수탈대상이 되었다.

갈릴리 지역에서 로마의 충견 역할을 담당한 헤롯 안티파스는 '친로마' 정책을 펼쳤다. 신新 행정도시 티베리아스Tiberias를 건설한다든지, 갈릴리 호수의 이름을 디베랴Tiberias로 바꾼다든지, 로마 황제 티베리우스에게 잘 보이기 위해 안간힘을 썼다. 갈릴리에 로마식 왕궁이 들어서고 로마식 원형 경기장과 신전들이 들어섰다. 이 대규모 건축사업에 갈릴리 주민들이 강제 동원된 것은 말할 필요도 없다.

그렇게 계속 짓눌리다 보면 언젠가는 폭발하게 되어 있다. 다른 지역보다도 특히 이곳에서 주민들의 항거가 더 자주, 또 격렬하게 일어났다는 것은 그만큼 억압이 극심했다는 뜻이다. 그러나 이 한 가지 요인만으로는 어딘가 부족하다. 그 지역 특유의 정서도 곱씹어 보아야 한다. 도대체 이 땅에는 어떤 기운이 서려 있는가 말이다.

구약성서에 잘 나타나듯이, 옛 이스라엘 왕국은 다윗의 아들 솔로몬이 죽고 나서 남북으로 갈라져 대립하다가 북왕국 이스라엘은 아시리아 제국에, 남왕국 유다는 바빌로니아 제국에 멸망 당했다. 그 뒤 여러 제국의 지배를 받으면서도 예루살렘이 있던 유다에서는 다윗 왕조에 대한 향수가 건재했다.[285]

바빌로니아 제국과 메디아 제국에 이어 페르시아 제국과 마케도니아 제국의 식민 지배를 거치는 동안, 언젠가는 다윗 같은 위대한 영웅이 나타나 이 지긋지긋한 역사의 질곡에서 구원해 주기를 열망하는 분위기가 무르익었다.

한편, 원래 북왕국 이스라엘의 영토였던 갈릴리 사람들은 다윗 왕조에 대한 충성심에서 비교적 자유로웠다. 그보다는 모세 시대의 기억, 곧 이집트에서 탈출한 노예들이 광야 생활을 하며 자유롭고 평등한 공동체를 맛보았던 기억을 더 소중히 여겼다.[286] 이 지역은, 로마가 점령하기 전까지는 비록 여러 제국의 식민 지배는 받았어도 토착 지배자에 의한 수탈이 거의 없었기 때문에 모세 전통이 살아 있었는지도 모른다.[287] 예루살렘 성전을 유지하기 위한 성전세[288]와 조세를 바치고 나면 어느 정도 자립적인 마을 공동체를 꾸릴 수 있었다.[289]

이 마을 공동체를 떠받치는 사상적 토대가 바로 '모세 언약'이었다. 모세를 통해 하나님이 이집트를 탈출한 노예들과 광야 한복판에 자리한 시내 산에서 맺은 언약!

> 너희는 내가 이집트 사람에게 한 일을 보았고, 또 어미 독수리가 그 날개로 새끼를 업어 나르듯이 내가 너희를 인도하여 나에게로 데려온 것도 보았다. 이제 너희가 정말로 나의 말을 듣고, 내가 세워 준 언약을 지키면 너희는 모든 민족 가운데서 나의 보물이 될 것이다. 온 세상이 다 나의 것이다. 그러므로 너희는 내가 선택한 백성이 되고, 너희의 나라는 나를 섬기는 제사장 나라가 되고, 너희는 거룩한 민족이 될 것이다. **출애굽기 19:4-6**

하나님과 언약을 맺은 '선택된 백성'이니만큼 그들에게는 '거룩한 민족'이 되어야 할 책무가 있었다. 이때의 거룩함은 구별됨을 뜻한다.[290] 가나안(훗날 팔레스타인으로 지명이 바뀌었다)에 들어가면 그 땅의 토착민들과 똑같이 살아서는 안 된다는 것이다. 구별된 삶을 꾸려야 하는데 그 청사진을 담은 게 '계명'이고 '율법'이었다. 계명의 꽃인 십계명에서부터 안식년법, 희년법, 과부와 고아에 대한 보호법 등 주옥같은 율법들이 그 안에 담겼다.

모세 언약에 따르면, 안식일을 '거룩하게' 지킨다는 것은 단순히 성전예배에 참석한다는 의미가 결코 아니다. 6일 동안 일하고 7일째 되는 날을 안식일로 지킨다는 것은 노예노동을 금지하라는 강력한 명령이다.[291] 심지어 안식일에는 집짐승까지 쉬게 해야 한다.(고대사회에서 이토록 진취적인 동물복지법이라니!) 이 정신은 안식년

법으로 이어진다. 땅을 6년 동안 경작하고 나서 7년째 되는 해에는 그냥 놀려야 한다. 그러면 그동안 일한 노예들은 어찌 되나. 다 풀어주란다. 풀어주되, 빈손으로 내보내지 말고 넉넉하게 주어서 해방시키란다.(신명기 15:12-14)

나아가 이 제도를 일곱 번 시행한 뒤 50년째 되는 해에는 가난 때문에 땅과 집을 잃은 사람들에게 전부 고스란히 돌려주어야 한다. 말 그대로, 가난이 대물림 되지 않고 모든 것이 제 자리를 찾도록 제도화 한 것이 '희년법禧年法'이다. 이처럼 사회적 약자에 대한 배려를 담은 모세 언약의 "도덕적 경제"[292]야말로 변방의 농민들이 중앙권력의 수탈에 맞서 마을 단위의 공동체를 꾸려가면서 자신들의 권리를 주장할 수 있는 토대였다.

이러한 전통이 있었기에 갈릴리 사람들은 로마 제국의 식민 지배에 더욱 민감하게 저항할 수 있었을지도 모른다. 헤롯 집안의 왕들이 로마를 등에 업고 농민들의 고혈을 빨아먹는 짓은 마을 공동체를 밑뿌리에서부터 해체하는 생존의 위협이거니와 모세 언약에 비추어서도 도저히 용납할 수 없는 범죄였기 때문이다. 당시 지중해 세계의 패권을 장악한 로마는 이제야말로 낙후한 식민지에도 번영의 시대가 열릴 것이라며 '팍스 로마나Pax Romana'를 선전했지만 현실은 개미지옥이었다. 열을 빼앗아간 로마가 고작 하나를 돌려주는 격이었는데, 그마저도 식민지 사회의 밑바닥에 있는 가난한 사람들의 몫은 아니었다. 일부 특권층이 로마가 던져 주는 '빵과 서커스'에 넋이 나간 사이에 대다수 민초들의 삶은 나날이 쪼그라들었다.

막강한 군사력을 앞세운 로마의 공포정치는 식민지의 반란을 제압하는 데서 특히 빛을 발했다. '모든 길은 로마로 통한다'는 말은 이럴 때를 대비한 말이었다. 로마는 겉으로는 다원주의 정책을 내세우면서 관용을 베푸는 척했지만 속내는 딴판이었다. 로마 제국의 근간인 '황제숭배'에 저항하는 개인이나 집단을 향해 무차별 응징을 가했다. 갈릴리 곳곳에서 집과 마을이 불태워지고 주민들이 대량학살 당하며 노예로 끌려가는 일이 비일비재했다.

이 그림 안에 예수가 있다. 태어나면서부터 불의와 불법과 폭력을 일상으로 보고 자랐을 것이다. 빚에 쪼들린 사람들, 굶주린 사람들, 노예로 팔려간 사람들, 토지를 빼앗긴 사람들, 가족을 잃은 사람들, 가정이 해체되고 마을이 붕괴한 사람들, 한 마디로 미래에 대한 희망이라고는 손톱만큼도 가질 수 없는 사람들을 수없이 많이 보았을 것이다. 삶이 이렇게 피폐해지면 마음마저 황폐해지기 마련이다. 자기를 학대하고, 자기보다 힘이 없는 사람들에게 분노를 전가하며, 이웃과 원수 대하듯 서로 으르렁대는 경우가 잦다. 예수는 그들을 다시 일으켜 세우고 싶었다. 갈가리 찢긴 이들의 마음에 온기가 돌고, 표정 없는 이들의 얼굴에 생기가 돌며, 무너져내린 이들의 삶에 활기가 넘칠 수만 있다면.

어느 시인은 썼다. "뜨거운 사랑의 시선이 머물렀던/바깥은/달려와서 나의 내부가 된다."(허만하, '눈의 발생' 중에서) 어려서부터 예수의 눈에 담긴 가엾은 사람들은 그저 타인이 아니었다. 어느새 달려와서 그의 내부가 되었다. 예수는 자기의 살붙이들과 더불어 새로운 세상을 열어가고 싶었다. 옛날 그곳에 살던 사람들이 모세 언약에 따라 일구어왔던 삶의 방식, 곧 누구도 벼랑 끝에서 절망에 빠져 허덕이지 않도록 우애롭게 서로 도우며 살던 삶을 되살리고 싶었다. 예수가 갈릴리에서 시작한 '하나님 나라' 운동은 그렇게 소박한 것이었다.

갈릴리에서부터 따라온 여인들

복음서가 그려내는 예수의 활동상 가운데 가장 두드러진 것이 '치유'다. 신약성서에 담긴 복음서들이 예수가 죽고 나서 거의 40년쯤 지난 다음에야 기록되기 시작한 점을 떠올리면 그만큼 예수의 치유에는 강렬한 무언가가 있었다는 뜻이겠다. 다시 말해, 복음서에 담긴 이야기들은 오랜 세월 입에서 입으로 전해지는 과정에서 용케 살아남은 알맹이들이다. 만약에 예수의 치유가 한 개인의 질병을 낫게 한 것이었다면 과연 그토록 오래 구전될 수 있었을까. 아마도 과거의 이야기이거나 남의 이야기가 아니라 '이제 여기'를 사는 나의 이야기, 우리의 이야기로 받아들여졌기에 계속해서 말해지지 않았을까.

보기로, 공관복음서가 모두 전하는 치유 이야기 한 토막을 들어보자.(마태복음서 9:18-26 ; 마가복음서 6:21-43 ; 누가복음서 8:40-56) 주인공은 두 여성이다. 열두 해 동안 혈루증을 앓던 여인과 거의 죽은 줄 알았던 열두 살 소녀가 치유되었다. 특이한 점은 별개로 보이는 두 이야기가 '샌드위치 구조'라는 문학 기법으로 엮여 한 세트처럼 전달되고 있다는 사실이다.[293] 공통점이라고는 '여성'이라는 성 정체와 '열둘'이라는 의미심장한 숫자뿐이다. 그리고 잘 알다시

피, 열둘이라는 숫자는 열두지파로 이루어진 이스라엘 백성 전체를 상징한다. 그렇다면 이 이야기의 청중들은 하혈하는 여성의 상황과 거의 죽을 처지에 놓인 소녀의 상황이 로마 제국의 압제 아래 신음하는 이스라엘 백성 전체의 형편을 대변한다는 걸 영민하게 알아챘을 것이다.[294]

생식기에서 시도 때도 없이 피가 흐르는 몸이 정상일 리 없다. 그 몸은 율법이 죄인으로 규정한 몸이기에 앞서 생명을 키울 수조차 없는 몸이다. 게다가 이제 막 초경을 시작한 소녀는 아예 생명을 품어보지도 못하고 죽어간다. 식민지의 암담한 운명에 대해 이보다 더 절절한 비유가 또 있을까. 그리하여 이 몸의 함의는 단순히 개인의 몸이 아니라 사회적 몸이다.[295] 납덩이처럼 무거운 절망이 이스라엘 전체를 내리누르고 있을 때 예수가 '새로운 생명'을 중개한다는 메시지다. 모든 것을 원상회복하는 하나님의 능력이 예수를 통해 흘러나온다. 피 흘리는 여성의 생식기는 고쳐지고 죽어가던 소녀는 되살아난다. 아, '기쁜 소식[福音]'!

그러니까 복음서가 전하는 치유 이야기의 요지는 제국의 횡포 아래서 모질게, 또 굴욕스럽게 살아가던 식민지 백성들의 가슴에 예수가 희망의 불씨를 지폈다는 것이다. 이 일을 함께할 벗들이 예수 주변으로 속속 몰려들었다. 다양한 직업과 계층의 사람들이 예수의 제자들이 되었다. 이 대목에서 제자들의 숫자가 왜 하필이면 '열둘'로 고정되었는가를 묻는 건 시간 낭비다. '열둘'이라는 숫자가 열두지파와 연관되는 한, 그저 이스라엘 백성 전체가 예수의 하나님 나라 운동에 동참했다는 뜻으로 받아들이면 될 일이다. 그래서 복음서에 등장하는 열두제자는 모두 남성이지만 그렇다고 하여 여성이 배제된 것처럼 말해서는 곤란하다. 시대의 한계로 인해 남성이 대표성을 지녔을 뿐, 여성도 제자집단에 참여한 게 분명하다. 그렇지 않다면 앞에 언급한 치유 이야기의 주인공들이 하필이면 '열둘'이라는 숫자와 연관될 이유는 무엇이고 또 굳이 '여성'으로 등장할 까닭은 무엇인가.

사실인즉 예수가 갈릴리에서 복음을 전할 때부터 예루살렘에서 십자가 처형을 당할 때까지 긴 여정을 함께 한 여성 제자들이 있었다. 로마 군인들의 살기 등등한 공안 몰이에 남성 제자들은 모두 스승을 버리고 뿔뿔이 도망갔지만 여성 제자들은 끝까지 현장에 남아 예수의 죽음을 지켰다. 공관복음서는 이 용감한 여성들의 명단을 용케 보존해 소개한다.

거기에는 많은 여자들이 멀찍이 지켜보고 있었는데, 그들은 예수께 시중을 들면서 갈릴리에서 따라온 사람이었다. 그들 가운데는 막달라 출신 마리아와 야고보와 요셉의 어머니 마리아와 세베대의 아들들의 어머니가 있었다.

마태복음서 27:55-56

여자들도 멀찍이서 지켜 보고 있었는데, 그들 가운데는 막달라 출신 마리아도 있고 작은 야고보와 요세의 어머니 마리아도 있고 살로메도 있었다.

마가복음서 15:40

갈릴리에서부터 예수를 따라다
닌 여자들이 뒤따라가서 그 무
덤을 보고 또 그의 시신이 어떻
게 안장되었는지를 살펴보았다.
… 이 여자들은 막달라 마리아
와 요안나와 야고보의 어머니인
마리아이다.

누가복음서 23:55, 24:10

니콜라 투르니에의 '십자가를 진 예수'

기억과 기록의 오류가
다분히 발생할 수 있었던
시대적 제약을 고려하면,
마태복음서와 마가복음서,
그리고 누가복음서에 등
장하는 각각의 명단이 완벽하게 똑같기를 기대하기란 어림도 없는
일이다. 그럼에도 놀랍게 일치하는 이름이 있으니, 바로 막달라 마
리아다.

마리아는 팔레스타인에서 아주 인기 있는 이름이었다. 우리
어머니 시대의 '순이'나 우리 시대의 교과서에 종종 나온 '영희'처
럼, 아니면 최근 서점가를 휩쓴 '82년생 김지영'처럼 흔하게 널린
이름이 마리아였다. 예수의 어머니도 마리아, 야고보와 요세(또는
요셉)의 어머니도 마리아, 글로바의 아내도 마리아, 마르다의 동생
도 마리아, 마가라고도 불린 요한의 어머니도 마리아, 하여간 한 집

걸러 한 명의 마리아가 있었나 싶을 정도다. 마리아가 구약시대의 위대한 여선지자 미리암의 현대식 이름이고 보면,[296] 딸에게 그 이름을 지어준 부모의 기대를 조금은 알 것도 같다. 미리암처럼 자신들의 딸도 하나님이 이끌어가시는 해방 역사의 중심에 서기를 염원했을 테다.

우리의 관심은 막달라 마리아다. 예수가 십자가에 달려 피를 흘리며 죽어가는 현장에 그녀가 있다. 얼마나 스승을 사랑하면 공권력의 겁박에도 굴하지 않고 끝까지 의리를 지킬까. 얼마나 중요한 인물이면 공관복음서 모두 그녀의 이름을 가장 먼저 언급할까. 여기서 문득 떠오르는 한 남성의 이름이 있다. 예수의 '열두제자' 가운데 우두머리 격인 베드로. 그와 마리아를 비교해보면 뭔가 단서를 찾을 수 있을지도 모른다.

누가 참 제자인가

공관복음서의 증언에 따르면, 베드로는 예수가 가장 먼저 부른 제자다.(마태복음서 4:18-22 ; 마가복음서 1:16-20 ; 누가복음서 5:1-11) 그런 만큼 예수를 가장 가까운 거리에서 수행하는 '수제자'였다. 특히 예수는 아주 은밀하고 뜻깊은 자리에 세 명의 제자만 따로 뽑아 데리고 가는 경우가 많았는데, 베드로도 여기에 속했다.

예수께서 … 베드로와 야고보와 야고보의 동생 요한 밖에는 아무도 따라

오는 것을 허락하지 않으셨다.　　　　　　　　　　　**마가복음서 5:36-37**

엿새 뒤에 예수께서 베드로와 야고보와 요한만을 데리고 따로 높은 산으

로 가셨다.　　　　　　　　　　　　　　　　　　　　　**마가복음서 9:2**

그들은 겟세마네라고 하는 곳에 이르렀다. 예수께서 제자들에게 말씀하시

기를 "내가 기도하는 동안에 너희는 여기에 앉아 있어라" 하시고, 베드로

와 야고보와 요한을 데리고 가셨다.　　　　　　　　**마가복음서 14:32-33**

스승이 제자를 따로 가르칠 적에는 둘 중 하나다. 다른 제자
들보다 매우 뛰어나거나 몹시 처지거나! 우선, 야고보와 요한을 보
자. 이들은 "세베대의 아들들"이다.(마태복음서 4:21 ; 마가복음서 1:19
; 누가복음서 5:10) 아들의 이름이 아버지의 이름에 기대어 언급될
때는 아버지가 '이름난 분名士'이라는 뜻이다. 공관복음서 모두 '세
베대의 아들들'인 야고보와 요한이 '배'에서 그물을 깁고 있을 때
예수가 제자로 불렀다고 소개한다. 그러니까 배 한 척 없이 그물만
이용해 물고기를 잡는 가난한 어부들과는 차원이 다르다는 뜻이
다. 아마도 '세베대'는 갈릴리 지역의 유지였을 것이다.[297]
　　재력 면에서든 권력 면에서든 아버지가 유명하면 그 자식들의
태도는 둘 중 하나로 나타난다. '아버지 찬스'를 써서 재빨리 성공
하려고 발버둥 치거나 아니면 아버지의 그늘에서 벗어나 홀로 서려

고 몸부림치거나! 세베대의 아들들은 어땠을까. 짐작해볼 만한 에 피소드가 있다. 예수가 자신이 당할 고난과 죽음에 대해 세 번째로 언급한 직후에 일어난 일이다.

세베대의 아들들인 야고보와 요한이 예수께 다가와서 말하였다. "선생님, 우리가 요구하는 것은, 무엇이든지 해주시기 바랍니다." 예수께서 그들에게 말씀하셨다. "너희는 내가 너희에게 무엇을 해주기를 바라느냐?" 그들이 그에게 대답하였다. "선생님께서 영광을 받으실 때에, 하나는 선생님의 오른쪽에, 하나는 선생님의 왼쪽에 앉게 하여 주십시오." … 그런데 열 제자가 이것을 듣고 야고보와 요한에게 분개하였다.　　**마가복음서 10:35-41**

같은 사건이 마태복음서에서는 "세베대의 아들들의 어머니가 아들들과 함께 예수께 다가와서"(20:20) 청했다고 적혀 있다. 어느 설교자는 이 본문을 설교하면서 '그 시절에도 치맛바람이 드세게 불었다'는 식으로 비아냥거리던데, 이는 여러 면에서 건강하지 못한 접근이다. 마태복음서가 훨씬 후대에 기록된 점을 고려할 때 첨삭의 가능성을 무시할 수 없다는 사실은 접어두고라도 이 본문이 말하려는 핵심은 그게 아니기 때문이다.

무려 세 번째다. 스승이 '삼세번' 말을 꺼냈다면, 장난삼아 혹은 떠보려고 이야기한 게 결코 아니다. 예루살렘에서 벌어질 일들을 상상하는 것만으로도 예수의 마음은 한없이 참담했겠다. 예루살렘 성전을 장악한 채 로마 제국과 손을 잡고 민중을 수탈하던 종교꾼들은 처음부터 예수의 언행을 달가워하지 않았다. "하나님의 나라가 가까이 왔다"(마가복음서 1:15)는 예수의 선포야말로 그들의 세상이 끝났다는 신호이기 때문이다.[298] 그들은 서둘러 예수를 잡아 죽일 음모를 꾸몄다. 시골 목수 주제에 '하나님의 아들'을 '참칭'하고 다니다니, 종교적으로는 신성모독이요, 정치적으로는 (로마의) 국가보안법 위반이라며 목청을 높였다. 전자라면 유대 율법에 따라 투석형을 받지만 후자라면 로마법에 따라 십자가형을 당하게 된다.[299] 유대 종교지도자들은 후자로 밀어붙일 요량이었다. 그래야 동족에게 신임도 얻고 로마에게 아부도 떨 수 있으니까.

상황이 이런 터에 예루살렘에 올라간다는 것은 호랑이 굴에 제 발로 걸어 들어가는 격이었다. 예루살렘이 가까워질수록 예수의 마음이 오죽했겠나. 그런데도 제자들은 그 마음을 몰라준다. 공감 능력이라고는 하나도 없이 자기들끼리 힘겨루기나 하고 있다. 그 대표주자가 야고보와 요한이다. 자기들을 각각 일인자, 이인자로 세워달라며 노골적으로 야망을 드러낸다. 누울 자리를 보고 발을 뻗으랬다고, 성급한 건지 눈치가 없는 건지 헷갈릴 정도다. 그래서였을까. 일찍이 예수는 이들에게 의미심장한 별명을 지어주었다. "천둥의 아들을 뜻하는 보아너게"(마가복음서 3:17)가 그것이다.

자기들 정도면 능히 그런 대접을 받을 만하다는 야고보와 요한의 속내를 다른 제자들이 알아채고는 분개했다. 정황상 특히 베드로가 그랬을 개연성이 가장 높다. 야고보와 요한이 천둥처럼 목소리를 높일 때마다 베드로의 눈빛이 흔들리지 않았을까. 명색이 수제자인 자신의 지위를 위협하는 것처럼 여겨지지 않았을까. 그렇다고 그가 수제자답게 예수의 마음을 적절히 헤아리고 있는가 하면, 그런 것 같지도 않다.

때는 바야흐로 예수가 자신의 죽을 운명에 대해 처음 발설했던 당시로 거슬러 올라온다. 예수의 말을 들은 베드로가 "예수를 바싹 잡아당기고 그에게 항의하였다. … 예수께서는 돌아서서 제자들을 보시고 베드로를 꾸짖어 말씀하셨다. '사탄아, 내 뒤로 물러가라. 너는 하나님의 일을 생각하지 않고 사람의 일만 생각하는구나!'"(마가복음서 8:32-33)

'베드로'는 예수가 붙여준 별명이다. 본래 이름은 '시몬'인데, 예수가 야고보와 요한의 별명을 지어줄 때 그에게도 새 이름을 주었다.(마가복음서 3:16-17 참고)[300] 그리스어로 '베드로Petros'는 '돌'이라는 뜻이다.[301] 널리 알려진 '씨 뿌리는 비유'(마태복음서 13:1-9; 마가복음서 4:1-9; 누가복음서 8:4-8)에 나오는 '돌밭'이 '페트로데스petrodes'인 것을 연상하면 이해하기가 쉽다. 이 돌밭은 '말씀'의 씨앗이 깊이 뿌리내리지 못하는 단단한 마음을 상징한다. 그러니까 훗날 기독교 전통이 베드로를 (교회의) '반석'으로 높인 것은 대단한 의미 전도라 하겠다.

이쯤 되면 예수가 베드로와 야고보와 요한을 따로 데리고 다니며 가르친 뜻을 알 만하다. 일종의 나머지 공부가 아니었을까. 다른 제자들보다도 유독 이 세 사람에게서 권력욕이 엿보이는 게 퍽 우려스러웠나 보다. 이런 모습은 예수가 세상에 온 목적과 정반대되기 때문이다. 힘으로 세상을 뒤엎을 것 같으면, 로마 제국과 다를 게 무엇인가. 무력은 또 다른 무력을 부를 뿐이다. 제국은 또 다른 제국으로 이어진다. 이런 악순환을 끊을 길은 '섬김'밖에 없다. 높은 자가 낮은 자를 섬기고 힘 있는 자가 힘없는 자를 섬기며 부자가 가난한 자를 섬기는 일, 말하자면 '질서의 전복'만이 새로운 세상을 여는 유일한 열쇠다. 예수가 제자들의 발을 씻겨주는 퍼포먼스를 통해 몸소 가르치고 싶었던 진리는 이것이었다.(요한복음서 13:4-15)

그런데 권력다툼에 눈이 먼 제자들은 스승의 뜻을 몰라도 너무 모른다. 다른 제자들보다 제법 식자층에 속한 가룟 유다는 겨우 노예의 몸값에 불과한 은전 서른 닢에 스승을 팔고,[302] '사탄'이라고까지 야단을 맞은 베드로는 스승이 재판을 받는 자리에서 급기야 스승을 향해 '모르는 사람'이라며 등을 돌린다. 예수가 십자가에 달려 죽어가는 그 처절한 순간을 함께한 남성 제자는 단 한 명도 없다!

그래서 막달라 마리아가 더욱 돋보이는 것이다. 그녀는 예수의 죽음을 끝까지 지켜보았을 뿐만 아니라 예수의 부활까지 목격했다. 그리고는 흩어진 제자들에게도 이 기쁜 소식을 알려서 예수가 시작한 하나님 나라 운동이 계속될 수 있도록 영감과 활력을 불어넣었다.(마태복음서 28:1-10 ; 마가복음서 16:1-11 ; 누가복음서 24:1-10 ; 요한복음서 20:1-2) 어떻게 그럴 수 있었을까. 도대체 어떤 제자이기에 이토록 굳세고 올곧은가.

학자들은 신약성서의 복음서들에 등장하는 '향유 부은 여인'이 막달라 마리아를 가리킨다고 입을 모은다.[303] 공간 배경은 베다니, 시간 배경은 유월절 이틀 전, 한때 한센병 환자였던 시몬의 집에서 벌어진 일이다.[304] 예수가 음식을 먹고 있는데, "한 여자가 매우 값진 순수한 나드 향유 한 옥합을 가지고 와서 그 옥합을 깨뜨리고 향유를 예수의 머리에 부었다."(마가복음서 14:3 ; 마태복음서

26:7) 베다니는 예루살렘에서 그리 멀지 않은 곳이다. 이틀이 지나면 예수는 '유월절 어린 양'이 되어 십자가를 질 판이다. 이 중요한 순간에 '한 여자'가 예수의 머리에 향유를 붓는다.

구약성서에 보면, 예언자 사무엘이 사울의 머리에 기름을 붓는 장면이 나온다.(사무엘기상 10:1) 사울을 왕으로 임명하는 예식이다. 사울에 이어 다윗을 왕으로 세울 때도 그는 다윗의 머리에 기름을 부었다.(사무엘기상 16:13) 그렇다면 예수의 머리에 향기로운 기름을 부은 여인은 누구라는 말인가. 제사장이자 예언자다! 그녀의 행동은 무엇을 의미하는가. 예수의 메시아 대관식이다! 나아가 주검에 향유를 뿌리는 유대인의 매장 풍습을 생각하면, 예수의 장례식을 미리 치렀다고도 볼 수 있다.

미국 하버드대학교 신약성서학 교수이자 페미니스트 성서해석의 새 지평을 연 엘리자베스 쉬슬러 피오렌자Elisabeth Schüssler Fiorenza는 이 대목에서 불만을 터뜨린다.[305] 성서가 예수의 남성 제자들에 대해서는 심지어 예수를 배반한 가룟 유다의 이름까지도 시시콜콜 기록하면서 이렇게 중요한 역할을 담당한 여성 제자의 이름은 어째서 밝혀주지 않냐는 것이다. 예수 자신도 "온 세상 어디든지 복음이 전파되는 곳마다 이 여자가 한 일도 전해져서 사람들이 이 여자를 기억하게 될 것"(마가복음서 14:9 ; 마태복음서 26:13)이라고 힘주어 말하지 않았던가. 그런데도 그녀의 이름이 잊힌 것은 이토록 위대한 역할을 한 사람이 남자가 아니라 여자이기 때문이라며 합리적 의심을 제기한다.

그럴 수도 있겠지만 꼭 그렇다고만 말할 수도 없다. 신약성서에 포함된 복음서들 가운데 마가복음서가 가장 먼저 기록된 것은 널리 알려진 사실이다. 아니, 성서학적 지식이 없는 사람이라도 네 복음서 중 마가복음서의 분량이 가장 짧다는 정보를 알면 다른 복음서들은 마가복음서에 살을 붙이는 방식으로 확대, 편집되었을 가능성을 쉽게 예측할 수 있을지도 모른다. 우리의 질문은 마태복음서는 마가복음서를 거의 그대로 따르니까 넘어간다 치고, 마가복음서는 왜 그 여인의 이름을 생략했는가 하는 점이다.

마가복음서에 등장하는 예수는 여러 차례 자신이 메시아임을 숨긴다.(마가복음서 1:34, 44; 3:12 ; 5:43 ; 7:36 ; 8:26, 30 ; 9:30) 그럴수록 귀신마저(!) 용케 알아보지만 가까이에 있는 남성 제자들은 아둔하여 깨닫지 못한다. 마가복음서 기자는 이 지점에서 슬며시 '향유 사건'을 끼워 넣는다. 앞서 말했다시피, 예수가 메시아임을 드러내놓고 선언한 사건이다. 그러나 행위 주체가 '한 여자'였기에 남성 제자들은 끝내 그 의미를 깨닫지 못한다. "'어찌하여 향유를 이렇게 허비하는가? 이 향유는 300데나리온 이상에 팔아서, 그 돈을 가난한 사람들에게 줄 수 있었겠다!' 그리고는 그 여자를 나무랐다."(마가복음서 14:4-5)

1데나리온은 무게가 약 4그램짜리 로마 은전이다. 군인이나 품꾼의 하루 일당에 해당한다. 요즘으로 치면 10만 원쯤 되려나. 그렇게 계산해서 300데나리온이면 3,000만 원이 된다. 이 정도 비용을 감당할 수 있는 수준이면 그 여성은 부유한 재력가임이 틀림없다. 예수의 남성 제자들이 몇몇을 제외하고는 대체로 중산층이거나 하층민이었던 점으로 미루어 볼 때 그 여성의 행위가 '돈 낭비'로 비친 것은 당연한 일이다. 어쩌면 그 여성은 평소에도 견제대상이 되었을지 모른다. 그러니까 마가복음서가 '향유 여인'을 익명으로 처리한 것은 제자들의 무지를 드라마틱하게 드러내려는 문학적 전략일 수 있겠다.

누가복음서와 요한복음서는 이 사건을 완전히 다르게 묘사한다. 먼저 요한복음서를 보자. "유월절 엿새 전에" 예수가 베다니에서 열린 잔치에 참석하고 있을 때 마르다는 예수의 시중을 들고 있었고 그 오빠인 나사로는 예수와 함께 음식을 먹고 있었는데, 여동생 "마리아가 매우 값진 순 나드 향유 한 근을 가져다가 예수의 발에 붓고 자기 머리털로 그 발을 닦았다."(요한복음서 12:3)

공간 배경도 다르고 시간 배경도 다른데, 그보다도 향유가 부어진 신체 부위가 '머리'에서 '발'로 이동했다는 게 가장 큰 차별화다. 이러한 차이 앞에서 현대의 독자들은 당황하지만 과거의 독자들은 전혀 문제가 되지 않는다. 왜냐하면, 각각의 복음서는 그것을 읽는 공동체의 필요에 부응하기 위해 기록되었기 때문이다. 다시말해, '팩트 체크'가 생명인 신문기사가 아니라는 말이다.[306] 복음서들 사이의 차이란 과학이 아닌 신학에 기인하는 바, 기록상의 불일치를 근거로 '거짓말'이라 매도하는 건 바람직하지 않은 태도다. 오히려 똑같은 사건을 왜 다르게 묘사했는지, 그 복음서가 해결하려는 공동체의 문제는 무엇이었는지를 질문하는 게 생산적이고도 현명한 독서행위다.

복음서들 가운데 가장 늦게 기록된 요한복음서의 경우, 예수를 유월절 희생양으로 본 점에서는 마가복음서와 같지만, 메시아를 정치적 의미로 받아들이지 않았다는 점에서는 다른 복음서들과 다르다.[307] 요한복음서는 이미 제도화된 종교로서 내부 분열을 겪으며 재再제도화되어가던 유대교에 대해서나[308] 이제 막 제도화의 길에 들어서 조직체계를 갖추기 시작한 기독교에 대해 모두 비판적인 태도를 보인다. 유대교의 경계선을 떠도는 예수 운동 분파들이 유대교와 비슷한 방식으로 조직화 되어가는 데 불편함을 느낀 것이다.[309] 이 불편함은 "자유 없는 진리, 권력의 근거가 된 거룩한 영, 위계적인 배타적 질서, 그러한 질서를 상징하는 현실을 외면한 제의" 등에 대한 거부감이기도 하다.[310]

요한복음서는 "이들(하나님의 자녀-글쓴이 달음)은 혈통에서나, 육정에서나, 사람의 뜻에서 나지 아니하고, 하나님에게서 났다"(1:13)는 선언을 통해 기존의 메시아주의와 명확히 선을 긋는다. 혈통(이를테면, '다윗의 후손')과 육욕(세속적 욕망), 곧 사람의 뜻에 귀속된 메시아주의가 있는가 하면 하나님에게 귀속된 메시아주의가 있는데, 자기네 공동체가 후자라는 말이다.[311] 이 당돌한(?) 선언에는 베드로를 중심으로 빠르게 재편되어 가던 기독교 교회의 질서, 곧 주류 '사도계 공동체'의 질서를 무시하는 정서가 깔려있다. 그럴 법도 한 것이 자기네 공동체야말로 "예수께서 사랑하시는 제자", 오죽 큰 사랑을 받으면 "예수의 품에 기대어 앉아"(요한복음서 13:23) 있기까지 한 제자를 지도자로 모시고 있다는 것 아닌가.

그가 누구인지는 정확히 밝혀져 있지 않다. 주류 기독교는 이 제자가 남성형으로 표현되어 있다는 점에서, 그리고 책 제목이 명색이 '요한'복음서이니만큼, 그의 정체를 야고보의 형제 '요한'으로 상정하는 데 아무런 거리낌이 없다. 하지만 학자들의 견해는 다르다. 공관복음서에서 '베드로와 야고보와 요한'이 문제적 인물로 등장하기 때문만이 아니다. 오히려 요한복음서를 낳은 이 공동체는 당시 주류 기독교 운동의 메시아 담론이 로마 제국의 영웅주의를

닮았다고 비판하면서 자발적 소수자의 길을 선택한 이들이기 때문이다.[312]

그래서 댄 브라운의 소설 《다 빈치 코드》[313]가 '예수께서 사랑하시는 제자'를 막달라 마리아라고 주장한 것은 꽤 일리 있는 접근이다. 요한복음서가 훗날 막달라 마리아를 숭배하던 공동체들에서 먼저 수용된 점도 이 해석의 신빙성을 높인다. 그렇다면 이 복음서가 '향유 사건'을 기록할 때 마리아가 왜 예수의 머리 대신에 발에다 향유를 부었다고 묘사했는지 조금은 알 것도 같다. 자기네 공동체는 '머리'(권력다툼)에 관심이 없다는 것이다. 머리보다는 '발', 신체 부위 가운데 가장 아래에 있으며 더러움의 대명사인 발을 의도적으로 부각해 '섬김'의 리더십을 강조하는 의미로 읽을 수 있다.

마가복음서의 '향유 사건' 전승에 가장 손을 많이 댄 것은 누가복음서다. 누가복음서에서는 예수가 바리새파 사람 시몬의 집에서 식사할 때, 그 동네에 사는 "죄인인 한 여자"가 "향유가 담긴 옥합을 가지고 와서 예수의 등 뒤에 발 곁에 서더니 울면서 눈물로 그 발을 적시고, 자기 머리털로 닦고, 그 발에 입을 맞추고, 향유를 발랐다"(누가복음서 7:37-38)고 기록한다. 시기도 예수가 죽기 직전이 아니라 한창 왕성한 활동을 펼칠 때로 바뀌어 있다.

이러한 각색의 의도는 누가복음서의 주요 주제를 살필 때 분명해진다. 누가복음서는 율법주의와 형식주의에 찌든 신앙관에 도전하려는 목적이 강하다. 유명한 '선한 사마리아인의 비유'(누가복음서 10:25-37)가 다른 복음서들에서는 나오지 않는데 유독 누가복음서에만 들어있다는 점이 이를 뒷받침한다. 율법을 잘 지키기로 타의 추종을 불허하는 유대 제사장 무리가 강도 만난 사람을 보고도 '피하여 지나간' 것은 비인간적인 정결 규례의 결과를 생생히 보여준다.[314] 그렇다면, 누가복음서 기자가 '향유 사건'이 벌어진 장소를 하필이면 '바리새파' 사람의 집으로 설정한 이유가 잘 설명된다. 유대교 정결법에 근거해 사람을 정결한 사람과 부정한 사람으로 나누는 바리새주의자들의 오만한 위선에 도전하기 위함일 테다.

이 점을 백번 이해하더라도, 향유 부은 여인을 '죄인'으로 묘사한 누가복음서의 기록이 낳은 파장은 그냥 넘어갈 수 없다. 본문에는 전혀 그런 뉘앙스가 없지만 성적으로 문란한 '창녀'의 이미지가 덧씌워진 것이다. 유대교에서 '죄인'은 통상 율법을 어긴 자나 세금을 안 낸 자를 부르는 말이다. 그리스어로는 '하마르톨로스harmartolos'라고 하여, 창녀를 뜻하는 '포린porin'과는 거리가 멀다. 이 본문에서는 전자가 사용되었음에도 사람들은 후자로 읽기를 선호했다. 이런 해석에 힘을 실어준 건 누가복음서에 나오는 또 다른 기록이다.

그 뒤에 예수께서 고을과 마을을 두루 다니시면서 하나님의 나라를 선포하며 그 기쁜 소식을 전하셨다. 열두제자가 예수와 동행하였다. 그리고 악령과 질병에서 고침을 받은 몇몇 여자들도 동행하였는데, 일곱 귀신이 떨어져 나간 막달라라고 하는 마리아와 헤롯의 청지기인 구사의 아내 요안나와 수산나와 그 밖에 여러 다른 여자들이었다. 그들은 자기들의 재산으로 예수의 일행을 섬겼다. **누가복음서 8:1-3**

이 본문은 막달라 마리아에 대해 적어도 두 가지 정보를 준다. 하나는 예수를 만나 일곱 귀신에서 해방되었다는 것이고, 다른 하나는 재산이 많다는 것이다. 뒤의 정보에 기대면, 어떻게 그녀가 300데나리온이나 되는 값비싼 향유를 준비할 수 있었는지가 설명된다. 앞의 정보만 보더라도 그다지 부정적인 의미가 내포되어 있지는 않다. 과거 따위가 뭐 그리 대수이겠는가. 회개하여 새 사람으로 변화되었으면 그만이지. 물론 성경에서 '일곱'이라는 숫자는 거룩함 혹은 완전함의 상징으로 쓰인 경우가 많은데, 어째서 그녀의 경우에는 흉물스럽게도 귀신과 연결되었는지, 이 본문만 갖고서는 알 길이 없다.

이 궁금증은 나중에 다시 다루기로 하고, 결론부터 말해보자. 사복음서를 다 뒤져도 막달라 마리아를 창녀로 언급한 부분은 하나도 없다! 그렇다면 눈을 돌려 성경 바깥을 살펴야 한다. 그녀가 그런 이미지에 갇히게 된 데는 반드시 어떤 사회정치적 배경이 있을 테다. 여기서 베드로를 효시로 한 로마 교황청의 중대한 실수가 드러난다. 실제로 교황권 확립에 크게 기여한 로마 교황 그레고리우스 1세(590-604년 재위)가 591년 '설교 33'에서 막달라 마리아를 창녀로 공식 선언했기 때문이다.[315] 그에 따르면, 막달라 마리아는 금지된 성행위를 위해 고급 향유를 자신의 몸에 뿌리고 다녔다. 그녀가 수치스럽게도 자신의 몸을 치장하는 데 쓰던 향유를 칭찬할 만하게도 하나님께 바칠 수 있게 된 데는 '고해성사와 회개'가 놓여 있다는 게 설교의 요지다. 말하자면, 성직자의 특권인 고해성사에 방점을 찍다 보니 부득이 죄를 강조하게 된 셈인데, 그렇다고 해서 막달라 마리아를 졸지에 창녀로 둔갑시킨 그의 해석학적 실수가 무죄인 것은 아니다.

'창녀'가 된 사도 중의 사도

사실 2세기의 저명한 교부 신학자 히폴리투스(170-236)는 막달라 마리아를 높이 평가했다. 구약성서의 아가서를 주석한 글에서 그는 아가서 3장에 나오는 '술람미 여인'이 요한복음서 20장에 나오는 막달라 마리아를 연상시킨다고 풀이했다. 남편을 찾아 헤매고 다니는 술람미 여인의 모습이 동산지기(사실상 예수)에게 예수가 어디 있는지 알려달라고 애원하는 막달라 마리아의 모습과 겹친다고 본 것이다. 그는 막달라 마리아를 술람미 여인에 빗대어 '그리스도의 신부'이자 사도들에게 보냄을 받은 '사도 중의 사도Apostola Apostolorum'라고 칭송했다.[316]

댄 브라운의 소설 《다 빈치 코드》가 막달라 마리아를 예수와 결혼한 아내로 단정한 것은 이러한 지식에 기인한다. 하지만 막달라 마리아를 그리스도의 신부로 묘사하는 것은 창녀로 매도하는 것만큼이나 위험한 전략이다. 그녀가 갈릴리에서부터 예수의 여정에 함께하고 예수의 죽음과 부활을 목격하기까지 의리를 지킨 이유가 고작 사사로운 부부의 정 때문이라고 한다면 이 얼마나 맥 빠지는 플롯인가.

1969년 가톨릭교회는 그레고리우스 1세의 선언이 실수였다고 인정하면서 '마리아=창녀'라는 입장을 철회했다. 하지만 신문 한 귀퉁이에 정정 보도가 실렸다고 해서 거의 1,500년 이상이나 유포되어온 '가짜 뉴스'가 곧장 바로잡힐 수 있는 것은 아니다. 1971년 브로드웨이에서 초연된 이래, 대중적 성공을 거둔 뮤지컬 지저스 크라이스트 슈퍼스타[317]만 해도 그렇다. 거기서 막달라 마리아는 예수를 사랑한 창녀로 등장한다. 1953년 처음 출간된 이래, 1988년 영화로도 만들어진 니코스 카잔차키스의 문제작 《그리스도 최후의 유혹》[318]도 마찬가지다.

과학혁명이 일어나고 인본주의가 확대되면서 무신론이 팽배하게 된 것은 어제오늘의 일이 아니다. 그럴수록 대중은 예수를 둘러싼 뒷담화에 더욱 열광하기 마련이다. 《다 빈치 코드》의 놀라운 성공에는 이러한 대중심리, 곧 소비지상주의 문화가 깔려있다. 그렇다면 온갖 오해와 추문에 휩싸여 있던 막달라 마리아의 실체에 다가갈 길은 정녕 없는 것일까.

지금으로부터 120여 년 전, 이집트 카이로에서 낯선 복음서 하나가 발견되었다. 1896년 독일사람 카를 라인하르트가 아크민 지역 골동품상에서 우연히 손에 넣은 '마리아복음서'다.[319] 당시로서는 이 두루마리의 존재와 의미가 세상에 널리 알려지지 않았으나 그 뒤 1945년 이집트 나그함마디에서 영지주의 복음서라 불리는 '도마복음서', '빌립복음서' 등이 발견됨에 따라,[320] 마리아복음서에 대한 관심도 증폭되었다. 콥트어(이집트식 그리스어)로 된 이 복음서는 학자들의 손을 거쳐 1955년부터 여러 나라말로 번역, 출간되기 시작했다.[321]

마리아복음서가 언제 기록되었는지는 정확하게 밝혀져 있지 않다. 더러는 3세기쯤이라 하고, 더러는 2세기 초반 혹은 중반이라 한다.[322] 중요한 점은 기독교 초기 복음서 중의 하나로 어쨌거나 다른 복음서들과 경쟁하며 살아남았다는 것이다. 이 복음서에 담긴 내용은 막달라 마리아가 예수로부터 받은 가르침이다. 기독교가 예수의 부활에 기원을 둔 종교라면, 부활 현장에서 그녀가 받은 예수의 가르침이야말로 "모든 말씀 중의 으뜸"이 될 테다.[323] 하지만 이 복음서는 정경Canon[324]에 포함되지 못하고 외경Apocrypha[325]으로 밀려났다. 로마 가톨릭교회가 영지주의를 '이단'으로 규정해 박해할 때, 이 복음서까지 싸잡아 추방했기 때문이다.

이러한 박해가 일어난 시점이 기독교의 조직화 과정과 겹친다는 사실은 단순한 우연이 아니다. 이레네우스(130?-202?) 같은 교부는 초대교회의 다양성을 개탄하면서, 오직 하나의 교회만이 존재한다고, 이 교회 밖에는 어떤 구원도 있을 수 없다고 주장하여 '가톨릭교회'의 초석을 닦았다.[326] 그 무렵, 기독교는 주교bishop, 장로elder, 사제priest, 부제deacon의 직급을 갖춘 제도종교로 발전해가고 있었다. 오직 이런 구조와 교리를 갖춘 교회만이 정통이지, 그렇지 않은 교회들은 어김없이 이단의 꼬리표를 달아야 했다. 그러다가 급기야 로마 황제 콘스탄티누스가 기독교를 국교로 채택하는 대사건이 일어났다.[327] 이로써 기독교는 박해받던 소종파에서 지배자의 종교로 화려하게 탈바꿈했다. 아울러 정경에 포함되지 않은 외경은 이후 오랫동안 모진 탄압을 받아야 했다.

이러한 정치적 배경을 염두에 둘 때, 로마 제국의 황실 종교가 된 기독교가 영지주의를 불온사상으로 내몬 데는 그리 순수한 동기만 있을 것 같지 않다. 영지靈知란 그리스어 '그노시스gnosis'를 번역한 말로, 문자적 의미로는 '지식'을 뜻하지만, 이 지식이 '궁극적 현실에 관한 앎'을 가리키기 때문에 '신령한 지식'이나 '뛰어난 지혜' 혹은 '내면의 깨달음'을 뜻하는 단어로 통용되었다. 반대로, 그런 세계에 대해 아는 바가 없다, 알 수도 없다고 주장하는 이들은 불가지론자agnostic라 불렸다. 영지주의자들은 자기들이 하나님을 아는 신성하고도 신비한 지식을 얻었다고 주장한 점에서 교만한 엘리트주의자로 보였을 가능성이 충분하지만, 사실은 그런 지식을 누구나 터득할 수 있다는 게 영지주의의 핵심이다.[328] 바꿔 말하면, 제도종교의 성직자만 독점적으로 알 수 있는 지식이 아니라는 뜻이다. 이러한 태도가 황실 종교를 장악한 교권주의자들의 눈에 어떻게 비쳤을지는 충분히 상상하고도 남는다.

　나그함마디 항아리 안에 담겨 있던 영지주의 복음서는 스스로 '영지주의자(그노시스파)'라고 일컬은 사람들이 만든 복음서다.[329] 영지주의 복음서들은 예수의 육체성을 부인하고 오직 신성만 강조한다든지, 우주를 영적 세계와 물질 세계로 이원화해 보는 등 독특한 '우주철학'(그노시즘)을 표방했다. 그러나 마리아복음서에서는 이러한 특징들을 찾아보기 어렵다. 게다가 결정적으로 이 복음서는 나그함마디 항아리 안에 들어있지도 않았다! 그렇다면 왜 푸대접을 받은 것일까. 빌립복음서에 흥미로운 단서가 나온다.

예수는 어느 사도보다도 마리아를 특별히 아끼고 사랑하셨다. 자주 그녀의 입술에 입맞춤을 하기까지 했다. 그가 마리아를 사랑한다는 사실을 안 사도들이 물었다. "왜 저희들보다 그녀를 더 사랑하시나이까?" 이에 예수가 답했다. "내가 그녀만큼 너희들을 사랑하지 않는다는 게 가당키나 한가?"

빌립복음서 59:9[330]

만약 막달라 마리아가 예수의 아내라면, 제자들이 화를 낼 이유가 뭐란 말인가. 남편이 아내에게 애정 표현하는 걸 보고 질투를 한다면, 막장드라마가 아니고 무엇인가. 이 본문은 그저 예수가 다른 사도들보다도 마리아를 더 아끼고 사랑했다는 것, 이를 안 사도들이 예수에게 불만을 표출하자, 예수는 모든 제자를 똑같이 사랑한다고 대답했다고 전할 뿐이다. 이를 통해 유추할 수 있는 정황이란 제자들 사이에 알력이 있었다는 사실 말고는 아무것도 없다. 여기 등장하는 '사랑'이라는 단어에서 굳이 성적인 함의를 도출한다면, 그렇게 읽어내는 눈이 불순하다는 증거다. 빌립복음서에 묘사된 알력은 도마복음서에서도 그대로 확인된다.

시몬 베드로가 그들에게 말했습니다. "마리아는 우리를 떠나야 합니다. 여자들은 생명을 얻을 자격이 없기 때문입니다." 예수께서 대답하셨습니다. "보십시오. 내가 그 여자를 인도하여 남자로 만들어 그 여자도 여러분 남자들처럼 살아 계신 영이 되게 하겠습니다. 스스로를 남자로 만드는 여자가 천국으로 들어갈 것입니다." **도마복음서 114절**[331]

캐나다 리자이나대학교에서 비교종교학을 가르치다 은퇴한 오강남 교수는 그리스어로 된 도마복음서는 물론 콥트어 사본까지 연구해 우리말 도마복음서 풀이를 내놓았다.[332] 비교종교학자답게 여러 종교의 가르침을 두루 섭렵한 내공이 만만치 않다. 그는 대학 시절 그리스어를 열심히 배워둔 것이 이 작업에 매우 쓸모 있었다고 썼다.³³³ 그러나 위의 인용문은 어딘가 자연스럽지 않다. 예수가 여자를 남자로 만들기 위해 왔다는 말은 오해의 소지가 많다.³³⁴

그리스어 사본에서 해당 부분에 쓰인 단어는 '안드로포스 anthropos'³³⁵다. 종종 같은 의미로 해석되는 '안드로자인androgyne'보다 훨씬 깊고 풍부한 뜻을 가진 용어로, 남성적 의미의 '남자man'가 아닌 일반적 의미의 '인간human'을 가리킨다. 전자의 의미로는 '안드로스andros'라는 단어가 따로 있다. 이쯤 되면, 어째서 스위스의 정신분석학자 카를 융이 이 문서에 관심을 가졌는지를 너끈히 이해할 만하다. 그는 예수의 말을 온전한 존재, 곧 새로운 사람이 되기 위해서는 자기를 보완해 줄 반대의 성을 하나의 인격 안에 통합할 수 있어야 한다는 뜻으로 알아들었다.

이제 마리아복음서를 펼쳐보자.³³⁶ 스승의 가르침을 저버린 채 도망친 제자들(사도들) 사이에 두려움과 적대감이 안개처럼 퍼져 있을 때 마리아는 그들을 찾아가 위로한다.

이때 마리아가

사도들을 부둥켜안으며 이르길

"부디 슬픔과 회의에 젖지 마세요.

그분의 은총이 우리를 인도할 것입니다."(9:12-15)³³⁷

"그분께서 오늘을 예비시키지 않았습니까?

주님께선 우리가 완벽한 인간(안드로포스)이 되길 바라십니다."(9:17-18)³³⁸

마리아의 따뜻한 격려에 기운을 차린 베드로가 그녀만이 아는 스승의 말씀, 곧 부활한 예수가 그녀에게 알려준 '특별 계시'를 일러달라고 부탁한다. 이에 마리아가 자신의 환상(성서가 말하는 '환상'이란 꿈도, 허상도, 최면술도, 황홀경도 아닌 거룩한 신 체험이다)을 들려주는데, 그녀의 말은 뜻밖의(어쩌면 당연한?) 반응을 불러온다.

안드레아가 형제들에게 이르노니

"자매의 말을 어찌 생각하십니까?

주께서 이 말씀을 하셨다니

도저히 믿을 수가 없습니다.

우리가 알던 것과 너무도 다릅니다."

그때 베드로가 말하길

"우리가 모르는 비밀을

이런 식으로 여자에게

말씀하셨다니 가당키나 합니까?

관습을 뒤엎고

여자의 말에 귀 기울여야 옳습니까?

정녕 우리보다 더 사랑하사 이 여자를 택하신 것입니까?"(17:9-20)[339]

안드레아(안드레)는 베드로의 아우다. 마리아의 말을 믿을 수가 없다며 의혹을 제기한다. 기존에 알던 것과 다르다는 이유다. 베드로는 한층 심하게 반발한다. 여자가 남자보다 더 많이 안다는 사실, 심지어 예수가 자신의 비밀을 전수한 사도로 남자가 아닌 여자를 선택했다는 사실에 분개한다.

　도대체 그녀가 무슨 말을 했기에 이럴까. 환상 가운데 본 "일곱 표상"(16:3), 곧 "어둠, 욕망, 무지, 치명적인 시기심, 육신에 대한 집착, 중독된 지혜, 사악한 지혜"(16:4-10)가 남성 사도들의 심기를 건드린 모양이다. 이 일곱 표상은 고대 종교들에서 가장 사악한 마귀(귀신)로 여기던 목록이다. 강력한 힘으로 인간의 혼을 완전히 사로잡아 더러운 감정과 위험한 행동으로 내모는 죄의 뿌리라고나 할까. 마리아는 자신의 혼이 이 강도 높은 시험을 통과해 완전히 정화되었다고 말한다. 그리고는 깊은 침묵에 잠긴다. "주의 가르침도 침묵 속에 있기에."(17:7)

　성서에서는 '일곱'이라는 숫자가 3백여 차례 등장하는데, 주로 시간이나 창조를 상징한다.[340] 안식일, 안식년, 희년 따위가 '7'과 연관된 것은 새삼 말할 필요도 없다. 언약궤 주변을 일곱 바퀴 돌기(여호수아 6:4), 요단 강에 일곱 번 들어가 몸 씻기(열왕기하 5:14), 지혜의 일곱 기둥(잠언 9:1), 일곱 개의 눈을 가진 돌(스가랴서 3:9), "일흔 번씩 일곱 번까지라도" 용서하라는 예수의 말씀(마태복음서 18:22), 초대교회의 일곱 집사(사도행전 6:3), 밧모 섬에서 요한이 본 환상 속에 등장하는 일곱 촛대와 일곱 교회(요한계시록 1:20) 등 성서 안에서 '일곱'이라는 숫자가 부정적으로 쓰인 경우는 찾아보기 어렵다. 막달라 마리아와 연관된 '일곱 귀신'이 거의 유일하지 않을까.

　그렇다면 이런 상상이 가능하다. 과거의 막달라 마리아는 '일곱 표상'에 사로잡혀 방황했었다. 그러나 예수의 십자가와 부활을 통해 참 진리를 깨닫고는 그처럼 헛된 바람에 더 이상 흔들리지 않게 되었다. 완벽하게 정화된 새 사람(안드로포스)으로 거듭났다. "빛의 일곱 동정녀"[341]로 우뚝 선 것이다. 한편, 마리아가 예수의 가장 신실한 제자이자 사도 중의 사도로서, 무엇보다도 부활의 첫 증인으로서 명성을 날리면 날릴수록 베드로의 입지는 줄어들 수밖에 없었다. 이것은 이제 막 로마 제국 안에서 형체를 잡아가기 시작한 기독교 세력에게 정말 위험한 시나리오였다. 그래서 베드로를 중심으로 사도 계승 작업이 활발히 이루어지는 것과 비례해 여성 지도력에 대한 숙청 작업도 속도를 내었다. 기독교가 로마 제국의 국교가 되기까지 수없이 나타났다가 이단으로 스러져간,[342] 그 이후 가톨릭 세계에서 마녀로 몰려 화형당한[343] 수많은 여성 지도자들의 이야기는 이런 배경을 염두에 두고 읽을 때 훨씬 잘 이해된다.

흥미진진하지만 우리의 상상은 여기서 멈추자. 근본주의 성향이 강한 한국교회에서는 외경 읽기를 권장하는 교회가 거의 없다. 그나마 성경(정경)에서 "여자들은 교회에서는 잠자코 있어야 합니다. 여자에게는 말하는 것이 허락되어 있지 않습니다"(고린도전서 14:34)와 같은 시대착오적인 구절을 뽑아 여신도들의 입에 재갈이나 물리지 않으면 다행이다. 여전히 여성이 강대상 위에 올라가 설교하는 것을 허락하지 않는 교단도 있으니 말이다.

그렇더라도 성경 안에 버젓이 살아 활보하는 마리아를 애써 죽일 필요는 없다. 누가복음의 다른 맥락에 등장하는 마리아는 예수의 "발 곁에 앉아서"(10:39) 말씀을 듣는 전형적인 제자의 모습을 취하고 있다. 여자는 토라Torah[344]를 공부하거나 심지어 읽는 일조차 금기시되던 사회에서 이러한 태도는 율법을 어긴 죄인의 혐의를 뒤집어쓰기 딱 좋다. 그런데도 예수는 동시대의 표준 규범을 뛰어넘어 여성을 제자로 받아들이는 데 거리낌이 없었다. 자신의 머리에 향유를 부어 메시아 대관식을 거행한 이 여성 제자에게 온 세상 어디든지 복음이 전파되는 곳마다 사람들이 그녀를 기억하게 될 것이라는 축복의 말씀을 잊지 않았다.

　중요한 건 예수의 이런 생각과 관점, 마음과 의지다. 성경에서 복음을 찾을 때는 여기에 초점을 두어야 한다. 이를 알아들었기에 막달라 마리아도 부활의 첫 증인이라는 공을 독점하려 들지 않고 제자들과 나누지 않았나. 이 장면에 대해서도 복음서마다 다 다르게 증언하지만 어쨌든 마리아가 십자가와 부활 현장을 지킨 제자인 것은 사실(팩트)이 아닌가. 이 사실마저 흠집 내려는 시도야말로 음험하지 않겠나.

　예수의 하나님 나라 운동에 동참해 끝까지 의리를 지키며 제자의 도리를 다한 여자, 부와 명예와 권력 따위를 우습게 여긴 여자, 스승에게 등을 돌린 남성 제자들의 실패와 실수를 너그럽게 감싸 안아 그들을 다시 일으켜 세운 여자, 예수가 심어준 하나님 나라의 꿈을 요란스럽지 않게 피워낸 여자, 모든 사람이 영혼의 골방에서 자기 자신과 만나는 법을 가르쳐준 여자, 신성한 비밀을 발설한 대가로 고난과 핍박이 닥쳐도 놀라거나 두려워하지 않고 의연하게 자기 길을 간 여자, 오직 깊은 통찰과 침묵 가운데 홀로 머물며 생명의 신비와 은총을 누린 여자, 막달라 마리아는 그런 여자다. 매 순간 자기 안에서 꿈틀거리는 욕망의 밑뿌리를 싹둑 잘라버리고 아주 가벼워진 몸과 마음으로 하늘을 훨훨 나는 마리아의 후예들, 하나님이 찾으시는 파트너는 그런 여자들이다.

　미리암이 마리아이고, 마리아가 미리암이듯, 성경 속 세상을 바꾼 여인들이 다 우리 자신 아니겠나. 그들의 이야기와 우리의 이야기는 결코 별개가 아니다. 내 속에 있는 그녀들을 만나는 일, 나를 통해 그녀들이 태어나도록 하는 일은 내가 하나님의 딸이라는 자각을 가지고 생기生氣있게 살아내는 일과 무관하지 않다. 결국은 삶이 문제다. 살되, 거저 사는 것이 아니라 깨어있는 삶을 살아야 한다. 일상에서 신을 살아내는 일, 곧 신神나게 사는 일 말고는 다른 답이 없다.

나의 삶에 그녀들이 빛을 비춰주기를,
그녀들의 하나님이 내 삶도 일으켜주기를,
그리하여 신과 함께 사는 삶이 날마다 부활의 삶이기를.
신과 함께 가라, 거침없이!

프롤로그_ 센 언니들이 몰려온다

1 대본작가 임선규에 의해 탄생한 *홍도야 우지마라*는 1936년 7월, 우리나라 최초의 연극 전용 상설극장인 동양극장에서 '청춘좌'라는 극단에 의해 초연된 4막 6장짜리 연극이다. 일제 강점기에 처한 우리 민족의 애환을 담은 이 연극은 상연 첫날부터 대만원을 이루는 공전의 히트를 이뤘다. 한편 대중가요로서 *홍도야 우지마라*는 이서구 작사, 김준영 작곡, 김영춘 노래로 1939년에 발표되어 오랜 세월 대중의 사랑을 받았다.

2 1925년에 발표된 *오빠생각*은 '뜸북뜸북 뜸북새'로 시작되는 가사가 인상적인 동요로 최순애 작사·박태준 작곡의 작품인데, 특히 애상조의 멜로디가 당시 어린이의 심정을 잘 반영한다.

3 2011년 10월에 발표된 〈소녀시대〉 3집, *더 보이즈The Boys*의 노랫말이다.

4 이 말은 독일의 심리학자 우테 에어하르트가 《나쁜 여자가 성공한다》(홍미정 역, 글담, 2004)에서 제창한 슬로건이다.

5 댄 킨들런, 《알파걸: 새로운 여자의 탄생》, 최정숙 역 (서울: 미래의 창, 2007)

6 헬렌 피셔, 《제1의 성》, 정명진 역 (서울: 생각의 나무, 2000), 13.

7 앨빈 토플러는 이러한 시대의 변화를 저서인 《제3의 물결》에서 인류가 농경기술을 발견한 이후의 변화(제1의 물결), 산업혁명에 의한 기술혁신(제2의 물결), 고도로 발달한 과학기술의 혁신(제3의 물결)으로 구분했다.

8 노자, 《도덕경》, 오강남 역 (서울: 현암사, 1995), 47.

9 김수영의 '풀' 중에서 나는 특히 2연과 3연이 좋다. "풀이 눕는다. / 바람보다도 더 빨리 눕는다. / 바람보다 더 빨리 울고 / 바람보다 먼저 일어난다. // 날이 흐리고 풀이 눕는다. / 발목까지 / 발밑까지 눕는다. / 바람보다 늦게 누워도 / 바람보다 먼저 일어나고 / 바람보다 늦게 울어도 / 바람보다 먼저 웃는다." 김수영, 《거대한 뿌리》 (서울: 민음사, 1995), 68.

10 스와미 웨다 바라티는 1933년에 인도 데라둔에서 태어나, 11살 때 이미 《바가바드 기타》와 《우파니샤드》를 수천 명의 청중들 앞에서 가르칠 정도로 명민했던 사람이다. 영국 런던대학과 네덜란드 우트레히트 대학에서 박사학위를 받고 미국 미네소타 대학에서 산스크리트어 교수로 있다가, 1969년 영적 스승 스와미 라마를 만난 뒤 명상 요가의 길로 접어들었다. 현

재 히말라야 명상요가협회를 이끄는 영적 스승이 되어 숱한 저술과 강연으로 지구인들을 깨우치고 있는 그는 《1분의 명상여행》이라는 책의 저자로도 유명하다.

11   스와미 웨다 바라티, 《1분의 명상여행》, 고진하 역(서울: 꿈꾸는 돌, 2004), 21.

12   요한 볼프강 폰 괴테, 《파우스트 2》, 정서웅 역(서울: 민음사, 1993), 389, 400.

13   여성-되기의 의미를 타자성과 소수자-되기로 접근한 글로, 이정우 저, 《천 하나의 고원: 소수자 윤리학을 위하여》(서울: 돌베개, 2008)와 구미정 저, 「무덤에서 모태로: 한국 교회의 환골탈태를 위한 대안적 상상력」, 〈신학사상〉 제145호(2009. 여름), 245~270 참조.

1장_ 인류사를 시작한 생명의 어머니, 이브

14   한스 요아힘 마츠, 《릴리스 콤플렉스》, 이미옥 역(서울: 참솔, 2004), 23.

15   Robert Graves and Raphael Patai, *Hebrew Myths: The Book of Genesis*(New York: Doubleday, 1964), 65~69.

16   수메르의 대표적 여신인 인안나는 셈족에게는 이쉬타르Ishtar로 알려져 있으며, 아스다롯Astarte으로 불리기도 했다. 가나안에서는 아낫Anath이라는 호칭으로 등장한다. 수메르의 대표적 남신인 두무지Dumuzi의 파트너이다.

17   앞 글, 같은 부분.

18   한스 요아힘 마츠, 《릴리스 콤플렉스》, 19.

19   괴테의 《파우스트》에도 릴리스에 대한 언급이 나온다. 마녀의 무도회장인 브로켄 산에서 마법이 일어나는 동안 파우스트 박사가 묻는다. "도대체 저 사람은 누구인가?" 이에 메피스토펠레스가 대답한다. "릴리스지요……. 아담의 첫 번째 아내 말이오. 그녀의 아름다운 머리카락을 조심해야 하오. 그리고 그녀가 입고 있는 옷도 조심하시오. 만일 그녀가 저 옷으로 젊은 남자를 유혹하면 절대 놓아주는 법이 없거든요." 앞 글, 18에서 재인용.

20   필리스 트리블, 「이브와 아담: 창세기 2~3장에 대한 재조명」, 이우정 편, 《여성들을 위한 신학》(서울: 한국신학연구소, 1990), 154 참고.

21   앞 글, 155.

22   그런데 양식비평에 의하면, 히브리 문학에서는 한 단원의 중심점이 시작과 끝에 나타나는 '반지 모양의 문장 구조'가 있다고 한다. 창세기 2장이 이러한 구조의 전형이라는 것이다. 그렇다면, 사건의 순서를 근거로 하여 여성의 종속성을 입증하는 일은 결코 타당하지 않다. 앞 글, 152.

23 Augustine, de grat. ch. et. pecc. orig. 2, 40 ; de Genesi ad Lit, 9, 5 ; 로즈마리 R. 류우터, 「그리스도교는 여성혐오의 입장에 서 있는가」, 이우정 편, 《여성들을 위한 신학》 256~257.

24 Augustine, de Trinitate 7, 7, 10 ; R. R. 류터, 《성차별과 신학》, 안상님 역(서울: 대한기독교 출판사, 1985), 108.

25 이것은 2세기 교부 터툴리안이 쓴 용어로, 그는 "여성은 하나님의 법을 어긴 최초의 인물이고, 남성의 타락을 초래하였으며, 급기야 그녀의 죄로 인해 그리스도께서 죽임을 당해야 했"으므로, 여성의 본성에는 이러한 죄의 낙인이 영원히 찍혀 있다고 보았다. Tertullian, "de cultu feminarum 1, 1.", in Katherine M. Rogers, *The Troublesome Helpmate: A History of Misogyny in Literature*(Seattle: University of Washington Press, 1966), 14.

26 로즈마리 R. 류우터, 「그리스도교는 여성 혐오의 입장에 서 있는가」, 260.

27 Martin Luther, 「Lectures on Genesis, Gen. 2:18」, in Jaroslav Pelikan(ed.), *Luther's Works,* vol. 1,(St. Louis: Concordia Publishing House, 1958), 115 ; R. R. 류터, 《성차별과 신학》, 110.

28 R. R. 류터, 《성차별과 신학》, 111.

29 Karl Barth, *Church Dogmatics,* vol. 3, Sec. 4(Edinburgh: Clark, 1975), 158~172 ; R. R. 류터, 《성차별과 신학》, 111.

30 우어줄라 쇼이 엮음, 《여자로 살기, 여성으로 말하기: 521명의 여성들이 들려주는 삶의 지혜》, 전옥례 역(서울: 현실문화연구, 2003), 406.

31 클라우스 베스터만, 《창조》, 황종렬 역(왜관: 분도출판사, 1991), 151.

32 앞 글, 152.

33 필리스 트리블, 「이브와 아담: 창세기 2~3장에 대한 재조명」, 160.

34 앞 글, 같은 쪽.

35 하나님은 남자와 여자에게 각각 "어쩌다가 이런 일을 저질렀느냐"라고 추궁하신다. 그러나 뱀은 어떤 질문도 받지 않는다. 앞서 유혹 설화에서 뱀이 여자와 이야기를 나누는 장면을 고려하면, 하나님도 형벌을 선고하기 전에 뱀에게 직접 물었어야 옳다. 그러나 뱀에 대한 물음이 생략됨으로써 우리는 두 가지 결론에 도달하게 된다. 하나는 악의 기원을 뱀에게 두면 안 된다는 재확인이고, 다른 하나는 오직 인간만이 자신의 행위에 스스로 책임을 지는 존재로 신 앞에 선다는 사실이다. 클라우스 베스터만, 《창조》, 161 참고.

36 월트 바브 래리모어, 《그 남자의 테스토스테론 VS 그 여자의 에스트로겐》, 임신희 역(서울: 살림, 2008), 266.

37   Robert Graves and Raphael Patai, *Hebrew Myths: The Book of Genesis*, 69.

38   안성림·조철수 공저, 《사람이 없었다 신도 없었다: 구약성경 창세기 1~11장과 고대 메소포타미아》(서울: 서운관, 1995), 309.

39   클라우스 베스터만, 《창조》, 141.

40   안성림·조철수 공저, 《사람이 없었다 신도 없었다》, 310.

41   바빌로니아의 창조시 '에누마 엘리쉬'는 7개 토판에 1,100줄이 조금 넘는 긴 이야기로, 고대 메소포타미아에서 지금까지 발굴된 토판 가운데 비교적 보존 상태가 가장 좋은 창조 이야기에 해당한다. 바빌론의 수호신인 마르둑을 모시는 사제 그룹이 쓴 이 서사시는 마르둑의 권능과 업적을 찬양하는 내용을 주로 담았다. 앞 글, 111~136 참고.

42   클라우스 베스터만, 《창조》, 80.

43   앞 글, 같은 쪽.

44   Chung-shin Park, *Protestantism and Politics in Korea*(Seattle and London: University of Washington Press, 2003), chap. 1, 4 참고.

45   우어줄라 쇼이 엮음, 《여자로 살기, 여성으로 말하기》, 409.

46   앞 글, 407.

47   한스 요하임 마츠, 《릴리스 콤플렉스》, 25 참고.

2장_ 이스라엘 민족의 조상이 된 불임 여인, 사라

48   한편 창세기 1~11장까지를 학자들은 통상 "전역사Pre-history" 또는 "원역사Primeval history"라고 부른다. 여기에는 창조로부터 이스라엘 역사가 시작되기 전까지 범우주적인 보편 역사가 기록돼 있다.

49   족장 설화는 구전口傳으로 전해져 내려오다가 왕국 시대에 이르러 비로소 문자로 기록되었으므로, 사실상 기원전 1000~900년경의 야훼기자(J기자: 하나님의 부름말을 '야훼'로 사용하는 문서 저자)는 물론, 주전 800~700년경의 엘로힘기자(E기자: 하나님의 부름말을 '엘로힘'으로 사용하는 문서 저자)의 신학도 담겨 있다고 보아야 한다. 다시 말해 족장 설화 속에는 기원전 2000년에서 기원전 700년까지의 이야기와 신학이 모두 들어 있다고 볼 수 있으며, 따라서 이스라엘 역사와 조상들의 삶을 이해하는 데 매우 중요한 자료가 됨을 알 수 있다. 이경숙, 「이스라엘의 조상 사라와 베두인의 조상 하갈 이야기」, 〈기독교사상〉 410호(1993년 2월호), 159 참고.

50 　왕대일, 「사라의 웃음과 하갈의 울음(1)」, 〈세계의 신학〉 13호(1991. 12.), 73.

51 　고대 도시국가로서 우르에 관한 상세한 설명은 존 드레인, 《성경의 탄생》, 서희연 역(서울: 옥당, 2011), 74~81 참조.

52 　표준새번역 개정판에는 "하갈은 자기가 임신한 것을 알고서 자기의 여주인을 깔보았다"(창세기 16:4)라고 나온다. 개정개역판은 '깔보았다' 대신에 '멸시했다'는 표현을 썼다. 그런가 하면 공동번역에는 '업신여겼다'로 나온다. 그런데 히브리어 원문의 문자적인 뜻은 "그녀의 여주인이 그녀의 눈에 가벼웠다" 정도로 번역하는 게 맞다고 한다. 한국어 번역뿐 아니라 영어 번역에서도 하갈이 사래를 '경멸' 내지 '멸시'했다는 강한 표현을 써서 하갈에 대한 부정적인 인식을 하도록 조장하고 있다. 하지만 하갈은 권력관계에서 여전히 약자였기 때문에 사래를 경멸하거나 멸시했다고 보기는 어렵다. Robert Alter, *Genesis: Translation and Commentary*(NY: W.W. Norton and Commpany, Inc., 1996), 68.

53 　유연희, 「어디서 와서 어디로 가는가(창세기 16:8)-페미니스트 비평과 하갈과 사라 이야기(창세기 16장과 21장)」, 〈구약논단〉 제13권 1호 통권 23집(2007. 3.), 113.

54 　이것은 구약성서학자 궁켈의 평가로, 그는 사래가 아내로서의 자부심이 강한 여자로 매우 주관적이고 열정적이며 사납고 질투하고 잔인하다고 보았다. 반면에 사람 좋고 의로운 아브람은 성깔 있는 아내 때문에 혼자서 한숨을 쉬었을 거라고 편파 판정을 내린다. Hermann Gunkel, *Genesis*(Macon: Macer University Press, 1997), 226.

55 　학자들은 창세기 16장과 21장이 원래는 같은 기본 설화를 가지고 있던 두 개의 평행문이라고 밝힌다. 다만 21장에 나오는 하갈과 아브람에 대한 묘사가 훨씬 감동적이고 심리 묘사가 뛰어난 것으로 보아 이것이 더 후대의 작품이라고 추론한다. 즉, 16장은 J기자의 설화요, 21장은 E기자의 작품이라는 것이다. 한편 야훼가 '잔인한' 명령을 내리는 문제의 16장 9절은 두 이야기를 자연스럽게 연결하기 위한 후대 설화자(E)의 삽입이라고 본다. 그러므로 이 구절에 근거해 하나님을 '가진 자의 하나님'으로 보는 것은 핵심 메시지를 놓치는 결과를 야기한다는 것이다. 이경숙, 「이스라엘의 조상 사라와 베두인의 조상 하갈 이야기」, 〈기독교사상〉 410호(1993년 2월호), 163.

56 　필리스 트리블은 창세기 16장과 21장을 '하갈의 이야기'로 읽었다. 즉, 하갈은 외국인 여성 노예로서 여주인에게 이용당하고 학대받고 버림받는 죄 없는 희생자를 대변한다는 것이다, 《성서에 나타난 여성의 희생》, 최만자 역(서울: 전망사, 1989), 13~52 참고.

57 　Walter Brueggemann, *Genesis-Interpretation: A Bible Commentary for Teaching and Preaching*(Atlanta: John Knox Press, 1982), 152~153. 그는 특히 창세기 21장을 주해하면서 이스마엘이 물을 얻는 장면(10절)을 가장 감동적이고 섬세한 하나님의 자비가 드러나는 대목으로 꼽았다.

58 　Lesle Brisman, The Voice of Jacob: *On the Composition of Genesis*(Bloomington & Indianapolis: Indiana University Press, 1990), 42.

59 왕대일의 해석이 이를 뒷받침한다. 왕대일, 「사라의 웃음과 하갈의 울음(1)」, 64.

60 앞 글, 72 참고.

61 개역한글판에서는 이스마엘이 이삭을 "희롱하는지라"(창세기 21:9)로 번역하였다. 그래서 혹자는 이스마엘이 이삭을 '성행위에 가까운 애무'를 한 것으로 이해하기도 한다. 다음 책이 대표적이다. 김서택, 《창세기 강해설교 4(18-21장): 불의한 시대를 사는 의인들》(서울: 홍성사, 2000), 216~217 참고 ; 그러나 이 대목에서 히브리어 '예사학/yesahak'을 성적 학대의 의미를 내포하는 '희롱'으로 번역하는 데는 무리가 있다고 한다. 성기문, 「사라가 하갈을 추징한 까닭은?」, 〈교회와 문화〉 10(2003), 38~40 참고 ; 한편 개역개정판에서는 표현을 한층 순화하여 '놀리는지라'로, 표준새번역 개역판에서도 '놀리고 있었다'로 바꾸었지만, 이 또한 좋은 번역은 아니다. 오히려 정황상 '함께 노는' 것으로 옮긴 공동번역이 원뜻에 가장 가깝다. 둘이 '함께 장난을 치며 논다'는 표현은 민영진의 풀이를 따른 것이다. 민영진, 「하갈과 이스마엘」, 〈새가정〉 461호(1995), 74.

62 성기문은 하갈과 이스마엘을 내쫓는 사라의 처신이 이삭의 장자권을 보호하려는 과민반응이 빚어낸 결과라고 해석한다. 성기문, 「사라가 하갈을 추징한 까닭은?」, 49 ; 그러나 아무리 그렇다고 해도, 고대 근동지방의 관습에 의하면, 하갈과 이스마엘이 정당한 상속분을 받지 못하고 쫓겨난 것은 일반적이지 못하다.

63 '그두라'는 히브리어로 '향기'를 뜻한다. 아브라함과의 사이에서 여섯 아들을 낳은 그녀지만, 이삭의 장자권을 보호하기 위해 분가에 동의하는 대목은 오랜 여운을 남긴다.(창세기 25:5-6 참고)

64 민영진, 「하갈과 이스마엘」, 76~77.

65 Terence E. Fretheim, "Genesis", *The New Interpreter's Bible*, Vol. 1(Nashville: Abingdon, 1994), 455.

66 Renita J. Weems, *Just a Sister Away: A Womanist Vision of Women's Relationships in the Bible*(San Diego, CA: LaraMedia, 1988), 18.

67 Sabina J. Teubal, *Sarah the Priestess: The First Matriarch of Genesis*(Athens, OH: Swallow Press, 1984), 42.

68 Sabina J. Teubal, *Hagar the Egyptian: The Lost Tradition of the Matriarchs*(San Francisco: Harper & Row, 1990), 46.

69 앞 글, 133.

70 유연희, 「어디서 와서 어디로 가는가?」, 113.

71 나는 여성과 영성이 글자 형태상 '동그라미(O)' 하나 차이라는 게 신기하다는 생각을 종종 한다. 원은 지구와 자궁의 전형적인 표상이다. 텅 비어 있으되, 그렇기 때문에 뭇 생명이 깃

들어 살 수 있는 생명의 요람이고, 하나의 중심이 해체된 자리에, 서로 연결된 무수한 주변이 중요하게 부각되는 민주적이며 비폭력적인 구조의 상징이다. 구미정, 《호모 심비우스: 더불어 삶의 지혜를 위한 기독교 윤리》(서울: 북코리아, 2009), 제1장 참고. 특히 35~36 참고.

72 매튜 폭스, 《영성-자비의 힘》, 김순현 역(서울: 다산글방, 2002).

73 앞 글, 105~143 참고.

74 앞 글, 121. 이 노래는 원래 미국 개신교 어린이 찬송가에 들어 있는 *야곱의 사다리 오르기* 가사를 매튜 폭스가 *사라의 춤추기*로 개사한 것이다. 한편 캐롤 에이 에츨러Carol A. Etzler는 자신의 앨범 〈Sometimes I Wish〉(Sisters Unlimited, Atlanta, Gregoria, 1976)에서 이 곡에 자신의 가사를 붙여 부르기도 했다.

3장_ 히브리 노예 해방을 이끈 모세의 누이, 미리암

75 이집트 제국에서 도망친 무리를 흔히 "히브리"라고 부르는데, 이 개념은 혈통에 의한 민족 개념이 아니고 그 당시 하층민을 가리키는 계급 용어였다. 메소포타미아, 힛타이트, 시리아, 페니키아, 가나안, 이집트 등에서 발굴된 고고학적 문서들에 나오는 '하비루habiru', '아피루apiru', '하피루hapiru' 등과 같은 용어로, 이 단어의 용례를 보면, 포도원에서 포도를 만드는 일꾼, 전쟁 포로, 채석장에 동원된 강제 노역자, 신전 건설에 동원된 부역자, 노예, 용병, 강도, 반란자, 탈법자, 도망자, 망명자, 농업 노동자 등을 가리켰다. 요컨대, 성경에서 모두 35회 등장하는 '히브리'는 '떠돌이'의 의미로 새겨야 옳다. 이렇게 보면, 아브라함, 이삭, 야곱은 전형적인 히브리 중의 히브리로서, 일단의 히브리 무리를 이끌었던 족장으로 이해할 수 있다. 이스라엘 사람들은 자신들의 하나님이 "아브라함의 하나님, 이삭의 하나님, 야곱의 하나님"이라고 고백하면서, 자신들의 뿌리가 떠돌이였음을 잊지 않고자 했다. 김경호, 《야훼 신앙의 맥: 생명과 평화의 눈으로 읽는 성서 1-오경》(서울: 생명나무, 2007), 116~121 참고 ; 박준서, 「구약에 나타난 하나님」, NCC 신학연구위원회 편, 《민중과 한국신학》(서울: 한국신학연구소, 1982), 133~150 참고.

76 모세 설화는 하나님의 구원 섭리의 오묘함을 보여준다. 예컨대, "아기 모세를 구해낸 사람들은 산파들과 미리암, 파라오의 딸과 그 시녀들, 그리고 모세의 어머니였다. 이들은 모두가 여성들이었다. 반면에 모세를 죽이려 했던 세력은 남성들이었다. 이 기묘한 구도 속에서 우리는 설화자가 보여주는 해방과 혁명의 정신을 본다. 가부장적인 남성의 절대 우위의 구조 속에서 설화자는 여성에게서 구원의 빛을 본다. 이것은 세계의 구원이 '히브리'라고 하는 미천한 자들을 통해 이루어지는 것이라고 보는 그의 믿음과 일치한다." 한국신학연구소 성서 교재위원회, 《함께 읽는 구약성서》(서울: 한국신학연구소, 1991), 71.

77 존 드레인, 《성경의 탄생》, 110~121 참고 ; 남홍진, 《성서 맛들이기 8: 평신도를 위한 성서학 강좌》(서울: 성서와 삶, 2009), 16~19 참고 ; 성서와 함께 편집부, 《어서 가거라: 출애굽기해석》(서울: 성서와 함께, 1999), 46~54 참고.

78 '힉소스Hyksos'라는 이집트어 자체가 '외국에서 온 통치자'라는 뜻이다. 대략 150년 동안 이집트를 다스린 힉소스 왕들은 이집트와 팔레스타인, 시리아를 포함한 막강한 제국을 건설했다. 한편 힉소스라는 말은 '약탈자'를 뜻하는 '사소우Shasou'에서 파생된 '약탈자들의 두목Hik-Ehasou'이라는 단어와 연관성이 있다. 남홍진, 《성서 맛들이기 8》, 18.

79 이하 파라오의 3단계 정치적 폭력에 대해서는 한미라, 《여자가 성서를 읽을 때》(서울: 대한기독교서회, 2002), 131 참고.

80 존 드레인, 《성경의 탄생》, 110.

81 이런 설정은 다음의 족보를 배경으로 한 것이다. "아므람의 아내의 이름은 요게벳인데, 그는 레위가 이집트에서 얻은 딸이다. 요게벳은 아므람에게서 아론과 모세와 그 누이 미리암을 낳았다."(민수기 26장 59절) 여기서 미리암이 제일 끝에 기록된 것은 태어난 순서에 따른 것이라기보다는 딸이어서 그럴 가능성이 크다.

82 성경에는 모세가 시내산에서 십계명이 새겨진 돌판 두 개를 가지고 내려올 때 그의 얼굴에서 "빛이 났다"(출애굽기 34:29, 30, 35)라고 기록한 기사가 있다. 히브리어는 본래 모음이 없고 자음만 있어서 원문은 'krn'으로만 적혀 있는데, 이게 '빛이 나다'는 뜻이 되려면 통상 'karan'으로 읽는다. 그러나 히에로니무스가 라틴어로 번역하면서 '뿔이 나다'는 뜻의 'keren'으로 옮기는 바람에 미켈란젤로가 그런 실수를 했다는 설도 있다. 이동희, 「머리에 뿔 달린 모세(1)」, 〈기독교사상〉 통권 608호(2009년 8월호), 177~180 참고.

83 이집트 신화와 종교 의식에 대한 이해는, 멜리사 리틀필드 에플게이트, 《벽화로 보는 이집트 신화》, 최용문 역(서울: 해바라기 출판사, 2000) 참조. 특히 70~72 참고.

84 성서와 함께 편집부, 《어서 가거라》, 61.

85 그 근거는 다음의 본문이다. "그들이 바로에게 말할 때에, 모세의 나이는 여든 살이고, 아론의 나이는 여든세 살이었다."(출애굽기 7:7)

86 Phyllis Trible, "Bringing Miriam out of the Shadows", Athalya Brenner(ed.), *A Feminist Companion to Exodus to Deuteronomy*(Sheffield: Sheffield Academic Press, 1994), 182.

87 J. Gerald Janzen, "Song of Moses, Song of Miriam: Who is Seconding Whom?", Athalya Brenner(ed.), *A Feminist Companion to Exodus to Deuteronomy*(Sheffield: Sheffield Academic Press, 1994), 187~199 참고.

88 Phyllis Trible, "Bringing Miriam out of the Shadows", 172.

89 마르틴 노트는, 고대 이스라엘에서는 황홀경ecstasy과 제의적 노래가 밀접히 연결되어 있었기 때문에, 미리암은 사람들을 황홀경에 빠지도록 이끄는 열광자ecstatic였을 것이라고 본다. Martin Noth, *Exodus*, trans. by J. A. Bowden(London: SCM Press, 1962), 123. 그러나 서명수는 홍해를 건너 출애굽을 즐거워하는 분위기는 해방의 기쁨 그 자체이지, 어떤 제의적 열광의 성격을 지니는 것은 아니라고 못을 박는다. 서명수, 「미리암의 저항과 도전」, 〈신학논단〉 제29집(2001. 8.), 90.

90 Phyllis Trible, "Bringing Miriam out of the Shadows", 183.

91 앞 글, 172.

92 구스 여인은 통상적으로 미디안 여인으로 알려진 십보라를 가리킬 수도 있고, 아니면 십보라 사후 모세가 맞아들인 둘째 부인일 수도 있다. 김회권, 《하나님 나라 신학의 관점에서 읽는 모세오경 2》(서울: 대한기독교서회, 2006), 138.

93 앞 글, 같은 부분.

94 출애굽기 33장 20절에 의하면, 하나님은 당신의 얼굴을 보고 싶다고 간청하는 모세에게 이렇게 말씀하신다. "내가 너에게 나의 얼굴을 보이지 않겠다. 나를 본 사람은 아무도 살 수 없기 때문이다." 그래서 결국 모세는 하나님의 '등'만 보았을 뿐, 얼굴은 못 봤다는 것이다. 이 본문에 비추어볼 때, 민수기 12장 6~8절은 노골적인 모세 편향을 드러낸다.

95 Morris Jastrow, "The So-called 'Leprosy' Laws: An Analysis of Leviticus, Chapters 13 and 14", *Jewish Quarterly Review* 1913~14(2004), 357~418 참고.

96 Alice L. Laffey, *An Introduction to the Old Testament: A Feminist Perspective*(Philadelphia: Fortress Press, 1988), 53.

97 "솔로몬 왕은 외국 여자들을 좋아하였다. 이집트 바로의 딸 말고도, 모압 사람과 암몬 사람과 에돔 사람과 시돈 사람과 헷 사람에게서, 많은 외국 여자를 후궁으로 맞아들였다. 주님께서 일찍이 이 여러 민족을 두고, 이스라엘 자손에게 경고하신 일이 있다. '너희는 그들과 결혼을 하고자 해서도 안 되고, 그들이 청혼하여 오더라도 받아들여서는 안 된다. 분명히 그들은 너희의 마음을, 그들이 믿는 신에게로 기울어지게 할 것이다.' 하고 말씀하셨다. 그런데도 솔로몬은 외국 여자들을 좋아하여 마음을 돌리지 못했다. 그는 자그마치 칠백 명의 후궁과 삼백 명의 첩을 두었는데, 그 아내들이 그의 마음을 사로잡았다."(열왕기상 11:1-3) 참고.

98 이에 대한 상세한 설명과 해석은 성경 외에도 김회권, 《하나님 나라 신학의 관점에서 읽는 모세오경 2》, 140~172 참고.

99 "그들이 나를 철저히 따르지 아니하니, 이집트에서 나온 이들 가운데서 지금 스무 살이 된 사람으로부터 시작하여 그 위로는, 어느 누구도, 내가 아브라함과 이삭과 야곱에게 주기로 맹세한 그 땅을 볼 수 없을 것이다. 다만 그나스 사람 여분네의 아들 갈렙과 눈의 아들 여호수아는, 나 주를 철저히 따랐으므로 예외이다."(민수기 33:11) 참고.

100 서명수, 「미리암의 저항과 도전」, 80 참고.

101 앞 글, 85.

102 앞 글, 88.

103 이스라엘 병사들이 미디안과 전쟁을 치르고 돌아오면서 미디안 여인들을 사로잡아 오자, 모세가 다음과 같이 야단치는 대목이 나온다. "(포로 가운데) 남자와 동침하여 사내를 안 일이 있는 여자는 다 죽이시오. 여자들 가운데서 남자와 동침하지 않아 사내를 안 일이 없는 처녀는 당신들이 차지할 몫으로 살려 두시오."(민수기 31:17-18) 그때 끌려온 처녀가 모두 '3만 2,000명'이었는데, 그 가운데 절반이 전쟁에 나갔던 군인들의 몫으로 돌아갔다고 한다.(민수기 31:35-36) 나머지는 아마도 노예로 전락했을 것이다.

104 서명수, 「미리암의 저항과 도전」, 95 ; 김회권도 모세가 '유아독존적 지도력'을 드러내고 있음을 놓치지 않는다. "모세는 이스라엘 공동체 안에서 증대되는 카리스마적 지도력으로 말미암아 모든 공동체 구성원들의 송사를 독점적으로 주관하는 유아독존적 지도자의 면모를 드러낸다. …… 자신에게 쏠리는 백성들의 아우성을 분산시키고 지도력을 나눠 가질 온유함이 필요한 시점이 도래한 것이다." 출애굽기 18장을 주해하면서 김회권은, 모세가 미디안의 제사장이자 장인인 이드로를 통해 오십부장과 백부장이라는 중간 지도자를 세우라는 조언을 받고, "집착적인 자기 과신의 짐으로부터 구출"되었다고 평가한다. 김회권, 《하나님 나라 신학의 관점에서 읽는 모세오경 1》(대한기독교서회, 2005), 252~253 참고.

105 카리스마를 신성과 연관 지어 규정하고, 그 특징을 잘 규명한 학자로 막스 베버가 있다. Max Weber, *The Theory of Social and Economic Organization*, trans. by A. M. Henderson and Talcott Parsons(New York: Oxford University Press, 1947), 358~359 참고.

106 정숙자, 《하나님의 모습을 찾아서: 성서와 파트너십》(서울: 여성신학사, 1997), 47.

107 이것에 대해 김회권은 이스라엘의 전통은 '지도자의 비신화화'에 있다고 주해한다. 김회권, 《하나님 나라 신학의 관점에서 읽는 모세오경 2》, 167, 373.

108 필자는 또 다른 글 "신의 신학"에서 모세의 일생에서 가장 장엄한 순간을 이 장면으로 꼽았다. 구미정, 《한 글자로 신학하기》(서울: 대한기독교서회, 2007), 223~224 참고.

109 이 문장은 바울의 설교에서 인용한 것이다. 바울은 소위 영적 리더가 빠질 수 있는 오만함의 함정에 대해 이렇게 경고한다. "어떤 사람은 '나는 바울 파다' 하고, 또 다른 사람은 '나는 아볼로 파다' 한다면, 여러분이 육에 속한 사람이 아니고 무엇이겠습니까? 아볼로는 무엇이고, 바울은 무엇입니까? 아볼로와 나는 여러분을 믿게 한 일꾼들이며, 주께서 우리에게 각각 맡겨주신 대로 일했을 뿐입니다. 나는 심고, 아볼로는 물을 주었습니다. 그러나 하나님께서 자라게 하셨습니다. 그러므로 심는 사람이나 물을 주는 사람은 아무것도 아니요, 자라게 하시는 분은 하나님뿐이십니다."(고린도전서 3:4-7)

4장_ 가나안 해방의 물꼬를 튼 창녀, 라합

110 한국신학연구소 성서교재위원회, 《함께 읽는 구약성서》, 97.

111 앞 글, 98.

112 김호경, 《여자, 성서 밖으로 나오다》(서울: 대한기독교서회, 2006), 80.

113 앞 글, 83.

114 이 말은 나치 치하의 독일에서 히틀러 암살에 가담한 죄목으로 39세의 젊은 나이에 사형당한 디트리히 본회퍼(Dietrich Bonhoeffer, 1906~1945) 목사가 한 말이다. 그는 나치에 부역하기 바쁜 당시 교회의 행태를 고발하면서 '싸구려 상품'으로 전락한 '값싼 은혜cheap grace'야말로 교회의 "철천지원수deadly enemy"라고 규정하고, 철저한 '예수 따름'을 본질로 하는 '값비싼 은혜'를 부르짖었다. 이 은혜가 값비싼 것은 생명을 대가로 치르기 때문이다. 디트리히 본회퍼, 《디트리히 본회퍼 묵상 52》, 이신건 역(서울: 신앙과 지성사, 2010), 100~104 참고.

115 앞의 '사라' 편 참고.

116 나다니엘 호손, 《주홍글씨》, 조승국 역(서울: 문예출판사, 2004). 이 책은 1850년에 출판된 호손의 첫 번째 장편소설로, 여주인공 헤스터 프린과 딤즈데일 목사의 불륜을 소재로 다룬 것이다. 헤스터 프린이 가슴에 단 주홍글씨 A는 '간음Adultery'의 머리글자로, 초기 청교도 신앙의 가혹한 율법주의를 고발하는 장치이기도 하다.

117 '여호와 이레'는, 아브라함이 모리아 산에서 이삭을 바치려고 할 때 하나님이 숫양을 미리 준비하신 데서 유래한 말로 '하나님이 준비하신다'라는 뜻의 히브리어이다.(창세기 22:1-14 참고)

118 Francine Rivers, *Unshamed: Rahab*(Carol Stream, Ill.: Tyndale House Publishers, Inc., 2000).

119 출애굽기 6장 23절에 의하면, "아론은 암미나답의 딸이요 나손의 누이인 엘리세바와 결혼"했다. 그러니까 나손의 아들인 살몬에게는 아론이 고모부가 되는 셈이다.

120 Cynthia Leavelle, *The Cord: The Love Story of Salmon and Rahab*(Bloomington, IN: Crossbooks, 2010).

5장_ 사사 시대에 태평성대를 이룬 예언자, 드보라

121 사사는 왕이 아니기 때문에 이스라엘 전체를 다스리기 어려웠다. 사사기는 각각의 지역에서 활동한 사사들의 활약을 적고 있는데, 남부지역(3:7-31), 북부지역(4:1-5:31), 중부지역(6:1-

10:5), 동부지역(10:6-12:15), 서부지역(13:1-16:31) 순이다. 이러한 기록 방식은 사사기가 연대순으로 기록되지 않았음을 보여준다.

122 사사 시대 및 사사의 특징에 대해서는 김경호, 《새 역사를 향한 순례: 생명과 평화의 눈으로 읽는 성서 2-역사서》(서울: 생명나무, 2007), 37~38 참고.

123 여기서 왕은 단지 기피의 대상이며 조롱거리일 뿐이다. 앞 글, 39 참고.

124 앞에서 다룬 '미리암' 편 참고.

125 위르겐 케글러에 따르면, 성경에는 "그 날 드보라와 아비노암의 아들 바락이 이런 노래를 불렀다"(사사기 5:1)고 해서 둘이 함께 부른 것처럼 나오지만, 사실 동사가 3인칭 단수 여성형이기 때문에 드보라만이 문장의 주어가 되어야 한다고 말한다. 그런데도 바락의 이름을 삽입한 것에 대해 케글러는 "남성 교정자가 개입하여 문장상 조악하지만, 남자인 바락도 함께 노래하는 것으로 만든 것이 분명하다."라고 지적하면서, "그 결과 드보라라는 여성의 독점적인 역할은 상대화"되었다고 평가한다. 위르겐 케글러, 「드보라: 가부장제 사회에서 한 여인이 발휘한 정치적 기능에 대한 고찰」, 김윤옥 편, 《여성해방을 위한 성서연구》(서울: 한국신학연구소, 1988), 79~80.

126 구약성경에 등장하는 '야훼 전쟁'의 특징에 대해서는 한국신학연구소 성서교재위원회, 《함께 읽는 구약성서》, 103~104 참고.

127 유연희, 「21세기에도 잘 나갈 만한 성서지도자」, 〈새가정〉 통권 581호(2006. 9.), 36~39

128 위르겐 케글러는 '드보라의 노래'의 이 부분조차도 신랄한 조소를 담고 있다고 지적한다. 즉, "남성들은 노획물의 분배로 시간이 걸린다. 노획물 가운데 남성들에게 가장 값진 것은 약탈해온 여인들이다. …… 성적 대상을 노획하는 것은 남성들에게는 전쟁에서 제일 중요한 일이며, 집에 남아 있던 여성들에게는 옷 몇 벌이나 색색의 옷감들이 주어질 뿐이다." 이와 같이 이 노래는 "남성들의 성차별적인 태도에 대한 조소적인 비판을 포함하고 있다." 위르겐 케글러, 「드보라: 가부장제 사회에서 한 여인이 발휘한 정치적 기능에 대한 고찰」, 95.

129 Rivkat Bat Meir, *Meneket Rivkah: A Manual of Wisdom and Piety for Jewish Women,* trans. by Frauke Von Rohden(Philadelphia: The Jewish Publication Society, 2009), 119.

130 위르겐 케글러, 「드보라: 가부장제 사회에서 한 여인이 발휘한 정치적 기능에 대한 고찰」, 84 ; 케글러는 드보라의 특이성이 아마도 "단순히 싸움의 노래로 남성들에게 용기를 주고 격려했을 뿐만 아니라 남성들을 따라 전쟁터로 나갔다는 점에 있을 것"이라고 말한다. 앞 글, 91 ; 그런데 "그녀의 싸움은 억압에 대한 저항을 위해서만이 아니라 여성들을 위한 것이기도 했다. 이 노래는 당시 여성들의 자의식을 고양하려는 의도를 갖는 문서인 것 같다." 앞 글, 95.

131 한국이 낳은 위대한 사상가이며 예수 따르미였던 다석 유영모는 '하나님은 없이 계신다'는

명제로, 소위 '있음'(존재) 중심의 서양 형이상학에 도전하였다. 이기상, "'태양을 꺼라!' 존재 중심의 사유로부터의 해방", 김흥호·이정배 편, 《다석 유영모의 동양사상과 신학》(서울: 솔 출판사, 2002), 43~54 참고.

132 필자는 "공의 신학"이라는 제목의 글에서 드보라의 지도력을 '공'으로 풀이한 적이 있다. 구미정, 《한 글자로 신학하기》, 237~238 참고.

133 김명현, 「민족의 지도자인 여성들」, 한국여신학자협의회 편, 《함께 참여하는 여성신학》(서울: 대한기독교서회, 1997), 87.

6장_ 다윗 왕의 조상이 된 이방여인, 룻

134 블레셋은 고대 근동지역에서 처음으로 철기 문화를 선보일 만큼 앞선 군사력을 자랑하고 있었다. 언제든 무력 침공을 감행할 수 있도록 잘 훈련된 상비군과 용병제도를 운영하면서 주변 약소국을 잠식해 들어갔다. 방어체제라고는 각 지파에서 한시적으로 소집된 민병대밖에 없던 이스라엘로서는 이런 블레셋의 존재야말로 공포의 대상이 아닐 수 없었을 것이다. 이에 대해서는 김경호, 《새 역사를 향한 순례》, 96~97 참고.

135 제2차 바티칸 공의회(1962~1965)에서 세계 그리스도교의 일치를 위해 구교와 신교가 함께 성경을 번역하여 사용할 것을 권장하면서, 우리나라에서도 1968년 1월에 '성서번역 공동위원회'가 조직되었다. 가톨릭계에서 3명, 개신교계에서 7명이 참여한 이 번역 작업은 오랜 연구와 논의 끝에 1977년 4월 부활절을 기해 마침내 '공동번역 성경'의 발행으로 결실을 맺었다. 이 성경은 토비트, 유딧, 에스델, 지혜서, 집회서, 바룩, 다니엘, 마카베오 상·하 등 외경을 포함하여 모두 75권으로 구성되었는데, 이 가운데 에스델과 다니엘은 정경의 에스더기와 다니엘서와 내용이 겹치기 때문에 제외시켜서 73권이 되었다. 한편 개신교에서는 이들 외경이 다만 문학적 가치만 지닐 뿐, 경전으로 고백할 수 없다고 하여 대부분의 교회가 공동번역 성경을 사용하고 있지 않은 실정이다. 그러나 필자는 외경이 신앙생활에 유해하기보다는 도리어 유익하다는, 종교개혁자 마르틴 루터의 견해를 존중하여, 개신교인들에게도 공동번역 성경에 들어 있는 또 한 명의 여성, '유딧'을 소개하고자 한다.

136 민영진, 《이방 여인 룻 이야기》(서울: 한국신학연구소, 2000).

137 롯의 아내에 얽힌 불행을 주해하면서 전통적으로 수많은 설교자들과 주석가들이 그녀의 불신앙을 탓하는 전략을 취해왔다. 천사의 훈계를 좇지 않고 뒤를 돌아본 그녀의 행위는 미련하고도 어리석은 행위로, 또는 탐욕스러운 행위로 매도되는 게 통상적인 해석이었다. 이에 대해 기독교 시인으로도 활동하는 구약성서학자 민영진은 '롯의 아내를 변호함'이라는 제목의 시에서 다른 해석을 내놓았다. 그녀의 행위는 '피조물이 제 둥지에 보내는 마지막 애

도'로서 '최소한의 예의'였다는 것이다.

그러나 가부장적 종교는 천사의 요청을 재차 거절한(창세기 19:16, 18-19 참고), 게다가 만취 상태에서 딸들의 몸을 빌려 두 아들을 얻은 롯은 감싸고도는 반면, '금지된 작별의 몸짓 한 번으로' 소금기둥이 된 롯의 아내는 '방정맞은 여자'로 기억한다. 이러한 이중 잣대를 고발하는 이 시는 다음 책에서 볼 수 있다. 민영진, '롯의 아내를 변호함', 〈월간 창조문예〉 제 111호(2005. 4.)

138 민영진, 《성경 바로 읽기》(대한기독교서회, 2001), 171~174 참고 ; 표준새번역 성경은 불필요한 오해를 줄이기 위해 룻기 1장 2절과 4절을 순차대구로 표기했다.

139 유다는 유다지파의 선조로 야곱의 넷째 아들이다. 유다는 자신의 맏아들 에르와 결혼한 다말이 아들을 낳지 못했는데 에르가 죽자, 둘째 아들 오난에게 지시한다. "너는 형수와 결혼해서, 시동생으로서의 책임을 다해라. 너는 네 형의 이름을 이을 아들을 낳아야 한다."(창세기 38:8) 그러나 오난은 아들을 낳아도 그 아이가 자기 아들이 아니라 형의 아이가 된다는 것을 알고는 형수와 동침할 때마다 정액을 땅바닥에 쏟았다. 영어로 '수음' 또는 '질외사정'을 뜻하는 '오나니즘onanism'이라는 단어는 그의 이름에서 유래했다.

한편 그의 이런 태도는 명백히 장자권에 대한 도전이거니와 형수까지도 위험에 빠뜨리는 짓이기에 하나님이 그의 목숨을 거두어 가신다. 이에 유다는 막내아들 셀라를 보호하고자 다말을 친정으로 쫓아 보낸다. 하지만 오랜 세월이 흘러 유다의 아내가 죽은 다음에도 다말은 시집의 부름을 받지 못한다. 이에 꾀를 내어 유다의 씨를 받으니, 거기서 태어난 쌍둥이가 바로 베레스와 세라다. 그중 베레스에게서 장차 다윗과 예수가 태어나기에, 다말은 예수의 족보에 이름이 오르는 영광을 얻는다.(마태복음서 1:3)

140 이를테면 "모압아, 너에게 화가 미쳤다. 그모스 신을 믿는 백성아, 너는 망하였다. 아모리 왕시혼에게 꼼짝없이, 아들들이 쫓겨가고 딸들이 끌려갔다."(민수기 21:29)나 "모압아, 너에게 화가 미쳤다. 그모스 신을 믿는 백성아, 너는 이제 망하였다. 마침내, 네 아들들도 포로로 끌려가고, 네 딸들도 사로잡혀 끌려갔구나."(예레미야서 48:46) 같은 구절들에서 이스라엘 자손들에게 '모압'은 곧 '그모스 신을 믿는 백성'으로 각인돼 있음을 알 수 있다.

141 솔로몬의 치세를 비판하는 대목에서 성경 저자는 솔로몬이 "예루살렘 동쪽 산에 모압의 혐오스러운 우상 그모스를 섬기는 산당을 짓고, 암몬 자손의 혐오스러운 우상 몰렉을 섬기는 산당도 지었는데, 그는 그의 외국인 아내들이 하자는 대로, 그들의 신들에게 향을 피우며, 제사를 지냈다."(열왕기상 11:6-8)라고 고발한다.

142 예루살렘 근처에 있는 '게벳 힌놈'이라는 지명은 '힌놈 골짜기'라는 뜻인데, 이스라엘 사람들이 거기서 도벳 사당을 짓고 몰록을 예배하였기 때문에, 예레미야는 그곳을 "살육의 골짜기"라고 부른다.(예레미야서 7:32 참고) 신약성경에서는 이곳을 "게헨나"라고 불렀다. 그 말은 헬라어로 '지옥'이라는 뜻이다.

143 성경의 고엘 제도를 설명하고, 또 이를 한반도 분단 상황에서 남북한 동포 및 디아스포라 동포들에게 연결시켜 확대해석한 글로는, 민영진, "고엘鬭 정신의 한국적 적용", 《평화 통일 희

년》(대한기독교서회, 1995), 110~122 참고.

144 "보아스가 집안 간으로서 책임을 져야 할 사람에게 말하였다. '모압 지방에서 돌아온 나오미가 우리의 친족 엘리멜렉이 가지고 있는 밭을 팔려고 내놓았소……."(룻기 4:3)

145 "내가 집안 간으로서 그대를 맡아야 할 책임이 있다는 것은 틀림없소. 하지만 그대를 맡아야 할 사람으로, 나보다 더 가까운 친족이 한 사람 있소."(룻기 3:12)

146 유연희는 룻기를 읽는 다양한 접근을 소개한다. 가령, '착하게' 읽기, 로맨스로 읽기, 다윗의 족보 이야기로 읽기, 여성 사이의 연대로 읽기 등이 그것이다. 유연희, 「글로벌시민 룻의 달콤살벌한 성공기」, 한국기독교학회 제37차 정기학술대회(2008. 10. 17~18) 자료집(하), 550~554 ; 그러나 룻기를 '솔직하게' 읽으면, 다시 말해 저마다 다양한 욕망과 한계를 지닌 인간들의 부대낌으로 읽으면, 이전의 다른 독법에서 보이지 않던 '적나라한' 것들이 떠오른다. 그러한 가능성이 룻기 독서를 더욱 풍성하게 해줄 것이다. 이를테면 퓨얼과 군은 룻의 행동에 대해, 룻은 나오미의 생존이 자기 손에 달려 있다는 것을 은근히 암시하는 동시에, 실상은 자기가 원하는 일이지만, 겉으로는 모든 일이 나오미가 계획한 방식대로 전개되는 것처럼 나오미 스스로 믿게 내버려두고 있다고 해석한다. Danna Nolan Fewell and David Miller Gunn, *Compromising Redemption: Relating Charaters in the Book of Ruth*(Louisville: Westminster/John Knox Press, 1990), 80.

7장_ 전제군주의 횡포에 맞선 공주, 미갈

147 언약궤는 "하나님의 궤"(여호수아기 7:6), "법궤"(레위기 16:2), "증거궤"(출애굽기 25:22) 등 다양한 이름으로 불린 도금형 나무상자를 말한다. 그 안에는 십계명이 새겨진 돌판, 아론의 싹 난 지팡이, 만나가 담긴 항아리가 들어 있었다. 주로 레위 지파가 관리를 맡았으며, 솔로몬 왕이 예루살렘 성전을 건설한 다음부터는 성전의 지성소 안에 보관되었다.

148 사사기 19장에 나오는 일종의 강간·살인 사건이다. 이에 대한 여성신학적 해석으로는 필리스 트리블, 《성서에 나타난 여성의 희생》, 87~122 참고.

149 사울은 자신을 왕으로 세우려는 사무엘에게 이렇게 말한다. "저는 이스라엘 지파들 가운데서도 가장 작은 베냐민 지파 사람이 아닙니까? 그리고 저의 가족은 베냐민 지파의 모든 가족 가운데서도 가장 보잘 것 없는데, 어찌 저에게 그런 말씀을 하십니까?"(사무엘기상 9:21)

150 한편 역대지상 2:13~15의 족보에서는 일곱째 아들로 나온다. 아마도 이새의 아들 중 삼마(또는 심마)가 다윗이 왕이 되기 전에 죽은 듯하다.

151 김경호, 《새 역사를 향한 순례》, 119~120. ; 한편, 이스라엘 지파동맹체는 지파별 징병제도

에 의해 운영되었기 때문에 다윗의 개인 용병조직은 낯선 것이었을 뿐만 아니라, 사울 왕의 견제를 받는 원인이 되었다. 다윗은 사울에 의해 쫓기게 되자 자신의 사병조직을 이끌고 적국인 블레셋 성읍인 갓의 왕 아기스에게로 넘어가 무엇이든 하겠다고 제의하였다.(사무엘기상 27:1~4) 블레셋 왕은 이를 매우 기뻐하며 다윗을 봉신으로 삼아, 시글락이라는 성읍을 다스리도록 내어주기까지 했다. 적국인 블레셋으로 망명한 다윗 주변으로 사울체제에서 소외된 사람들이 모여듦으로써 다윗은 점점 더 막강한 권력을 갖게 된다. 이러한 군사력을 기반으로 헤브론 등지를 장악하고 사유화하여 마침내 유다 지파의 왕으로 등극하게 된 것이다. 한국신학연구소 성서교재위원회, 《함께 읽는 구약성서》, 123~124 참고.

152 Dana Nolan Fewell and David M. Gunn, *Gender, Power & Promise: The Subject of the Bible's First Story*(Nashville: Abingdon Press, 1994), 149 ; 한편 아브라함 카이퍼는 이 구절을 두고 미갈이 어떤 정치적 동기가 있었던 것으로 해석한다. 미갈은 단순히 사랑의 마음을 품은 수동적인 여성이 아니라 언제나 명성을 뽐내고자 분주히 일을 꾸몄는데, 다윗과의 결혼도 그 일환이라는 것이다. Abraham Kuyper, *Women of the Old Testament: 50 Devotional Messages for Women Groups*, trans. by Henry Zylstra(Grand Rapids: Zondervan Publishing Co., 1954), 109. 그러나 카이퍼의 견해와 달리, 본문은 미갈의 순수한 사랑만 언급할 뿐, 그녀의 정치적 동기에 대해서는 침묵한다.

153 이정희, 《살림의 상상력: 히브리 성서 읽기/민중의 말 알아듣기》(서울: 다산글방, 1992), 97~98.

154 이 부분은 라합 이야기의 영향을 받았을지도 모른다. Gnana Robinson, *1 & 2 Samuel: Let Us Be Like The Nations*(Grand Rapids, Michigan: Wm. B. Eerdmans Publishing Co., 1993), 107.

155 혹자는 미갈이 드라빔을 활용했다는 기사를 그녀의 신앙 문제와 연관 지어, 이것은 그녀가 야훼 이외의 다른 우상을 섬겼다는 뜻이라고 풀이한다. David F. Payne, *1 and 2 Samuel*, Old Testament Daily Study Bible Series(Louisville, Kentucky: Westminster John Knox Press, 1982), 101 ; 그러나 본문의 관심은 그녀의 침실에 드라빔이 있다는 사실을 부각시키는 데 있지 않고, 드라빔을 이용한 미갈의 지혜를 강조하는 데 있음을 확인할 필요가 있다. 설령 드라빔이 그 집에 있다는 사실에 방점을 찍는다 해도 이것을 순전히 미갈의 책임으로만 돌릴 수는 없는 것이, 이 집은 엄연히 "다윗의 집"(사무엘기상 19:11)이기 때문이다. 다윗의 용인 없이 미갈 혼자서 드라빔을 간직하고 또 숭배하기란 어려웠을 것이다. J. Cheryl Exum, "Michal", in Carol Meyers(ed.), *Women in Scripture: A Dictionary of Named and Unnamed Women in the Hebrew Bible, the Apocryphal/Deuterocanonical Books and New Testament*(Grand Rapids, Michigan: Wm. B. Eerdmans Publishing Co., 2000), 126.

156 장일선은 사울의 이러한 행태에 대해, 다윗이 미갈을 통해 사울의 왕좌를 넘보지 못하도록 차단하기 위한 정치 공작의 일환으로 풀이한다. 장일선, 「다윗의 아내 미갈과 아비가일에 대한 여성신학적 조명」, 〈한신논문집〉 제15집 1권(1998), 43 ; 한편 사울의 입장에서는 다윗이 아

내를 버리고 달아났으니 이른바 합법적인 이혼이 가능하다고 생각했을지 모른다. 데이비드 갈런드 & 다이애나 갈런드, 《상처받은 딸들의 하나님》, 임금선 역(서울: 도마의 길, 2007), 68.

157 미갈이 발디에게 넘겨진 이후의 침묵에 대해서는, 홍경원, 「본문의 미갈과 해석된 미갈」,〈신학연구〉제51집(2007), 87~89 참고.

158 아히노암은 후에 장남 암논을 낳는다. 정상적으로는 암논이 다윗의 후계자가 되어야 마땅하지만, 그는 이복누이 다말을 범하는 바람에 다말의 친오빠인 압살롬에게 살해당한다. 아비가일은 양떼 3,000마리, 염소떼 1,000마리를 가진 부호 나발의 아내였다가, 나발이 죽는 바람에 다윗의 아내가 된다. 특히 아비가일에 대한 전통적인 해석과 여성신학적 해석의 충돌에 대한 장일선의 연구가 흥미롭다. 앞 글, 51~64 참고.

159 다윗의 정략결혼에 대해서는 김경호, 《새 역사를 향한 순례》, 117~118 참고.

160 물론 다윗도 인간인지라 연정에 얽힌 결혼을 하기는 했다. 그게 바로 밧세바, 훗날 솔로몬 왕의 어머니가 되는 여인이다.(사무엘기하 11장 참고) 그러나 본래 '우리아의 아내'였던 이 여인과의 결혼은 사실 왕권 남용의 혐의가 짙고 심지어 우리아의 억울한 죽음을 초래하였기에, 다윗에게는 두고두고 아킬레스건으로 작용했을 것이다. 마태복음서의 저자는 심지어 예수의 족보에 밧세바를 올리면서도 그녀의 이름 대신에 "우리아의 아내"라고 표기함으로써(마태복음서 1:6), 그녀를 취한 일이 다윗 인생의 최대 오점으로 남았다고 고발한다.

161 사울의 아들 '이스보셋'은 히브리어로 '부끄러운 사람'이라는 뜻이다. 본명이 '에스바알'인 그는 다윗이 오직 유다 지파의 지지만으로 왕위에 오르자, 나머지 11지파의 공동 지지를 받아 왕으로 추대된다. 하지만 이것은 무능한 조카를 등에 업고 권력을 장악하려는 당숙 아브넬 장군의 야욕에 기인한 것이었기 때문에, 결국 그는 왕좌에 앉은 지 2년 만에 살해당한다.

162 홍경원, 「본문의 미갈과 해석된 미갈」, 89.

163 데이비드 갈런드 & 다이애나 갈런드, 《상처받은 딸들의 하나님》, 160 ; 로버트 알터 역시 다윗이 미갈을 도로 찾아간 것은 미갈을 사랑해서라기보다 다윗왕조 구축을 위한 정략적인 것이었다고 평한다. Robert Alter, *The Art of Biblical Narrative*(New York: Basic Books, 1981), 123.

164 데이비드 갈런드 & 다이애나 갈런드, 《상처받은 딸들의 하나님》, 160.

165 율법에 의하면 법궤는 반드시 레위 자손 중에서도 고핫 사람이 메도록 되어 있었다.(민수기 4:15) 웃사 장군은 유다 지파에 속하는 아비나답의 아들로, 법궤에 손을 댈 자격이 없음에도 불구하고, 무의식적으로 손을 대는 바람에 죽음을 맞는다. 이에 오벳에돔의 집에 법궤를 보관한 것은 그가 고핫 자손인 고라 가문 사람이었기 때문이다.

166 필자는 2006년 1년 동안 〈기독교사상〉에 연재한 글의 한 꼭지에서, 살풀이춤은 다윗처럼 '힘차게' 추는 춤이 아니라고 쓴 바 있다. "살을 두 번 겹쳐 말하면, 신기한 일이 일어난다. '살살'은 글자 그대로 살殺을 해체殺한다는 뜻이다. 어떻게? 부드럽게, 가만히, 조심스럽게,

살그머니, 남모르게……. 자연의 순환원리나 하나님의 존재방식이 바로 '살살'이 아닐까?" 예수가 보여준 십자가의 춤사위는 다윗의 그것과 다르다고 생각한다. 구미정, "살의 신학", 《한 글자로 신학하기》, 170~171 참고.

167 홍경원, 「본문의 미갈과 해석된 미갈」, 90.

168 데이비드 갈런드 & 다이애나 갈런드, 《상처받은 딸들의 하나님》, 165.

169 장일선, 「다윗의 아내 미갈과 아비가일에 대한 여성신학적 조명」, 12.

170 David J. A. Clines, "Michal, Observed: An Introduction to Reading Her Story", in David J. A. Clines and Tamara C. Eskenazi, *Telling Queen Michal's Story: An Experiment in Comparative Interpretation*(Sheffeld: Academic Press, 1991), 59. 여기서 클라인즈는 다윗이 '귀하신 몸'으로서의 위신을 추락시킴과 동시에 옷이 벗겨져 맨살이 보이는 창피를 드러냈다고 본다.

171 데이비드 갈런드 & 다이애나 갈런드, 《상처받은 딸들의 하나님》, 165.

172 앞 글, 164,

173 앞 글, 168~169.

174 Robert Alter, *The Art of Biblical Narrative*, 124.

175 Gnana Robinson, *1 & 2 Samuel: Let Us Be Like The Nations*, 184.

176 데이비드 갈런드 & 다이애나 갈런드, 《상처받은 딸들의 하나님》, 166.

177 출애굽과 광야 전통에 충실한 예언자들은 하나님을 "어떤 집에서도 살지 않고 오직 장막이나 성막에 있으면서 옮겨 다니는"(사무엘기하 7:6) 분으로 묘사한다. 이렇게 무소부재無所不在하신 하나님을 '하나님의 집' 안에 가두어두려는 시도는 하나님의 복을 사유화하는 행위라는 것이다. 한편 요한복음서 4장에 나오는 사마리아 여인과의 대화에서 예수는 예루살렘 성전중심주의를 비판한다. 하나님을 예배하는 행위는 어떤 장소의 문제가 아니라 마음의 문제라고 재정의함으로써, 율법화된 신앙의 맹목성을 꼬집는다.

8장_ 요시야 종교개혁을 이끈 신학자, 훌다

178 이러한 평가는, 예컨대 히스기야의 아들 므낫세 왕의 경우, "그는 주님께서 보시기에 악한 일을 하였다"(역대지하 33:2)라고 냉정하게 말하거나 혹은 므낫세의 아들이자 요시야의 아버지인 아몬 왕에 대해 "그는 아버지 므낫세처럼 주님께서 보시기에 악한 일을 하였다"는데 "므낫세는 나중에 스스로 뉘우치고 주님 앞에서 겸손해졌으나, 아몬은 주님 앞에서 스스로 겸

손할 줄도 모르고, 오히려 더 죄를 지었다"(역대지하 33:22-23)라고 혹독하게 말하는 것에 비하면, 대단히 파격적인 대우라 할 수 있다.

179 그 이전까지는 유월절을 지키지 않았다고 한다. 유월절은 요시야 왕 제18년이 되어서야 전국적인 종교개혁운동의 일환으로 실시되었다.(열왕기하 23:22-23 참고)

180 열왕기서는 솔로몬 등극에서부터 남북분열시대를 거쳐 북왕국의 멸망까지 이스라엘과 유다 왕들의 치적을 기록하고 있다. 반면에 역대지는 인류의 조상 아담에서부터 유다의 멸망 후 바빌론 포로기까지를 담고 있어, 본래 히브리어 원전에서는 권말에 수록되어 있었다.

181 예언의 성격에 대해서는, G. 폰 라트, 《구약성서신학》 제2권, 허혁 역(왜관: 분도출판사, 1982), 57~76 참고.

182 김경호, 《시대의 아픔을 넘어서: 생명과 평화의 눈으로 읽는 성서 3-왕국시대 예언자》(서울: 평화나무, 2008), 23.

183 예레미야는 요시야 왕 제13년에 소명을 받아, 여호야김 왕과 시드기야 왕 때까지 활동한 예언자다. 시드기야 대에 이르러 바빌론 제국에 의해 유다 왕국이 멸망하였으므로, 예레미야를 "눈물의 예언자"라고 부르는 것이다. 그의 활약상과 그가 전한 메시지의 핵심에 대해서는 앞 글, 45~60 참고.

184 훌다는 비록 문서를 남기지는 않았지만, 훌다의 예언 활동은 문서 예언자들의 그것과 하등 다를 바가 없는 것이었다. 여기서 문서 예언자란 예언자의 선포 내용이 선포자의 이름이 달린 책으로 전해지는 예언자를 뜻한다. 이사야, 예레미야, 에스겔 같은 대예언자와 아모스, 호세아, 미가 등 소예언자가 있다. 이때의 대/소 구분은 예언자의 영향력에 따른 구분이 전혀 아니고, 단지 그들이 남긴 문서의 분량에 따른 구분임을 기억할 필요가 있다.

185 아비아달은 옛 이스라엘의 성소인 실로의 제사장 엘리의 후예인 반면, 사독은 아론의 후예다. 사독이 솔로몬의 즉위를 도움으로써, 이후 사독 가문은 다윗왕조 대대로 제사장을 배출하게 된다.

186 이하에 나오는 유대 문헌의 내용은 하미자, 「구약에 나타난 여성지도자 연구: 미리암·드보라·훌다에 관한 여성신학적 고찰」, 한세대학교 석사학위논문(2003), 52 참고.

187 Renita J. Weems, "Huldah, the Prophet : Reading a (Deuteronomistic) Woman's Identity", in Brent A. Strawn and Nancy R. Bowen(eds.), *A God So Near: Essays on Old Testament Theology in Honor of Patrick D. Miller*(IN: Eisenbrauns, 2003), 322.

188 할펀은 훌다를 "최초의 성경 본문 비평가"라고 부르며, 스위들러는 "성경학의 설립자"라고 부른다. Baruch Halpern, "Huldah, the First Biblical Text Critic", *Order Side* 35/2(1999), 51~53 ; Arlene Swidler, "In Search of Huldah", TBT 98(1978), 1783.

189 박준서, 《이스라엘아 여호와의 날을 준비하라》(서울: 대한기독교서회, 2001), 48.

190   이요엘, 《고고학자들의 카리스마를 클릭하라》(서울: 평단문화사, 2006), 207.

191   박준서, 《이스라엘아 여호와의 날을 준비하라》, 48.

192   이요엘, 《고고학자들의 카리스마를 클릭하라》(서울: 평단문화사, 2006), 207~208.

193   그에 앞서 다윗이 이룬 통일 왕국이 남북으로 분열된 과정을 잠시 살펴볼 필요가 있다. 솔로몬의 아들 르호보암이 왕위에 오르자, 여로보암과 북쪽지파연합이 그를 찾아와 말하기를, 부왕 때 실시된 강제 노역과 무거운 세금을 줄여달라고 청한다. 그러나 르호보암은 오히려 더 무거운 짐으로 그들을 압제하는 정책을 썼다. 결국 북쪽지파연합은 여로보암을 왕으로 추대하고 나라 이름을 "이스라엘"이라 칭하고 독립한다.(열왕기상 12장 참고)
이 기사를 보면 남북분열의 직접적인 불씨를 제공한 것은 르호보암과 여로보암이지만, 그것은 표면적인 이유일 뿐, 사실상 다윗 때부터 남아 있던 오랜 앙금이 폭발한 것으로 보아야 옳을 것이다. 김영진, 《구약성서개론》(서울: 대한기독교서회, 2004), 185 참고.

194   하미자, 「구약에 나타난 여성 지도자 연구」, 59 참고 ; 한편 모세 전승과 다윗 전승에 대해서는 장일선, 《구약전승의 맥락》(서울: 대한기독교출판사, 1988) 참고.

195   요시야의 종교개혁과 신명기 신학에 대해서는, 김학종, 「신명기 신학의 주제: 이스라엘 백성의 하나님 이해를 중심으로」, 목원대학교 대학원 석사학위논문(2005) ; 오택현, 《신명기와 신명기 역사》(서울: 크리스천헤럴드, 2007) ; E. W. 니콜스, 《신명기와 전승》, 장영일 역(서울: 장로회신학대학교출판부, 2003) 참고.

196   동물-되기는 들뢰즈-가타리의 '되기' 혹은 '생성'의 철학에서 하나의 중요한 존재론의 갈래다. 실체론적 존재론을 부정하는 그들에게 모든 존재는 되기/생성의 과정에 있는 바, 되기/생성에서는 주체가 자신을 변신 혹은 변혁시켜 마침내 자신의 주체성을 극복하고 실제적으로 되기의 짝/타자가 되기를 욕망하는 것이 관건이다. 이정우, 《천 하나의 고원》, 173~194 ; 들뢰즈·가타리, 《카프카-소수자 문학을 위하여》, 이진경 역(서울: 동문선, 2001) ; 고미숙, 《들뢰즈와 문학기계》(서울: 소명출판, 2002).

197   훌다와 카프카를 연결시키는 모티브는 다음의 논문에서 따왔다. 서명수, 「예언자 훌다(Huldah)와 카프카의 '회당의 동물'」, 〈문학과 종교〉 제14권 1호(2009), 117-136 ; 《회당의 동물》을 카프카 전공자인 편영수는 '회당의 담비'로 번역했다. 빌헬름 엠리히, 《카프카를 읽다 1》, 편영수 역(서울: 2005), 220-223 ; 한편 아래 인용한 소설의 줄거리는 다음의 번역본을 따랐는데, 여기서는 '유대교 교회에 사는 동물'이라는 제목으로 실려 있다. 프란츠 카프카, 《오드라덱이 들려주는 이야기》, 김영옥 역(서울: 문학과 지성사, 1998), 115-121.

198   필자는 영화 와호장룡(2000)을 보고, 남성 편향적인 무림세계에서 '역사'가 되지 못하고 '사건'에 머문 '파란여우'의 보기를 들어, 여성신학의 현실을 되짚어본 바 있다. 구미정, 《이제는 생명의 노래를 불러라》(올리브나무, 2004), 140~143 참고.

9장_ 제국의 박해에 종지부를 찍은 왕비, 에스더

199 당시 성경은 이렇게 묘사한다. "그래서 그 땅에는 아주 가난한 사람들 말고는 하나도 남지 않았다."(열왕기하 24:14) 본토에 남아 있던 유대인들이나 세계 각국에 흩어져 살게 된 디아스포라 유대인들에 비하면 포로로 끌려간 사람들은 소수였기 때문에, 이 시기를 "포로기"라고 부르는 것은 편파적이라고 보는 견해가 있다. 포로 축에도 못 낄 만큼 평범한 민초들의 입장에서는 "식민지 시대"라고 부르는 게 적절하다는 것이다. 김경호, 《위기 속에서 대안을 찾다: 생명과 평화의 눈으로 읽는 성서 4-포로기와 그 이후 예언자》(서울: 평화나무, 2009), 24 참고.

200 김진호, 《인물로 보는 성서 뒤집어 읽기》(서울: 삼인, 2010), 164.

201 김진호는 에스더기를 성性을 소재로 한 하나의 통속소설로 분류한다. 앞 글, 165.

202 1947년 이래로 여러 차례에 걸쳐 사해 서북쪽 연안에 있는 쿰란Qumran 지구의 동굴 등지에서 발견된 히브리어 구약성경을 말한다. 다른 이름으로는 사해문서라고도 한다.

203 유대교의 3대 명절은 유월절, 칠칠절, 초막절이다. 유월절은 이 책의 미리암 편을, 칠칠절과 초막절은 룻 편 참고.

204 김진호, 《인물로 보는 성서 뒤집어 읽기》, 164.

205 루터는 심지어 "에스더기를 엘베(강)에 던져버리고 싶다."는 말을 남겼다. 이러한 내용은 루터 사후, 1566년에 아우리파버가 루터와 나눈 담화를 정리하여 발표한 글에 들어 있다. Johann Aurifaber et.al., *Table-Talk ; or, Some Choice Fragments from the Familiar Discourse of that Godly, and Famous Champion of God's Truth, Dr. Martin Luther*(London: Longman, 1832 ; Franklin, TN: Packard Technologies, 2002) 참고.

206 여호야긴은 유다 왕국의 제19대 왕으로, 선왕 여호야김의 아들이다. 기원전 598년, 18세에 즉위한 그는 겨우 석 달 만에 바빌론으로 끌려가는 비운을 겪는다.(열왕기하 24:8-12) 모르드개가 그와 함께 끌려갔다면, 당시 그의 나이를 대충 20세라고 보아도 당시에 최소한 130세가 넘었다는 뜻이다. 한편 에스더기의 저자를 모르드개로 보는 이유는 에스더 9장 20절 "모르드개는 이 모든 사건을 다 기록하여 두었다."에 근거한다. 하지만 사실상 저자 문제는 확실하지 않다. 학자들은 대략 페르시아 지역의 디아스포라 유대인이 저술한 책이라는 정도로만 이해한다. 김영진, 《구약성서 개론》, 256.

207 이를테면 시, 교훈집, 잠언, 예언서 등도 다 정경에 포함되어 있다는 점을 기억할 필요가 있다. 구약성경의 정경화 과정과 그 구성에 대해서는, 존 콜린스, 《히브리성서 개론》, 유연희 역(서울: 한국기독교연구소, 2011) 참고.

208 성경에는 "바사와 메대" 혹은 "페르시아와 메대"라고 나온다. 페르시아의 초대 왕 키루스 1세(성경에서는 '고레스')는 아들 캄비세스를 메디아 왕국의 공주와 결혼시킴으로써, 페르시

아-메디아 제국을 합병하는 발판을 놓는다. 이후 장남 키루스 2세가 메디아 수도를 점령함으로써 본격적인 통일 왕국이 형성된다.

209 윤지강, 《세계 4대 해전》(서울: 느낌이 있는 책, 2007), 49.

210 페르시아 대군이 그리스를 침략했을 때, 아테네인들은 아테네 북동쪽에 있는 마라톤 벌판에서 그들을 맞아 승리를 거두었다. 이 소식을 아테네에 전하기 위해 한 연락병이 뛰어갔는데, 그는 승리의 말을 전하고는 그 자리에서 죽고 말았다. 당시 그가 달린 거리, 곧 42.195킬로미터가 올림픽 마라톤 경기로 이어졌다.

211 이하의 미드라쉬 내용은 http://en.wikipedia.org/wiki/Vashti#cite_note-Segal-5 참고.

212 Elizabeth Cady Stanton, *The Woman's Bible: A Classic Feminist Perspective* (European Pub Co., 1895).

213 Harriet Beecher Stowe, *Bible Heroines: Being Narrative Biographies of Prominent Hebrew Women in the Patriarchal, National, and Christian Eras, Giving Views of Women in Sacred History, as Revealed in the Light of the Present Day*(Fords, Howard, & Hulbert, 1878)

214 Francine Zuckerman(ed.), *Half the Kingdom: Seven Jewish Feminists*(Montreal: Vehicule Press, 1992), 61–62 ; G. T. Reimer, "Eschewing Esther, Embracing Esther: The Changing Representation of Biblical Heroines", in Joyce Antler(ed.), *Talking Back: Images of Jewish Women in American Popular Culture*(Hanover, NH.: Brandeis University Press, 1998), 209–216 ; Elliott Horowitz, *Reckless rites: Purim and the Legacy of Jewish Violence*(Princeton, NJ.: Princeton University Press, 2006), 60.

215 BT *Megillah* 12b ; http://jwa.org/encyclopedia/article/vashti-midrash-and-aggadah ; 김진호, 《인물로 보는 성서 뒤집어 읽기》, 168 참고.

216 Alice Laffey, *An Introduction to the Old Testament: A Feminist Perspective* (Philadelphia: Fortress Press, 1988), 216.

217 2007년에 만들어진 영화 *300*의 배경이 바로 이 전투다. 테르모필레 협곡을 지키려는 300명의 스파르타 군인들의 희생 정신과 영웅적인 활약상을 그렸다.

218 특히 살라미스 해전의 승리로 아테네는 황금시대를 맞게 된다. 현대 그리스 해군은 이 날의 승리를 기념하기 위해 9월 12일에 기념식을 갖는다고 한다. 반면에 페르시아는 이 전투 이후로 계속 쇠약해져갔고, 또 식민지 여러 지역에서 잦은 반란이 일어남에 따라, 결국 150년 후에는 알렉산더 대왕의 통치 아래 들어가게 된다. 윤지강, 《세계 4대 해전》, 29~120 참고.

219 http://en.wikipedia.org/wiki/Mordecai#cite_note-9

220 재일교포 출신인 정숙자는 이러한 정황에서 이스라엘 사람들이 바빌론 포로시대에 창씨개

명을 당하지 않았나 추측하기도 한다. 정숙자, 「에스더서에 나타난 민족말살 문제연구」, 《여성의 눈으로 본 에스더서 연구》, 16~17.

221 마이클 사이벨 감독, 티파니 듀폰드 주연의 *왕과의 하룻밤*(2006)이라는 영화가 에스더 이야기를 다루고 있다는 걸 최근에야 발견했다. 이 영화에서는 와스디의 폐위 사유가 왕의 그리스 정벌에 반기를 들었기 때문인 것으로 나온다. 완강한 왕후의 태도를 거슬려하던 전쟁론자들은 아하수에로의 복수심을 자극하며 와스디의 폐위를 종용하고, 출신 민족조차 알 수 없는 고아 소녀 에스더를 왕후의 자리에 앉힌다.

222 아하수에로 왕은 피라미드식 권력 체계를 기반으로, 한 사람의 개인적인 성향과 그 계파들의 이해 관심사에 따라 역사의 흐름이 좌지우지되는 고대의 전제 정치의 전형을 보여준다. 이윤경, 「아하수에로의 전제적 통치를 통해 본 권력구조와 우리의 현실」, 《여성의 눈으로 본 에스더서 연구》, 26~28.

223 *Esth. Rabbah* 4:9, 12 ; http://jwa.org/encyclopedia/article/vashti-midrash-and-aggadah

224 쉰 자는 오십 규빗이다. 규빗은 히브리어로 길이를 재는 단위인데, 팔꿈치에서부터 손가락까지의 길이라고 한다. 대충 50센티미터라고 본다면, 하만이 세운 장대의 높이는 25미터쯤 된다.

225 김정수, 「'원수에 대한 보복/처벌'과 '역사에서 정의를 수립한다는 것'에 대하여」, 《여성의 눈으로 본 에스더서 연구》, 36.

226 김진호, 《인물로 보는 성서 뒤집어 읽기》, 174.

10장_ 제국의 수장을 처단한 과부, 유딧

227 정경화 과정은 외경(外經, Apocrypha)과 위경(僞經, Pseudepigrapha)의 존재를 그 배경으로 한다. 1세기 교회는 사도들의 직접적인 가르침에 힘입어 굳이 정경(正經, Canon)을 구분할 필요가 없었지만, 이후 영지주의 및 마르시온주의 등이 출현하여 사람들을 미혹하자 정경을 확정 지을 필요성이 대두되었다. 구약성경과 신약성경에 대한 정경화 작업이 모두 마무리된 시점이 4세기 말(397년 카르타고 공의회)이고 보면, 그 사이에 얼마나 많은 경전들이 떠돌아 다녔는지를 짐작할 수 있다.
여기서 외경이란 그리스어 성경인 70인역본Septuaginta에 들어 있는 7권의 구약성경을 말한다. 반면에 위경이란 말라기서 이후 하나님의 말씀이 더 이상 들려오지 않고 이교 국가들의 정치적·신앙적 박해가 더욱 심해졌을 때 유대인들에게 희망과 용기를 주는 책들로 큰 인기를 얻었던 약 100여 종의 작품들을 말한다. 그중 특히 18종이 대표적인 책이었다고 한다. 우리나라의 경우, 가톨릭은 외경을 성경으로 인정하지만, 개신교는 인정하지 않고 있다. 외경에 대한 상세한 이해를 돕는 책으로는, 천사무엘, 《구약 외경의 이해》(서울: 동연, 2011) 참고.

228 C. A. Moore, *Judith*(Garden City, New York: Doubleday, 1985), 49~52.

229 다니엘 헤링톤, 《구약성서의 외경 입문》, 박요한 영식 역(서울: 성바오로출판사, 2003), 15.

230 유딧서의 저자가 누구인지는 확실하지 않다. 다만 마카비 시대 초기에 바리새파에 속하는 유대인일 것으로 추측된다.

231 다니엘 헤링톤, 《구약성서의 외경 입문》, 15.

232 야엘에 대해서는 이 책 '드보라' 편 참고.

233 신명기 신학에 대해서는 이 책 '훌다' 편 참고.

234 미리암에 대해서는 이 책 '미리암' 편 참고.

235 특히 뒤에 나올 유딧의 기도가 이 주제를 정확히 반영하고 또 심화한다. S. von Den Eynde, "Crying to God Prayer and Plot in the Book of Judith", *Biblica* 85(2004), 217-231 ; 김학철, 「아버지, 하늘과 땅의 주님: 마태복음서의 하나님 상의 일면」, 〈신학논단〉 제15권 제1호(2008, 봄), 44 참고.

236 마태복음서에 등장하는 예수의 족보 역시 14대씩 3시대로 구분되어 소개된다. 이렇게 '14'라는 숫자가 중요한 까닭은 그것이 바로 다윗의 이름의 숫자이기 때문이다. 고전 헬라어나 고전 히브리어에서는 숫자를 기록하는 문자가 따로 없었다. 그래서 알파벳을 통해 숫자를 나타냈는데, 다윗이라는 이름을 나타내는 알파벳의 숫자를 더한 값이 바로 14이다. 마태에 게 있어 다윗의 중요성은 그가 첫 문장을 구성할 때 다윗의 이름을 아브라함보다 앞에 둔 데서도 알 수 있다. 헬라어 성경의 마태복음서 1장 1절은 "예수 그리스도, 다윗의 자손, 아브라함의 자손의 계보"라고 시작된다.(나중에 태어난 사람을 맨 앞에 쓰는 방식이 우리 정서에 안 맞는다고 생각했는지, 우리말 성경은 순서를 뒤집어 "아브라함의 자손이요 다윗의 자손인 예수 그리스도의 계보"라고 옮겼다.) 마태는 또한 왕이라는 칭호를 다윗에게만 부여하고 있는데, 이는 장차 등장할 예수 그리스도 역시 유대인의 왕임을 암시하기 위한 장치로 보인다. 유대인들의 기억 속에서 다윗은 통일 왕국의 성군일 뿐만 아니라 시대를 구분 짓는 인물이기도 하다.
그리하여 마태는 예수의 족보를 어떻게든 다윗과 연결시키기 위해 14라는 숫자에 기댄 것이다. 그렇다면 적어도 1세기에 살았던 고대인들의 의식 속에서 족보란 생물학적 역사성을 담은 기록이기보다는 그 자체가 하나의 신학 작품임을 알 수 있다. 한편 여기 나오는 유딧의 족보 역시 14까지 소개되어 있는 것은 이스라엘의 민간 신앙에서 그녀가 다윗만큼 비중 있는 영웅이기 때문이라는 설이 있다. 유딧을 다윗에 견주는 글로는, Philip F. Esler, "Ludic History in the Book of Judith: the Reinvention of Israelite Identity?", *Bible Interpretation* 10(2002), 107~143 참고.

237 이 책의 '라합' 편 참고 ; '하늘과 땅의 하나님'이라는 표현이 성경에 등장하는 맥락과 그것의 신학적 이해에 대한 통찰은 김학철, 「아버지, 하늘과 땅의 주님: 마태복음서의 하나님 상의 일면」, 37~67 참고.

238 미술사에서 유딧이 주목 받기 시작한 시기는 15세기 르네상스 시대다. 특히 15세기 초에 도나텔로Donatello가 피렌체의 막강한 실세인 메디치 가문의 후원으로 유딧을 그린 뒤 인기 있는 도상으로 자리를 잡자, 16세기에는 베네치아와 북유럽 화가들도 유딧을 그리기 시작했다. 흥미로운 것은 15세기의 유딧이 '공화정'의 '정의'를 표방하였다면, 16세기의 유딧은 점차 '팜므파탈'의 전형으로 등장하게 되었다는 점이다. 이에 대한 분석으로는, 15세기 초의 경우 종교미술의 후원이 교회나 교황을 배출한 명망 있는 가문이었다가 15세기 중반 이후로는 개인 후원자들로 변화됨에 따라, 주문 목적이 점차 세속적 양상으로 바뀌었기 때문이라는 설명이 그럴 듯하다. 또한 북유럽은 피렌체와 달리 종교개혁Reformation의 성공으로 '성'에 대하여 긍정적인 가치관을 갖게 되면서 종교미술의 '세속화'가 더욱 빨리 진행된 것으로 보인다. 박수연, 「유딧도상 연구: 르네상스 시대를 중심으로」, 성균관대학교 대학원 석사학위논문(2010) 참고.

239 클림트의 '유딧'은 본래 '유딧과 홀로페르네스'라는 제목을 달고 있음에도 1905년 베를린에서 전시될 때 '살로메'로 둔갑되었다고 한다. 성경은 유딧을 '매우 정숙하고 경건한 여인'으로 소개하지만, 살로메는 어머니 헤로디아의 사주를 받아 세례 요한의 목을 베도록 양부 앞에서 요염하게 춤을 춘 전형적인 요부다. 이 둘이 교묘하게 결합되면서 유딧은 살로메와 더불어 대표적인 팜므파탈의 이미지로 재현되기에 이른다. 이는 19세기 중반부터 유딧이 원래의 애국적이고 종교적인 정숙한 숙녀의 관점에서 탈피한 데 기인한다.

이를테면 1840년대 프리드리히 헤벨Friedrich Hebbel은 연극에서 유딧을 세속의 평범한 여인으로 묘사했다. 사별한 남편 므나쎄가 성불구였기 때문에 적장 홀로페르네스한테 성적 매력을 느꼈다는 식으로 말이다. 정신분석학의 아버지인 프로이드Sigmund Freud는 헤벨의 해석에서 한 걸음 더 나아갔다. 처녀성을 앗아간 남자에게 복수를 하기 위해 그의 목을 벤다는 것은 곧 거세의 의미가 있다는 것이다. 홍진경, 《인간의 얼굴 그림으로 읽기》(서울: 예담, 2002), 24 참고.

240 아르테미시아 젠틸레스키에 대해서는 알렉상드라 라피에르, 《불멸의 화가 젠틸레스키》, 함정임 역(서울: 민음사, 2001) ; 나카노 교코, 《무서운 그림 1: 아름다운 명화의 섬뜩한 뒷이야기》, 이연식 역(서울: 세미콜론, 2008).

241 C. A. Moore, *Judith*, 61 ; Linda Day, "Faith, Character and Perspective in Judith", *Journal of the Study of the Old Testament* 95(2001), 71~93.

242 앞의 '에스더' 편 참고.

11장_ 예수의 어머니가 된 동정녀, 마리아

243 알렉산더의 죽음과 안티오쿠스 에피파네스 4세의 등극 및 그의 반反유대 정책에 대해서는 공동번역 성경에 포함된 외경 마카베오서에 잘 나타나 있다. 특히 《마케베오상(上)》 1장 참조. 안티오쿠스 4세가 '에피파네스epiphanes'라는 칭호를 사용한 것은 일종의 선전 propaganda이라고 할 수 있다. 에피파네스는 신의 현현을 뜻하는 말인데, 이미 이집트의 톨레미(혹은 프톨레마이오스) 5세 때부터 왕에게 붙이는 공식적인 칭호로 애용되고 있었다.

244 율법이 규정한 부정한 동물의 목록과 그 이유에 대해서는 레위기 11장 참조. 특히 돼지는 '굽이 두 쪽으로 갈라진 쪽발이긴 하지만, 새김질을 하지 않으므로' 부정한 동물이 되었다. 이런 동물의 고기는 먹어서도 안 되고, 주검을 만져서도 안 된다.(레위기 11:7-8)

245 마카베오 사람들을 '마카비'로 부르는 것은 그들이 게릴라 전법에 능했기 때문이라고 한다. '마카비'는 헬라어로 '망치'라는 뜻이다. 그런가 하면 이들이 게릴라전을 하면서 외친 구호가 '마카비'였기 때문이라는 말도 있다. 이때의 마카비는 '주님, 신들 가운데 누가 당신과 같겠습니까?'를 뜻하는 히브리어 '미 크모카 베-엘림 아도나이'의 이니셜을 이용해 만든 용어다.

246 김학철, 《손으로 읽는 신약성서》(서울: 크리스천헤럴드, 2006), 67 참고.

247 기원전 4년 헤롯 대왕 사후, 그의 아들 아켈라오가 유대와 사마리아 지역을 물려받고, 안타피스가 갈릴리와 베레아 지역을, 빌립이 드라고닛과 바네아스 지역을 물려받아 각각 분봉왕이 된다. 그런데 아켈라오가 다스리던 지역에서는 그의 폭정 때문에 소요와 폭동이 끊이지 않았고, 마침내 로마 황제 아우구스투스가 그를 해임하고, 그 자리에 수리아 총독 구례뇨를 임명한다.

248 유대인 역사가 요세푸스는 유대의 이런 사상, 곧 급진적 신정주의神政主義를 사두개파, 바리새파, 에세네파와 구별된 "제4의 철학"이라고 불렀다. 이 사상은 유대의 죽음으로 끝나지 않고, 계속 살아남아 유대의 완전한 패망으로 끝난 로마-유대 전쟁(기원후 66~70년)의 사상적 근거가 되었다. 김학철, 《손으로 읽는 신약성서》, 68 참고.

249 세포리스에 대해서는 Josephus, Jewish War 2, 56 ; 마커스 보그·존 도미닉 크로산, 《첫 번째 크리스마스》, 김준우 역(서울: 한국기독교연구소, 2011), 105~108 참고.

250 히스기야는 기원전 47년에 헤롯(후에 헤롯대왕이 된 자)이 갈릴리 총독으로 부임해 오자마자 '산적 소탕'을 빌미로 처형해버린 반란군 주동자였다. 이 처형은 유대의 최고의결기관인 공의회의 정당한 절차 없이 서둘러 진행되었기 때문에 유대인들의 빈축을 샀다. 그런 헤롯이 기원전 37년에 로마를 등에 업고 유대의 왕으로 등극했으니, 유대인들의 저항은 클 수밖에 없었다. 특히 히스기야의 아들(어떤 학자는 손자로 보기도 한다) 유다가 가문의 대를 이어 세포리스에서 저항운동을 이끈 것은 유명하다. 이 유다가 가믈라 요세 출신으로 알려진 '갈릴리의 유다'인지는 분명치 않다. 박상래, 《성서와 그 주변 이야기》(서울: 성바오로딸수도회, 1997),

251 복음서에서 예수는 항상 '나사렛 예수'로 불린다. 이를테면 마가복음서 1장의 '귀신 축출' 이야기에서 귀신에 사로잡힌 사람이 예수를 부를 때도 그랬다. 물론 여기서 '귀신'은 잘못된 번역이다. 원문을 살리면 '더러운 영'이 맞다. 그가 생각하는 것, 마음 씀씀이, 가치관, 지향점 등 모든 게 더럽고 악하더라는 얘기다. 어쨌든 그의 부름말에는 당시 대중이 예수를 적대적이고도 경멸스럽게 '촌놈 예수', '시골뜨기 예수'로 여겼다는 뜻이 담겨 있다. 그런데 놀랍게도 그 더러운 영에 사로잡힌 자는 곧이어 예수를 "하나님의 거룩한 분"이라고 고쳐 부른다.(마가복음서 1:24) 히브리 성경의 헬라어 역본인 70인역 성경의 표현에 따르면 '하나님의 나지르인'이라는 말이다. 나지르인(혹은 나실인)은 '거룩하게 구별된 사람'을 뜻한다. 출신지로 보면 무시당할 수밖에 없는 '나사렛'이라는 말에는 사실 '거룩하다'(나지르)는 의미가 중첩되어 있는 것이다. 강일상, 《마가복음서의 기적 이야기》(서울: 대한기독교서회, 2007), 55.

252 김진, 《통째로 예수 읽기: 깨어 있는 지성을 위한 기독교와 인문학의 따뜻한 소통》(서울: 왕의 서재, 2011), 126 참고.

253 김학철, 《손으로 읽는 신약성서》, 143.

254 예수가 공생애 사역을 하던 중 고향을 방문하여 회당에서 가르치고 있을 때, 사람들이 웅성거리며 "이 사람은 마리아의 아들 목수가 아닌가?"(마가복음서 6:3)라고 말한다. 고향 사람들도 그가 '요셉의 아들'이 아니라 '마리아의 아들'임을 인지하고 있었다는 뜻이다.

255 여기서 '순이'라는 이름을 굳이 사용한 것은 배문성의 시 '대화'에 나오는 순이를 염두에 둔 것이다. "순이는 뭐가 되고 싶어 / 나는 아무것도 안 될 거야 // 정말? 그래도 뭐가 될 텐데 / 정말로 나는 아무것도 안 될 거야 // 나는 사람이 될 거야 // 선생님이나 하나님은 절대로 안 될 거야 / 나는 진짜로 사람이 될 거야" 이 시에서 순이는 '사람의 아들'로 세상에 와서 '참 사람'으로 살다 간 예수의 삶을 떠올리게 한다. 구미정, 《한 글자로 신학하기》, 208~209 참고.

256 이 책의 '이브' 편 참고.

257 풀케리아와 네스토리우스에 대해서는, 만프레드 클라우스, 《알렉산드리아》, 임미오 역(서울: 생각의 나무, 2004), 104 ; 에베소 공의회와 칼케돈 공의회에 대해서는, 이형기 외, 《기독교 사상사 1》(서울: 대한기독교서회, 2004), 132 이하 참고.

258 김진호, 《인물로 보는 성서 뒤집어 읽기》, 210.

259 누가복음서에서는 예수의 탄생을 가장 먼저 경배하러 온 사람들이 목자라고 소개하는 반면, 마태복음서에서는 동방박사라고 한다. 복음서의 상이한 탄생 기록의 신학적 의미에 대해서는, 김득중, 《주요 주제를 통해서 본 복음서들의 신학》(서울: 한들출판사, 2000), 33~43 참고.

260 이러한 독서 방법을 오강남은 "환기식evocative 독법"이라고 말한다. 본문을 읽고 거기에서

'촉발'되어 제 나름대로의 뜻을 찾아보려는 노력이 중요하다는 것이다. 오강남, 《또 다른 예수》(서울: 예담, 2009), 26.

261 예수 연구의 권위자인 존 도미닉 크로산은, 예수의 처녀 출생 이야기를 '예수의 어머니 마리아의 육체에 관한 생물학적인 상태로 이해하지 않고, 예수의 의미에 관한 하나의 신앙고백'으로 이해한다. 처녀 출생은 "성인 예수에 대한 신앙을 상징하는 것으로, 이러한 신앙이 시간상 거꾸로 투사되어 유아기의 예수에 소급된 것"이라고 설명한다. 중요한 것은, 마태와 누가에 나타난 예수의 탄생 설화를 이해하는 데 있어, 우리가 '역사의 세계에 있는 것이 아니라, 종교적인 창작의 세계'에 있음을 깨닫는 일이다. 존 도미닉 크로산, 《예수는 누구인가》, 한인철 역(서울: 한국기독교연구소, 2000), 50. ; 그런데 기독교의 반대자들은 예수의 처녀 출생설을 접하자, 오히려 예수가 사생아로 태어났음이 틀림없다며 반증을 들이댔다. 가령, 2세기 말경에 켈수스Celsus라는 비기독교 철학자는 그 부정한 아버지가 '판데라Panthera'라는 로마의 군인이었다고 주장하였다. 그 이름은 아마도 히브리어 '*알마*'의 그리스어 번역어인 '파르테노스'를 노골적으로 조롱하기 위해 제시되었을 것이다. 앞 글, 49 참고.

262 누가복음서를 보면, 아우구스투스 황제가 로마 식민지령의 모든 백성들에게 '호적 등록'을 하도록 칙령을 내리는 바람에 임신한 마리아가 요셉을 따라 베들레헴에 가서 출산하는 내용이 나온다.(누가복음서 2:1-5) 한편 마태복음서는 요셉을 다윗의 자손이라고 소개하면서, 곧바로 예수가 베들레헴에서 태어났다고 보도한다. 베들레헴은 본래 다윗의 고향이었다.(마태복음서 2:1)

263 아우구스투스 황제의 지시로 저술된 이 책은 기원전 19년, 베르길리우스가 죽은 뒤에 출판되었다. 호메로스의 《일리아드》와 《오딧세이》가 로마 제국 신학의 구약성경에 해당된다면, 베르길리우스의 《아이네이스》는 신약성경에 해당된다. 우리말 번역으로는 베르길리우스, 《아이네이스》, 천병희 역(서울: 숲, 2007)이 있다.

264 마커스 보그·존 도미닉 크로산, 《첫 번째 크리스마스》, 159.

265 앞 글, 165.

266 앞 글, 166.

267 앞 글, 167.

268 누가는 사가랴를 '두려워하며 믿지 못하는 인물'로 소개하고 있다. 반면에 엘리사벳은 신약성경에서 '의인'이라는 칭호가 붙은 유일한 경우인데, '나의 하나님은 나의 배부름(또는 행운)'이라는 뜻을 지닌 '엘리사벳'이라는 이름 자체가 그녀가 전적으로 하나님께 의존하는 인물임을 말해준다. 김득중, 《주요 주제를 통해서 본 복음서들의 신학》, 411.

269 팔레스타인 유대인들은 보통 아기가 태어났을 때 이름을 붙이는 것이 관례인데, 요한의 경우는 여드레째 되는 날에 이름을 붙인 것으로 보아, 희랍 관행을 따른 것이 아닌가 추측된다. 고대 희랍인들은 아이가 태어난 지 7일에서 10일 사이에 이름을 붙였다. 더욱이 유대인들은 아버지의 이름을 따라서 이름을 붙이는 경우가 더러 있기는 하지만, 일반적으로 할아버지의

이름을 따르는 게 관행이었다. 요한의 경우, 이웃과 친척들이 아버지의 이름을 따라서 "사가랴"라고 붙이려고 하자, 엘리사벳이 단호히 반대하여 '요한'으로 정해졌다. 구약시대에는 아버지나 어머니 중 누구라도 아이의 이름을 붙일 수 있었지만, 신약시대에는 대개 이름을 붙이는 것이 아버지의 권리로 당연시되었는데, 엘리사벳이 그 권리를 행사한 것으로 보아, 집안에서 늘 주도권을 행사했던 인물이 아닌가 추측할 수 있다. 앞 글, 414~415 참고.

270 미리암의 노래는 출애굽기 15장 20-21절에 나온다. 이 노래에 대한 해석은 이 책 앞부분에 있는 '미리암' 참고.

271 한나의 노래는 사무엘기상 2장 1-10절에 나온다. 그 가운데 특히 "주님은 사람을 가난하게 도 하시고, 부유하게도 하시고, 낮추기도 하시고, 높이기도 하신다. 가난한 사람을 티끌에서 일으키시며 궁핍한 사람을 거름더미에서 들어 올리셔서, 귀한 이들과 한자리에 앉게 하시며 영광스러운 자리를 차지하게 하신다."(7-8절)는 구절을 보면, 마리아의 노래와 정확히 일치하는 사상을 엿볼 수 있다.

272 엘리자벳 피오렌자는 예수의 하나님 나라 운동의 성격을 '평등한 제자직 공동체'를 이루려는 운동으로 규정한다. E. S. 피오렌자, 《크리스찬 기원의 여성신학적 재건》, 김애영 역(서울: 종로서적, 1986), 184~186 참고.

273 글로바는 그리스식 이름이다. 그를 알패오(이 또한 그리스식 이름)와 동일 인물로 보는 근거는, 두 이름 모두 아람어(시리아어로 예수 당시 헬라어와 함께 사용되었다)로는 '힐파이Hilfai', 히브리어로는 '할피Halfi'라 부르기 때문이다. http://en.wikipedia.org/wiki/Clopas

274 예수의 이모이자 제자인 살로메Salome the disciple에 대한 전승은 의외로 풍부한 편이다. 이를테면 위경의 하나인 야고보의 원복음서Protevangelion of James에서는 살로메를 '산파'로 소개한다. 살로메는 예수의 기적적인 수태 소식을 처음으로 듣고 확인한 증인이다.(야고보의 원복음서 14:14-21) http://en.wikipedia.org/wiki/Salome_(disciple)

275 예수와 가족 간의 관계를 서술하고 있는 복음서들 가운데 마가의 표현이 가장 가혹한 이유에 대한 역사적 설명으로는, 게리 윌스, 《예수의 네 가지 얼굴》, 권혁 역(서울: 돋을새김, 2008), 32~42 참고.

276 '생이불유生而不有'는 노자 도덕경에 나오는 말로, 덕德의 특징을 설명하는 맥락에 놓여 있다. "낳았으되 가지려 하지 마십시오. 모든 것 이루나 거기 기대려 하지 마십시오. 지도자가 되어도 지배하려 하지 마십시오. 이를 일컬어 그윽한 덕이라 합니다." 노자 원전, 오강남 풀이, 《도덕경》, 55~56 참고.

277 요한복음서는 전체적으로 여인의 이야기로 시작해서 여인의 이야기로 끝난다. 그 여인이 바로 예수의 어머니 마리아로, 그녀는 예수 공생애 활동의 서두와 마지막 클라이맥스에 딱 두 번 나타나, 요한복음서를 이해하는 데 중요한 실마리를 던져준다. 김득중, 《주요 주제를 통해서 본 복음서들의 신학》, 481 참고.

278 앞 글, 45~82 참고.

279   김호경, 《여자, 성서 밖으로 나오다》, 105~106 ; 한편 김득중은, 마리아가 혼인잔치에서 주도적인 활동을 하는 모습은 요한 공동체 안에서 여성 사역자의 위치와 역할이 상당했음을 반영하는 것이라고 본다. 김득중, 《주요 주제를 통해서 본 복음서들의 신학》, 482~483 참고.

280   '오상아喪我'는 장자의 핵심 개념에 속하는 것으로, 제2편 제물론齊物論에 등장한다. 오강남은 이를 '자기 비움' 혹은 '비본래적인 자아에서 풀려나 본래의 자아가 된 것'으로 해석한다. 오강남 풀이, 《장자》(서울: 현암사, 1999), 61~64 참고.

281   현대 그리스 문학을 대표하는 작가 니코스 카잔차키스의 장편소설 《최후의 유혹》(안정효 역, 열린책들, 2008)은 예수의 생애를 독특하게 재해석한 작품으로, 예수가 겪은(혹은 겪었을 법한) 인간적 번뇌를 현실적으로 그리고 있다. 바티칸이 금서로 지정한 이 책을 토대로, 1988년에 마틴 스콜시즈 감독이 영화로 만들어 논쟁이 되기도 했다.

282   매튜 폭스 해제·주석, 《마이스터 엑카르트는 이렇게 말했다: 대지를 품어 안은 엑카르트의 영성》, 김순현 역(왜관: 분도출판사, 2006), 406.

283   앞 글, 403.

284   앞 글, 421.

12장_ 하나님 나라를 꿈 꾼 예수의 길벗, 마리아

285   구미정, 《구약성서: 마르지 않는 삶의 지혜》(파주: 사계절출판사, 2015), 171 참고.

286   이 책의 '홀다' 편을 볼 것.

287   반면, 남왕국 유다에서 빈번하게 자행된 토착 지배자의 수탈은 '산당' 정치를 통해 활성화되었다. 이사야, 미가, 호세아, 아모스 같은 예언가들은 한결같이 산당을 사회문제의 온상으로 언급했다. 이에 대한 정교한 분석은 다음을 볼 것. 김진호, 《산당들을 폐하라》(서울: 동연, 2016).

288   일종의 '종교세'로, 20세가 넘는 유대인 남성이라면 누구나 일 년에 한 번 '반 세겔'짜리 은동전을 바쳐야 했다. 참고로, 1세겔은 11.4그램이다.

289   박경미, 《신약성서: 새로운 삶의 희망을 전하다》(파주: 사계절출판사, 2014), 27 참고.

290   구미정, 《구약성서》, 147 이하 참고.

291   고대 서남아시아 세계에서는 7일을 재수 없는 날로 여겼다. 그 날은 인간에게 해를 입히는 신들이 활보하는 날이기 때문이다. 그래서 바알 숭배자들은 7일째 되는 날에 노동하지 않았다. 7년째 되는 해에는 땅도 묵혔다. 그러나 이스라엘 공동체는 가나안 토착신앙이 화근으로 여겨

기피하던 날을 '하나님의 날', '거룩한 날'로 재해석하여 창조적으로 변혁했다. 윗글, 153.

292 리처드 호슬리, 《예수와 제국: 하느님 나라와 신세계 무질서》, 김준우 옮김(고양: 한국기독교연구소, 2004), 191.

293 '샌드위치 기법(Sandwich technique)'은 특히 마가복음서 저자의 독창적인 서술방식이다. 하나의 이야기가 진행되는 사이에 또 다른 이야기를 삽입하는 방식으로, 마가복음서에 여러 차례 등장한다.

294 호슬리, 《예수와 제국》, 183 참고 ; 박원일, 《마가복음, 정치적으로 읽기》(고양: 한국기독교연구소, 2016), 141도 볼 것.

295 호슬리, 윗글, 182-183 참고.

296 이 책 '미리암' 편, 264쪽을 볼 것.

297 세베대 집안은 여러 종업원과 함께 배를 타고 갈릴리 바다 한가운데로 들어가 값나가는 어종을 마음껏 포획하는 고기잡이에 종사했을 가능성이 크다. 말하자면, 기업형 어부라고나 할까. 반면에 베드로와 그의 형제 안드레는 배 없이 그물질을 해서 먹고 사는 어부로, 기껏해야 중산층이거나 하층민이었을 것이다. 이에 대해서는 조태연, 《태의 소생: 여성 지도자들을 위한 마가 읽기》(서울: 한들, 1998), 35-36 참고.

298 '하나님의 나라'는 로마 제국에 상반되는 개념으로 대단히 현실 참여적이며 정치적인 언어다. 박원일, 《마가복음, 정치적으로 읽기》, 59.

299 십자가형은 고대 아시리아, 페니키아, 페르시아 제국 등에서 널리 시행되던 잔인한 형벌로, 로마 제국 역시 식민지 백성들을 효과적으로 통제하기 위해 이 사형제도를 도입했다.

300 복음서의 증언에 따르면, 별명을 받은 제자는 오직 이 세 사람뿐이다.

301 조태연, 《태의 소생》, 50.

302 1970년대에 이집트 중부에서 《유다복음서》가 발견된 이래, 이 해석 또한 여러 갈래를 지니게 되었다. Elaine Pagels & Karen L. King, Reading Judas: The Gospel of Judas and the Shaping of Christianity(New York: Viking, 2007) ; 《유다복음서》와 똑같은 논조는 아니더라도 제법 설득력 있는 해석으로 가룟 유다의 배신을 재해석한 문학으로는, 토스카 리, 《유다: 배신의 입맞춤》, 홍종락 옮김(서울: 홍성사, 2014)를 볼 것.

303 '막달라'라는 지명은 갈릴리 호수 동편의 티베리아스에서 북쪽으로 멀지 않은 어촌을 가리킨다. 베다니의 마리아와 막달라 마리아가 같은 인물이라면, 본래 막달라에 살던 마리아네가 베다니로 이주했을 가능성도 무시하지 못한다. 이 집안에 부모가 등장하지 않는 것으로 미루어, 부모 사후에 이사를 갔다고 추측해볼 수 있겠다.

304 마가복음서와 마태복음서는 베다니의 한센병 환자 시몬의 집이라고 하고, 요한복음서는 베다니의 나사로와 마르다, 마리아 남매의 집이라고 한다. 누가복음서를 제외한 세 복음서 모두

'베다니'가 공통분모다. 나사로가 "헌데(종기) 투성이 몸"으로 묘사된 전승(누가복음시 16:19-31)이 있다는 점을 고려하면, 한센병 환자 시몬과 나사로가 혼동되었을 가능성이 짙다.

305 E. S. 피오렌자, 《크리스찬 기원의 여성 신학적 재건》, 김애영 옮김(서울: 태도, 1993).

306 복음서의 장르는 빈번한 논쟁거리가 되어왔다. 복음서는 전기가 아니며 역사서도 아니고 학술논문 또한 아니다. 복음서의 형태는 그것의 쓰임새에 따라 결정되었으며, 초기 신자들의 삶과 기억과 기도에서 차지하는 위치에 따라 결정되었다. 게리 윌스, 《예수의 네 가지 얼굴》, 권혁 옮김(서울: 돌을새김, 2009), 12.

307 상식적인 말이지만, 요한복음서가 공관복음서에 속하지 않는다는 사실을 기억할 필요가 있다.

308 유대교는 서기 80년 어간에, 그러니까 유대전쟁(66-72)으로 예루살렘 성전이 파괴된 상황에서 유대교 체제를 빠른 속도로 정비하는 복원 작업에 착수하며 고강도 유대주의 운동을 펼쳤다. 여기에는 회당 내의 이질적인 존재들을 배제하는 전략이 포함되었다. 김진호, 《급진적 자유주의자들》(서울: 동연, 2009), 34 참고.

309 김진호는 요한복음서를 낳은 이들이 '승리자 종교'에 대해 비판적이었다고 지적한다. 윗글, 9.

310 윗글, 35.

311 윗글, 42-46 참고.

312 윗글, 49 참고.

313 댄 브라운, 《다 빈치 코드》 1권과 2권, 안종설 옮김(파주: 문학수첩, 2013).

314 게리 윌스, 《예수는 그렇게 말하지 않았다》, 권혁 옮김(서울: 돌을새김, 2011), 128.

315 Pope Gregory, Gregory the Great: Forty Gospel Homilies, trans. by David Hurst (Kalamazoo, Mich.: Cistercian Publications, 1990) ; Susan Haskins, Mary Magdalena: Myth and Metaphor(New York: Harcourt Brace and Company, 1994)도 볼 것.

316 V. Saxer, "Marie Madeleine dans le Commentaire d'Hippolyte sur le Cantique des Cantiques", Revue(1977), 219-239 ; 양재훈, "초기 기독교 공동체의 이데올로기와 부활", 헤르메네이아 투데이, 34권(2006년 봄), 26-27에서 다시 따옴; Susan Haskins, Mary Magdalena: Myth and Metaphor, 60도 볼 것.

317 〈지저스 크라이스트 슈퍼스타〉는 팀 라이스가 작사하고, 앤드루 로이드 웨버가 작곡한 록 뮤지컬로, 예수의 마지막 7일간을 그렸다.

318 니코스 카잔차키스, 《그리스도 최후의 유혹》, 안정효 옮김(서울: 고려원, 1982).

319 마리아복음서는 1896년부터 베를린 국립박물관 이집트관에서 보관 중이다.

320 마리아복음서는 나그함마디에서 발굴된, 영지주의 복음서들이 담긴 '항아리' 안에 없었지만, 나그함마디 문서의 권위자인 제임스 로빈슨은 '나그함마디 문서'에 포함시켰다. James M.

Robinson, The Nag Hammadi Library in English(San Francisco: Harper & Row, 1977).

321 1896년에 발견된 마리아복음서가 베를린 국립박물관에 보관돼있는 만큼, 첫 번역본은 독일어로 나왔다. Walter C. Till, Koptische Grammatik(Saïdischer Dialekt)(Leipzig: Verlag Enzyklopadie, 1955) ; 우리말 번역은 장 이브 를루Jean-Yves Leloup의 불어판(L' Evangile de Marie, 1997)을 저본으로 삼았다. 장 이브 를루, 《막달라 마리아 복음서》, 박미영 옮김(서울: 루비박스, 2006).

322 윗글, 29-30 참고.

323 윗글, 22.

324 AD 397년 카르타고 공의회에서 신약성서 27권이 정경으로 확정되었다. 이때 포함된 복음서들이 마태복음서, 마가복음서, 누가복음서, 요한복음서이다.

325 외경은 비록 정경에는 포함되지 않았지만, 신앙에 도움을 주는 책으로, 유해성이 짙은 '허위 문서'라고 분류된 위경Pseudographia과는 구분된다.

326 일레인 페이절스, 《숨겨진 복음서 영지주의》, 하연희 옮김(서울: 루비박스, 2006), 22-23 참고; 한편, '가톨릭'이라는 용어 자체가 '공통', '보편'이라는 뜻이 있다. 다시 말해, 가톨릭 교회는 만인의 교회여야 한다는 의미다.

327 기독교는 313년 콘스탄티누스와 리키니우스의 '밀라노 회동'을 통해 공식종교로 인정된 뒤, 324년 콘스탄티누스가 단독 권력을 장악한 뒤 국교로 승격했다. 사회학과 법학을 전공한 유대인 학자 리차드 루벤슈타인은 이 과정에서 일어난 지리멸렬한 교리 논쟁을 흥미진진하게 정치적으로 풀어냈다. 《예수는 어떻게 하나님이 되셨는가》, 한인철 옮김(고양: 한국기독교연구소, 2004).

328 일레인 페이절스, 《숨겨진 복음서 영지주의》, 17-20 참고.

329 심지어 나그함마디 항아리 안에 들어있었다고 해서 전부 영지주의 문서라 말하기도 어렵다. 이를테면, 도마복음서는 이집트 나그함마디에서 발견된 콥트어 사본으로만 존재하지 않는다. 그곳으로부터 나일 강을 따라 북쪽으로 250킬로미터 떨어진 옥시린쿠스 쓰레기 처리장에서 발견된 도마복음서 일부는 그리스어로 기록되어 있었다. 그 내용 역시 공관복음서와 50퍼센트 가량 겹친다. 비슷한 시기에 기록되었을 것으로 짐작되는 요한복음서와 비교할 때, 둘 다 내면의 '빛', '태초', '지금' 등을 강조하는 면에서 유사하지만, 요한복음서가 '믿음pistis'을 강조하는 반면, 도마복음서는 '깨달음gnosis'을 강조한다는 차이가 있다. 이와 관련해서는, Elaine Pagels, Beyond Belief: The Secret Gospel of Thomas(New York: Random House, 2003), 2장을 볼 것 ; 영지주의 연구의 대가로, 미국 프린스턴대학교 교수인 일레인 페이절스는 영지주의자들이 흔히 강조하는 우주론, 구원론, 신관, 인간관 등 여러 가르침 가운데 도마복음서는 그저 '깨달음'이 중요하다는 것, 옛 자아는 죽고 새 자아로 부활해야 한다는 것을 중요하게 여긴다는 정도이므로, 도마복음서를 영지주의 복음서라 못 박는 주장은 곤란하다고 본다. 앞글, 33.

330 장 이브 를루, 《막달라 마리아 복음서》, 34-35에서 다시 따옴.

331 오강남, 《또 다른 예수》(고양: 예담, 2009), 419.

332 그 자신이 콥트어를 전문적으로 배울 기회가 없었기에 콥트어 사본을 영어로 옮긴 이 번역본을 참고했다고 밝힌다. April D. DeConick, The Original Gospel of Thomas in Translation: With a Commentary and New English Translation of the Complete Godspel(London and New York: T & T Clark, 2007).

333 오강남, 《또 다른 예수》, 25.

334 이 난해한 구절에 대해 오강남 교수는 이렇게 풀이한다. "우리는 이 구절을 그 당시의 문화적 배경을 염두에 두고 읽을 필요가 있다. … 당시 이집트나 그리스 등지에서는 남자와 여자를 질적으로 다른 유에 속하는 별종으로 보았다. … 심지어 불교의 《법화경》 12장에도 용녀라는 여자가 남자로 변신한 후에 보살행을 거쳐 성불할 수 있었다고 했다. 결국 고대의 문화 코드에 의하면 '여자'란 '불완전한 인간'의 대명사였던 셈이고, '남자'란 '완전한 인간'을 가리키는 상징이었다고 할 수 있다." 앞글, 423.

335 장 이브 를루, 《막달라 마리아 복음서》, 136.

336 마리아복음서는 한 장의 크기가 13.5 × 10.5센티미터이고, 위쪽에 쪽수가 표시되어 있다. 매 쪽마다 21-23행으로 이루어져 있으며, 각 행은 22~23글자로 되어있다. 그러나 안타깝게도 발견된 사본에는 1-16, 11-14쪽이 없다. 윗글, 29.

337 윗글, 132. 원래는 9쪽 12-15행이라고 해야 정확하지만, 형식의 통일을 위해 공관복음서 방식대로 표기했다.

338 윗글, 134.

339 윗글, 198.

340 윗글, 18.

341 윗글, 19. 이 표현은 나그함마디 문서의 하나인 《피스티스 소피아Pistis Sophia》에서 막달라 마리아를 향해 부르는 칭호다.

342 2세기 소아시아 중부 지역을 강타한 몬타누스 운동이 대표적이다. 이 소종파 운동은 기독교가 황실 종교가 된 4세기 이후 로마 제국의 가혹한 탄압을 받으면서도 1백 년 이상이나 계속되며 폭넓게 퍼져나갔다. 이와 관련해서는, 김진호, 《급진적 자유주의자들》, 20-24 참고.

343 양태자, 《중세의 잔혹사 마녀사냥》(서울: 이랑, 2015) ; 이충범, 《중세 신비주의와 여성: 주체, 억압, 저항 그리고 전복》(서울: 동연, 2011) 등을 볼 것.

344 토라는 구약성서의 앞머리를 장식하는 두루마리로, 흔히 '모세오경'이라 불리는 율법서를 가리킨다.